西北农林科技大学教学改革项目（JY1701010)资助

车辆工程专业技能综合训练实习指导

CHELIANG GONGCHENG ZHUANYE JINENG ZONGHE XUNLIAN SHIXI ZHIDAO

侯俊才　主　编
陈　军　张军昌　副主编

西北农林科技大学出版社

图书在版编目(CIP)数据

车辆工程专业技能综合训练实习指导／侯俊才主编. —杨凌：西北农林科技大学出版社，2019.4
ISBN 978-7-5683-0649-2

Ⅰ.①车… Ⅱ.①侯… Ⅲ.①车辆工程—实习—高等学校—教材 Ⅳ.①U27

中国版本图书馆 CIP 数据核字(2019)第 073788 号

车辆工程专业技能综合训练实习指导

侯俊才　主编

出版发行	西北农林科技大学出版社
地　　址	陕西杨凌杨武路 3 号　　邮　编:712100
电　　话	总编室:029-87093195　　发行部:87093302
电子邮箱	press0809@163.com
印　　刷	北京虎彩文化传播有限公司
版　　次	2019 年 4 月第 1 版
印　　次	2019 年 4 月第 1 次印刷
开　　本	787 mm×1092 mm　　1/16
印　　张	11.75
字　　数	262 千字

ISBN 978-7-5683-0649-2

定价:26.00 元

本书如有印装质量问题,请与本社联系

前 言

  专业技能综合训练是车辆工程专业学生在掌握本专业课程基础知识的基础上,进行专业技能的综合实践训练,是培养其分析问题能力、解决问题能力、动手能力和独立工作能力的重要环节。本训练是《发动机原理》《汽车结构》《汽车设计》《汽车理论》《汽车电器》和《单片机原理及接口技术》等课程内容的综合实践,培养学生综合性、创造性地运用所学知识和技能解决较为复杂问题的能力,使学生受到综合实践各个环节的锻炼,获得汽车性能检测与故障诊断、科学研究和设计工作的初步能力。

  本专业技能综合训练分为两个阶段:

  第一阶段为技能专项训练阶段,即利用车辆工程专业实验室中的底盘测功机,侧滑、制动及轴重检测系统,帕萨特自动空调系统实训台,ES300 自动空调系统实训台,汽车废气分析仪,柴油机高压共轨控制系统实训台,桑塔纳2000全车电器实训台,安全气囊实训台,ABS 防抱死系统实训台,桑塔纳2000发动机电控系统实训台,液力助力转向系统实训台,比亚迪 F3、卡罗拉整车解剖教具车等共16台设备及系统,对学生进行专业技能的综合训练,使其掌握工作原理和具体操作。

  技能专项训练内容有:(1)底盘测功机的使用,利用底盘测功机对车辆驱动轮的输出功率进行测定,并对车辆的里程和速度进行校准检测。(2)制动、轴重检测仪的使用,利用系统对车辆的轴重、制动力、前后轴的拖滞力进行检测。(3)侧滑仪的使用,利用侧滑仪检测车辆的前轮定位。(4)汽车尾气分析仪的使用,利用南华401汽车尾气分析仪来检测汽车尾气。(5)本田16发动机检测实验台的使用,利用实验台的故障设置键盘设置故障,通过检测电压来检测发动机相关故障。(6)高压共轨柴油发动机实验台的使用,利用平板电脑的无线设置故障功能通过检测电压来检测发动机相关故障。(7)时代超人发动机电器实验台的使用,利用实验台的故障设置键盘设置故障,通过检测电压来检测发动机相关故障。(8)依维柯灯光系统实验台的使用,利用实验台的故障设置键盘设置灯光故障,通过现象来检测相关故障。(9)桑塔纳2000全车电器系统实验台的使用,利用实验台的故障设置键盘设置故障,通过现象来检测相关故障。(10)帕萨特和ES300自动空调系统实验台的使用,利用实验台的故障设置键盘设置故障,通过现象来检测相关故障。(11)安全气囊系统实验台的使用,通过系统熟悉安全气囊的触发和工作原理。(12)液力助力转向系统实验台的使用,通过实训台系统熟悉液力助力器的工作原理。(13)比亚迪F3、卡罗拉整车解剖教具车的使用,通过对两台解剖教具车的观察与操作,熟悉整车的结构。

经过上述训练后,对学生分组,每组学生针对某一确定系统展开专项任务深入研究,对系统的发展、现状和趋势做深入调查,拓展学生的专业知识,在集中答辩时相互学习,达到提高学生整体能力的目的。

结构分析专项任务:底盘测功机的结构及工作原理解析;侧滑、制动、轴重检测仪的结构及工作原理解析;汽车尾气分析仪的结构及工作原理解析;本田16发动机的结构及工作原理解析;吉奥高压共轨柴油发动机的结构及工作原理解析;ES300自动空调系统的结构及工作原理解析;安全气囊系统的结构及工作原理解析;时代超人发动机的结构及工作原理解析;帕萨特和ES300自动空调的结构及工作原理解析;液力助力转向系统的结构及工作原理解析;ABS系统的结构及工作原理解析;依维柯电器系统的组成解析;涡轮增压系统的结构及工作原理解析;废气再循环技术解析;排气污染控制技术解析。

第二阶段为设计专项训练,要求学生通过设计和搭建具体的电路完成检测任务,达到提高学生解决问题、动手能力的目的。

设计专项训练内容有:(1)门锁控制系统:通过继电器控制LED灯模拟锁车,并模拟主控台控制其他车门的锁定。(2)收音机天线控制系统:通过控制直流电机正反转实现收音机天线地伸出和收缩,并模拟上下极限位置来限位。(3)雨刮器控制系统:检测到有雨时,自动启动雨刮器控制电机,可以手动调不同挡位的转速(2个挡位),并有点动功能。(4)自动空调温度控制系统设计:通过DS18B20检测车内温度,并根据设定温度值来启动空调。(5)车窗控制系统:通过控制直流电机正反转实现车窗的上升和降落,并模拟上下极限位置来限位。(6)汽车灯光控制系统:实现左右转弯(当转弯时驾驶员忘记打转向灯时,车辆有一定转弯时自动启动转向灯)、近光、远光、制动和应急灯灯功能。(7)发动机转速检测控制:检测发动机转速,并显示出来。(8)底盘测功机对车速、里程校验的检测系统:针对实训环节中用到的底盘测功机,利用光电检测办法来实现车速和里程校验。(9)ABS控制系统:检测车速,当车速急速下降至接近抱死状态时,启动防抱死系统,通过发光二极管的亮灭来表现电磁阀的动作。(10)比赛节能车车速及里程检测系统:检测车轮转速,根据轮径计算里程。(11)电子节温器设计:针对冷却液温度传感器信号控制LED灯的亮度来模拟节温器阀门的开度。(12)发动机电动风扇控制:①空调启动时,电动风扇工作;②当冷却液温度达到低速目标值时,电动风扇进入低速工作;③当冷却液温度达到高速目标值时,电动风扇进入高速工作。(13)遥控门锁设计:通过钥匙按钮,开启或关闭门锁、后备厢锁。(14)简易电子节气门设计:通过电位器模拟油门踏板的位移量来控制电机转动角度,电机转动角可用 PWM 实现。(15)超声波倒车系统:通过超声波检测车与障碍物的距离,当达到低限时蜂鸣器低频率报警,超过高限时高频率报警。

通过这两项专项训练,加深学生对车辆性能、故障检测设备及电路结构和原理的认识,提高学生判断故障、分析故障、解决故障的能力,以及实际操作能力,为以后从事本专业工作奠定扎实的理论和实践基础。

编者

2018 年 8 月

目 录

1 底盘测功机 ·· 1
  1.1 底盘测功基本知识 ··· 1
    1.1.1 底盘测功机的结构和工作原理 ··· 1
    1.1.2 底盘测功机的信号采集与控制系统 ··· 3
    1.1.3 底盘测功机引导与举升及滚筒锁定系统 ··· 3
  1.2 底盘测功机的使用与维护 ·· 4
    1.2.1 底盘测功机使用前的准备工作 ··· 4
    1.2.2 底盘测功机汽车底盘测功机的使用 ··· 4
    1.2.3 底盘测功机定期检查 ·· 5
    1.2.4 底盘测功机定期标定 ·· 5
  1.3 汽车驱动轮功率检测方法 ·· 5
    1.3.1 检测前的准备 ·· 5
    1.3.2 测功方法 ·· 6
    1.3.3 注意事项 ·· 6

2 汽车转向轮侧滑量检测 ·· 8
  2.1 汽车侧滑试验台的结构与工作原理 ··· 8
    2.1.1 转向轮定位值引起的侧滑 ·· 8
    2.1.2 滑板式侧滑试验台的结构与工作原理 ·· 9
  2.2 汽车侧滑的检测方法 ··· 11
    2.2.1 检测前的准备 ·· 11
    2.2.2 检测方法 ·· 12

3 汽车制动性能检测 ·· 13
  3.1 对制动系的技术要求 ··· 13

  3.1.1 行车制动 ································· 13
  3.1.2 应急制动 ································· 13
  3.1.3 驻车制动 ································· 13
  3.1.4 注意事项 ································· 13
 3.2 制动系常见故障 ····························· 14
  3.2.1 制动失效 ································· 14
  3.2.2 制动距离延长 ····························· 14
  3.2.3 制动跑偏 ································· 14
  3.2.4 制动侧滑 ································· 14
 3.3 制动性能评价参数 ··························· 14
  3.3.1 制动效能 ································· 15
  3.3.2 制动抗热衰退性 ··························· 16
  3.3.3 制动稳定性 ······························· 17
 3.4 地面制动力与制动器制动力及附着力的关系 ····· 17
 3.5 防抱死制动系统 ····························· 18
 3.6 制动性能台式检测项目及有关检测标准 ········· 18
  3.6.1 制动性能台式检测项目 ····················· 18
  3.6.2 制动力检验汽车制动性能的国家标准 ········· 19
 3.7 单轴反力式滚筒制动试验台 ··················· 20
  3.7.1 基本结构与工作原理 ······················· 20
  3.7.2 使用方法 ································· 22
 3.8 制动试验台的维护 ··························· 24
  3.8.1 每周维护 ································· 24
  3.8.2 每季维护 ································· 25
  3.8.3 每半年维护 ······························· 25
  3.8.4 每年维护 ································· 25
  3.8.5 检定技术要求 ····························· 25

4 汽车尾气综合分析仪 ····························· 27
 4.1 NHA-501A/401A 废气分析仪使用说明 ············ 27
  4.1.1 概述 ····································· 27
  4.1.2 主要规格及技术参数 ······················· 28
  4.1.3 仪器的组成及主要按键、开关和元件的功能 ··· 29
 4.2 使用 ······································· 31
  4.2.1 准备 ····································· 31
  4.2.2 安装 ····································· 31
  4.2.3 仪器预热 ································· 31
  4.2.4 泄漏检查 ································· 31

4.2.5 自动调零 ………………………………………………………… 31
4.3 仪器的主菜单 ……………………………………………………………… 31
4.4 调零 ………………………………………………………………………… 32
4.5 校准 ………………………………………………………………………… 32
　　4.5.1 选择标准气 ………………………………………………………… 32
　　4.5.2 校准HC,CO和CO_2通道的量距 ………………………………… 32
　　4.5.3 校准NO通道(NHA-401A无此项) ………………………………… 34
　　4.5.4 校准润滑油温度 …………………………………………………… 35
4.6 泄漏检查 …………………………………………………………………… 35
4.7 设置 ………………………………………………………………………… 36
　　4.7.1 设置测量方式 ……………………………………………………… 36
　　4.7.2 设置发动机冲程 …………………………………………………… 36
　　4.7.3 设置点火方式 ……………………………………………………… 36
　　4.7.4 设置燃料种类 ……………………………………………………… 37
　　4.7.5 设置开机检漏 ……………………………………………………… 37
　　4.7.6 设置车牌汉字 ……………………………………………………… 37
　　4.7.7 设置存储数据 ……………………………………………………… 37
　　4.7.8 清除存储数据 ……………………………………………………… 39
　　4.7.9 修改时钟 …………………………………………………………… 39
　　4.7.10 退出"设置"子菜单 ……………………………………………… 40
4.8 测量 ………………………………………………………………………… 40
　　4.8.1 通用测量 …………………………………………………………… 40
　　4.8.2 怠速排放测量 ……………………………………………………… 41
　　4.8.3 双怠速排放测量 …………………………………………………… 43
4.9 快捷键的使用 ……………………………………………………………… 44
　　4.9.1 "调零"快捷按键 …………………………………………………… 44
　　4.9.2 "打印"快捷按键 …………………………………………………… 44
　　4.9.3 "储存"快捷按键 …………………………………………………… 45
　　4.9.4 "测量/停止"快捷按键 …………………………………………… 45

5 汽车电器及电子控制

5.1 发动机电子控制系统综述 ………………………………………………… 46
　　5.1.1 发动机电控系统的组成及控制模式 ……………………………… 46
5.2 EA211电控发动机技术特点 ……………………………………………… 55
　　5.2.1 发动机电控系统的组成及控制模式 ……………………………… 56
　　5.2.2 进气控制系统 ……………………………………………………… 56
　　5.2.3 点火控制系统 ……………………………………………………… 57
　　5.2.4 排放控制系统 ……………………………………………………… 57

5.3 新捷达发动机电子控制实训台面板说明 ·········· 57
    5.3.1 实训台面板 ·········· 57
    5.3.2 说明 ·········· 57

6 自动变速器 ·········· 75
6.1 自动变速器控制系统综述 ·········· 75
    6.1.1 自动变速器系统的组成及控制模式 ·········· 75
    6.1.2 传感器 ·········· 77
    6.1.3 执行器概述 ·········· 78
    6.1.4 自动变速器电控系统的常用检测手段 ·········· 79
6.2 2013 新捷达自动变速器技术特点 ·········· 79
    6.2.1 自动变速器电控系统 ·········· 79
    6.2.2 新捷达自动变速器电子控制实训台面板说明 ·········· 80

7 帕萨特自动空调系统实训台 ·········· 97
7.1 简介 ·········· 97
7.2 技术性能 ·········· 97
7.3 使用前的准备工作 ·········· 97
7.4 故障设置功能 ·········· 98
7.5 传感器信号模拟与检测功能 ·········· 100
7.6 帕萨特轿车空调系统的检修 ·········· 101
    7.6.1 空调系统装置的维修 ·········· 101
    7.6.2 暖风装置的维修 ·········· 123
    7.6.3 自动空调系统的自诊断 ·········· 128

8 安全气囊 ·········· 143
8.1 简介 ·········· 143
8.2 技术性能 ·········· 143
8.3 使用前的准备工作 ·········· 143
8.4 具体功能及操作方法 ·········· 143

9 ABS ·········· 145
9.1 简介 ·········· 145
    9.1.1 故障分析功能 ·········· 145
    9.1.2 故障设置功能 ·········· 145
9.2 ABS 系统故障诊断 ·········· 148
    9.2.1 ABS 液压单元故障诊断 ·········· 148
    9.2.2 ABS 系统的故障码读取与清除 ·········· 149

  9.2.3 故障码表及排除方法 ··· 151
  9.2.4 ABS 系统元件检测与标准值 ··· 152
  9.2.5 ABS 控制模块编码 ··· 153
  9.2.6 设备清单 ·· 153

10 基于 51 单片机的控制电路设计开发 ··· 154
10.1 建立一个 C 项目 ·· 154
10.2 51 芯片 ··· 159
10.3 生成 HEX 文件和最小化系统 ·· 163
10.4 数据类型 ··· 166
  10.4.1 char 字符类型 ··· 167
  10.4.2 int 整型 ·· 167
  10.4.3 long 长整型 ··· 168
  10.4.4 float 浮点型 ·· 168
  10.4.5 指针型 ·· 168
  10.4.6 bit 位标量 ··· 169
  10.4.7 sfr 特殊功能寄存器 ·· 169
  10.4.8 sfr16 16 位特殊功能寄存器 ·· 169
  10.4.9 sbit 可录址位 ·· 169
10.5 常量 ·· 169
10.6 测试单片机开发板好坏 ·· 173

参考文献 ··· 174

1 底盘测功机

1.1 底盘测功基本知识

底盘测功机是一种用来测试汽车动力性、多工况排放指标、燃油指标等性能的室内台架试验设备。汽车底盘测功机通过滚筒模拟路面,计算出道路模拟方程,并用加载装置进行模拟,实现对汽车各工况的模拟。

它可用于汽车的加载调试,诊断汽车在负载条件下出现的故障。它与五气分析仪、透射式烟度计、发动机转速计,及计算机自控系统一起组成一个综合测量系统,以测量不同工况下的汽车尾气排放。

底盘测功机使用方便,性能可靠,不受外界条件的影响。在不解体汽车的前提下,能够准确快速地检测出汽车各个系统、部件的使用性能。

1.1.1 底盘测功机的结构和工作原理

测功机类型见图1-1所示。单滚筒底盘测功(a)机支承每侧驱动车轮的滚筒为一个,滚筒直径较大(一般为1 500~2 500 mm),支承轴承少,台架的机械损失小。滚筒直径越大,车轮在滚筒上就越像在平路上滚动,轮胎与滚筒的滑转率和滚动阻力小,因而测试精度高,但制造和安装费用大,一般用于制造厂和科研单位。

双滚筒式底盘测功机(b),(c)支承每侧驱动车轮的滚筒为两个,滚筒直径小(一般为180~500 mm),与单滚筒底盘测功机相比,多了四个支承轴承和一个联轴器,在检测过程中,其机械损失较大。滚筒直径越小,车轮与滚筒的接触就与在平路上差别越大,轮胎与滚筒的滑转率和滚动阻力增大,所以测试精度较差。优点是设备成本低,使用方便,一般用于汽车使用、维修行业及汽车检测线或检测站。

工作原理:底盘测功机是用滚筒模拟路面,汽车在正常匀速行驶时遇到的各种阻力通过加载装置模拟,汽车在加速以及滑行时,所受阻力通过飞轮组的转动惯量模拟。底盘测功机的转矩和功率通过安装在一个连接定子和测功机外壳的力臂上的力传感器测得。汽车驱动滚筒,加载装置通过定子对转子施加制动力矩,同时,定子受到转子的反作用力矩,此力矩被力传感器测得并换算成驱动轮的转矩和功率。

基本结构:汽车底盘测功机主要由道路模拟系统、信号采集与控制系统、安全保障系统及引导系统等构成。

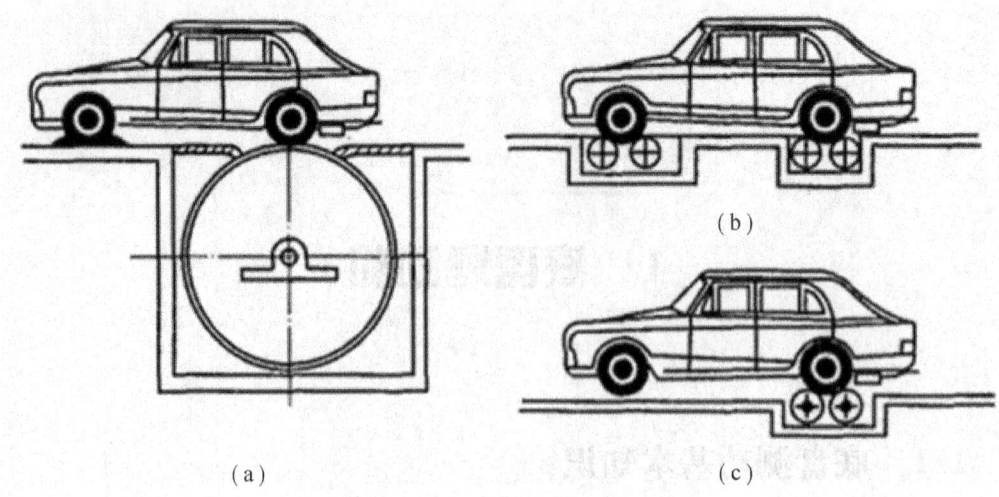

图1-1 底盘测功机类型

汽车底盘测功机的道路模拟系统如图1-2所示,它主要由:滚筒装置、功率吸收装置和惯性模拟装置组成。

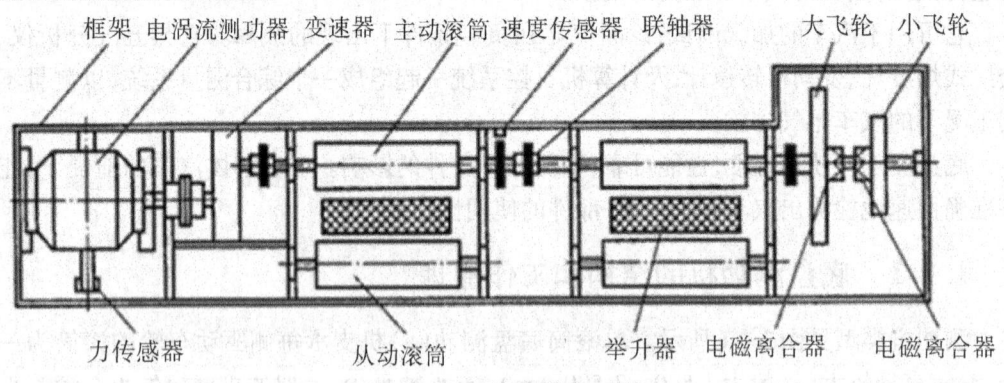

图1-2 道路模拟系统

滚筒装置:滚筒转动相当于连续移动的路面,被测汽车的车轮在其上滚动,利用滚筒来模拟路面。滚筒可以是光滚筒、滚花滚筒、带槽滚筒、带涂敷层滚筒等,可根据使用情况适当选择,尽量使滚筒的附着力接近于道路的实际情况。光滑滚筒是目前应用最多的一种形式。双滚筒的光滑滚筒,由于轮胎对滚筒的比压增大,虽然附着系数较低,但车轮与光滑滚筒间的附着能力可以产生足够的牵引力;带涂敷层的光滑滚筒,可以使附着力增大,是有前途的一种形式;滚花和带槽滚筒,因使用过程中不能保持恒定打滑率,很少使用。

功率吸收装置(加载装置):模拟汽车运行中所受的空气阻力、非驱动轮的滚动阻力及爬坡阻力等。在汽车检测线上所用的底盘测功机功率吸收装置的类型有:电涡流式、水力式和电力式。由于一般水力式功率吸收装置的可控性较电涡流式差,电力式测功机的成本较高,而电涡流式加载装置可控性好、结构简单、体积小、重量轻、便于安装,因而国内所生产的汽车底盘测功机大多数采用电涡流式功率吸收装置。

惯性模拟装置:利用惯性飞轮的转动惯量来模拟汽车旋转质量的转动惯量及汽车平

移质量的惯量,采用电磁离合器自动或手动切换飞轮的组合,在允许的误差范围内满足汽车的惯量模拟。由于我国目前对汽车台架的惯量没有制订相应的标准,因而国产底盘测功机所装配的惯性飞轮的个数不同,且飞轮惯量的大小也不同,飞轮的个数愈多,则检测的精度愈高。

1.1.2 底盘测功机的信号采集与控制系统

(1) 车速和驱动力信号采集

目前国内检测线使用的汽车底盘测功机采用的车速信号传感器可分为以下三种类型:光电式车速信号传感器、磁电式车速信号传感器和霍尔传感器。汽车底盘测功机驱动力传感器可分为两种:拉压传感器和位移传感器。

(2) 控制系统

汽车底盘测功机常见的位置控制信号有举升器升降控制或滚筒锁定控制、电磁阀控制、飞轮控制、车辆检测灯控制、手动或自动控制等信号。它们常常通过计算机或单片机 I/O 输出板(8155 或 8255 等),再经过信号放大、驱动来实现。

(3) 底盘测功机安全保障系统

安全保障系统包括左右挡轮、系留装置、车偃、发动机与车轮冷却风机。其作用如下:

① 左右挡轮是为了防止汽车车轮在旋转过程中,在侧向力的作用下驶出滚筒,对前轮驱动车辆更应注意;

② 系留装置是指地面上的固定盘与车辆相连,以防车辆高速行驶时,由于滚筒的卡死飞出滚筒;

③ 车偃的作用之一是防止车辆在运行过程中,车体前后移动,同时也可达到与系留装置相同的功能;

④ 发动机与车轮冷却风机是为了防止车辆在运行过程中发动机和车轮过热。

1.1.3 底盘测功机引导与举升及滚筒锁定系统

(1) 引导系统

引导系统也称司机助手,其作用是引导驾驶员按提示进行操作。提示的方法有两种:一种是显示牌,另一种是大屏幕显示装置。

① 显示牌。显示牌一般与计算机的串行通讯口相连,当计算机对显示牌初始化后,便可对显示牌发送 ASCII 码与汉字,以提示驾驶员如何操作车辆及显示检测结果。

② 大屏幕显示器。大屏幕显示器通过 AV 转换盒与计算机相连,AV 转换盒将计算机的数字信号转换成视频信号供电视机用。

(2) 举升装置

升降系统的类型较多,底盘测功机常用类型有:

① 气压式升降机。气压式升降机,如图 1-3 所示,它是由电磁阀、气动控制阀及双向汽缸或橡胶气囊组成的,在气压的作用下,汽缸中的活塞便可上下运动以实现升降目的。

② 液压举升装置。液压式举升装置通常由磁阀、分配阀、液压举升缸等组成。在液压作用下,举升缸活塞向上移动,实现举升目的。

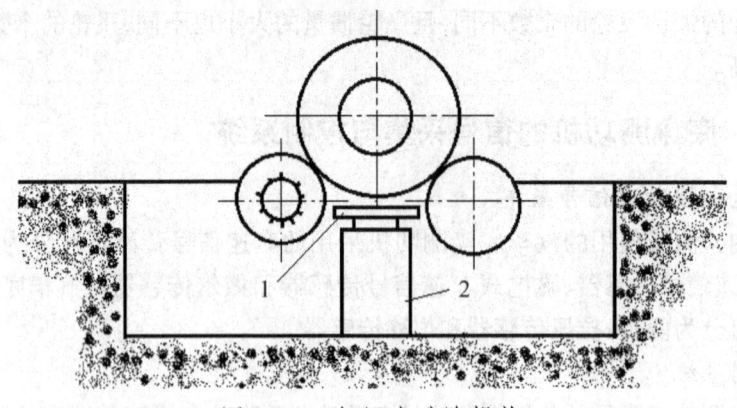

图 1-3　气压式升降机构

1.举升台；2.滚压缸

(3) 滚筒锁止系统

棘轮棘爪式锁止系统装置是常用的滚筒锁止系统。它由双向汽缸、棘轮、棘爪、回位弹簧、杠杆及控制器组成,通过控制器控制压缩空气的通断,当某一方向通气后,空气推动汽缸活塞运动来控制棘爪与棘轮离合以达到锁止或放松的目的。

1.2　底盘测功机的使用与维护

底盘测功机是汽车整车动力性检测的必备设备,必须由专人负责管理,定期进行检查、使用和维护。

1.2.1　底盘测功机使用前的准备工作

底盘测功机使用前的准备工作包括：
(1) 车辆外部清洗干净；
(2) 不容许轮胎花纹中夹有石粒；
(3) 轮胎气压符合标准；
(4) 发动机底壳机油油面应在允许范围内；
(5) 发动机机油压力应在允许范围内；
(6) 自动变速器(液力变扭器)的液面应在规定的范围内。

1.2.2　底盘测功机的使用

底盘测功机使用要求：
(1) 开机前必须按使用说明书的要求,对底盘测功机做好准备工作。
(2) 按规定程序操作。
(3) 惯性模拟系统除进行多工况油耗试验和加速、滑行试验外,不允许任意使用。

(4)突然停电时,引车驾驶员应即刻松油门并挂空挡。
(5)被测汽车驾驶员必须严格按引导系统提示操作。

1.2.3　底盘测功机定期检查

(1)例行检查项目
① 对于采用水冷电涡流式及水涡流式功率吸收装置,要求检查冷却水管路是否有漏油现象。
② 润滑系统是否有漏油现象。
③ 带有扭力箱、升速器的装置检查滚筒轴承、飞轮轴承是否有发热现象。
④ 是否有漏油、漏水及杂物。
(2)每六个月检查项目
① 各部螺栓紧固情况(紧固)。
② 循环水池积垢情况(清除)。
③ 冷却水滤清器堵塞情况(注:B、C是对水冷式功率吸收装置)。
④ 定期润滑,系统各润滑点按说明书的要求进行润滑。

1.2.4　底盘测功机定期标定

随着时间推移,环境变化以及器件电路的温漂、老化等影响,传感器在使用过程中会发生与出厂时测量差异的现象,导致测量不准,因此需要定期进行标定。对底盘测功机标定要求如下:
(1)车速传感器,1次/年。
(2)牵引力传感器,1次/年。
对于经常使用的汽车底盘测功机,严格按其说明书进行定期标定。未经法定标准计量部门标定,或标定未取得合格证和标定过期的试验台测得的检测结果都将不具有法律效力。

1.3　汽车驱动轮功率检测方法

不同型式的底盘测功试验台,其使用方法也有所区别,以下介绍的是一般的操作方法。

1.3.1　检测前的准备

(1)底盘测功试验台的准备
使用试验台之前,按厂家规定的项目对试验台进行检查、调整、润滑。在使用过程中,要注意仪表指针的回位、举升器工作导线的接触情况。发现故障,及时清除。
(2)被检汽车的准备
汽车开上底盘测功试验台以前,调整发动机供油系及点火系至最佳工作状态;检查、调整、紧固和润滑传动系、车轮的连接情况;清洁轮胎,检查轮胎气压是否符合规定;必须运行走热汽车至正常工作温度。

检测方法——检测点的选择：测功试验时，应选择几个有代表性的工况测试汽车驱动轮的输出功率或驱动力，如发动机额定功率所对应的车速（或转速），发动机最大转矩所对应的车速（或转速），汽车常用车速或经济车速，或根据交通管理部门的要求选择检测点。

1.3.2　测功方法

（1）接通试验台电源，并根据被检车辆驱动轮输出功率的大小，将功率指示表的转换开关置于低挡或高挡位置。

（2）操纵手柄（或按钮），升起举升器的托板。

（3）将被检汽车的驱动轮尽可能与滚筒成垂直状态地停放在试验台滚筒间的举升器托板上。

（4）操纵手柄，降下举升器托板，直到轮胎与举升器托板完全脱离为止。

（5）用三角架抵住位于试验台滚筒之外的一对车轮的前方，以防止汽车在检测时从试验台滑出去，将冷却风扇置于被检汽车正前方，并接通电源。

（6）检测发动机额定功率和最大转矩转速下的输出功率或驱动力时，将变速器挂入选定挡位，松开驻车制动，踩下加速踏板，同时调节测功器制动力矩对滚筒加载，使发动机在节气门全开情况下以额定转速运转。待发动机转速稳定后，读取并打印驱动车轮的输出功率（或驱动力）值、车速值。在节气门全开情况下继续对滚筒加载，至发动机转速降至最大转矩转速稳定运转时，读取并打印驱动力（或输出功率）值、车速值。

如需测出驱动车轮在不同挡位下变速器的输出功率或驱动力，则要依次挂入每一挡按上述方法进行检测。当发动机发出额定功率，挂直接挡，可测得驱动车轮的额定输出功率；当发动机发出最大转矩，挂1挡，可测得驱动车轮的最大驱动力。

发动机全负荷选定车速下输出功率或驱动力的检测，是在踩下加速踏板的同时调节测功器制动力矩对滚筒加载，使发动机在节气门全开情况下以选定的车速稳定运转进行的。发动机部分负荷选定车速下输出功率或驱动力的检测与此相同，只不过发动机是在选定的部分负荷下工作的。

当使用DCG-10C型汽车底盘测功试验台测功时，将"速度给定"旋钮置于选定的速度刻线上，"功能选择"旋钮置于"恒速"上，在逐渐增大节气门到所需位置的同时，控制装置能自动调控激磁电流，使汽车在选定的车速下恒速测功。如果手动调控激磁电流，须将"功能选择"旋钮置于"恒流"上，然后手动旋转"电流给定"旋钮即可增大或减小激磁电流，并在旋钮给定位置上供给恒定的激磁电流。

（7）全部检测结束，待驱动轮停止转动后，移开风扇，去掉车轮前的三角架，操纵手柄举起举升器的托板，将被检汽车驶离试验台。

1.3.3　注意事项

（1）超过试验台允许轴重或轮重的车辆一律不准上试验台进行检测。

（2）检测过程中，切勿拨弄举升器托板操纵手柄，车前方严禁站人，以确保检测安全。

（3）检测额定功率和最大扭矩相应转速工况下的输出功率时，一定要开启冷却风扇并密切注意各种异响和发动机的冷却水温。

（4）走合期间的新车和大修车不宜进行底盘测功。

（5）试验台不检测期间，不准在上面停放车辆。

滚筒式底盘测功试验台，除能检测驱动车轮的输出功率或驱动力外，还能检测车速表指示误差、行驶油耗量等。在测得驱动车轮输出功率后，立即踩下离合器踏板，利用试验台对汽车的反拖还可测得传动系消耗功率。将测得的同一转速下的驱动车轮输出功率与传动系消耗功率相加，就可求得这一转速下的发动机有效功率。

除上述测试项目外，凡需要汽车在运行中进行的检测与诊断项目，只要配备所需的检测设备，均可在滚筒式底盘测功试验台上进行。例如，检测各种行驶工况下的废气成分或烟度，检测点火提前角或供油提前角，诊断各总成或系统的噪声与异响（包括经验诊断法），观测汽油机点火波形或柴油机供油波形，检测各总成工作温度和各电气设备的工作情况等。

2 汽车转向轮侧滑量检测

汽车前轮定位参数是影响汽车操纵性和稳定性的重要因素。汽车如果没有正确的前轮定位,将引起转向沉重、操纵困难、增加驾驶员的劳动强度等问题,同时,转向车轮在向前滚动时将会产生横向滑移现象,即车轮侧滑。因此,汽车转向轮定位值是汽车安全检测中的重点检测项目之一。

国家标准 GB 7258—1997《机动车运行安全技术条件》和 GB 18565—2001《营运车辆综合性能要求和检验方法》,对有关汽车转向轮定位参数的检测作了如下一些规定:

(1)机动车转向轮转向后应能自动回正,以使机动车具有稳定的直线行驶能力。
(2)机动车前轮定位值应符合该车有关技术条件。
(3)机动车转向轮的横向侧滑量,用侧滑仪检测时,其值不得超过 5 m/km。

汽车前轮定位参数的检测,有静态检测法和动态检测法两种。

① 静态检测法是在汽车静止的状态下,用车轮定位仪对前轮定位值进行检测。

② 动态检测法是使汽车以一定的行驶速度通过侧滑试验台,从而测量转向轮的横向侧滑量。侧滑量是指汽车直线行驶位移量为 1 km 时,转向轮的横向位移量。侧滑量的单位是:m/km。汽车侧滑试验台是用以检测汽车前轮侧滑量的一种专门设备。而汽车前轮的侧滑量主要受转向轮外倾角及转向轮前束值的影响。所以,侧滑试验台就是为检测汽车转向轮外倾角与前束值这两个参数是否配合恰当而设计的一种专门的室内检测设备。

2.1 汽车侧滑试验台的结构与工作原理

2.1.1 转向轮定位值引起的侧滑

汽车转向轮的前束值与外倾角对侧滑的影响比较大。

(1)转向轮前束引起的侧滑

转向轮有了前束后,在滚动过程中力图向内收拢,但是转向桥不可能缩短,因此,在实际滚动过程中才不至于真正向内滚拢。但由此而形成的这种内向力势必成为加剧轮胎磨损的隐患。假设让两个只有前束而没有外倾的转向轮向前驶过,如图 2-1 所示的滑动板,也可以看到左右转向轮下的滑动板在转向轮内向力的反作用力的推动下,出现图中虚线所示分别向外侧滑移的现象。其单边转向轮的外侧滑量为 S_t。

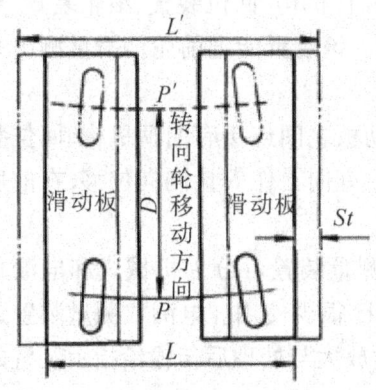 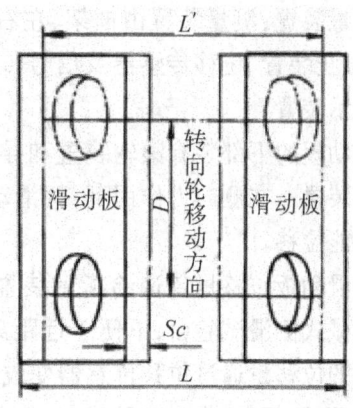

图 2-1　由车轮前束引起滑动板的侧滑　　图 2-2　由车轮外倾角引起滑板的侧滑

（2）转向轮外倾角引起的侧滑

转向轮外倾角的存在,在滚动过程中车轮将力图向外张开,只是由于转向桥不可能伸长,因此,在实际滚动过程中才不至于真正向外滚开。但由此而形成的这种外张力势必成为加剧轮胎磨损的隐患。

假设让两个只有外倾而没有前束的转向轮同时向前驶过两块相对于地面可以左右滑动的滑动板,就可以看到左右转向轮下的滑动板在转向轮外张力的推动下,出现如图2-2中虚线所示,将分别向内侧滑移。其单边转向轮的内侧滑量 S_c 为。

侧滑试验台就是应用上述滑板原理来检测出转向轮的侧滑量的。

2.1.2　滑板式侧滑试验台的结构与工作原理

汽车侧滑检验设备按其测量参数可以分为两类:一类是测量车轮侧滑量的滑板式侧滑试验台,另一类是测量车轮侧向力的滚筒式侧滑试验台。上述两种试验台都属于动态侧滑试验台。

滑板式侧滑试验台,按其结构又可分为单板式侧滑试验台和双板式侧滑试验台两种形式。前者只有一块侧滑板,检验时汽车只有一侧车轮从试验台上通过,后者共有左右两块侧滑板,检验时汽车左、右车轮同时从侧滑板上通过。它们一般均由测量装置、指示装置和报警装置等组成,下面主要介绍双板联动式侧滑试验台,见图2-3。

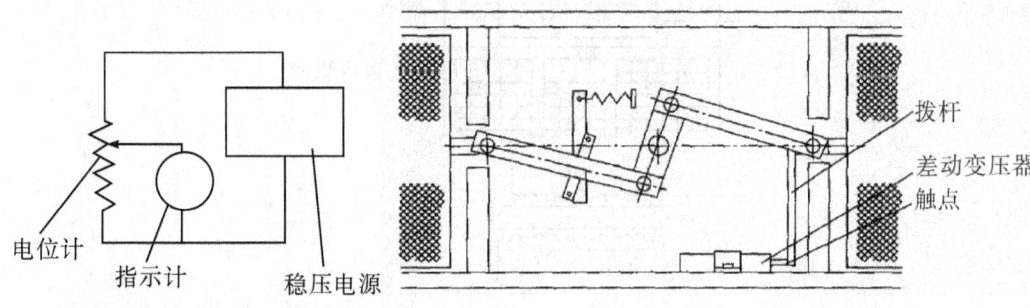

2-3a.电位计式位移传感器原理　　2-3b.差动变压器式安装位置

图 2-3　侧滑试验台构造

测量装置:测量装置由框架、左右两块滑动板、杠杆机构、回位装置、滚轮装置、导向装置、锁止装置、位移传感器及信号传递装置等组成。该装置能把前轮侧滑量测出并传递给指示装置。

滑动板的下部装有滚轮装置和导向装置,两滑动板之间连接有曲柄机构、回位装置和锁止装置。在侧向力作用下,两滑动板只能在左右方向上作等量同向位移,在前后方向上不能位移。

按滑动板位移量传递给指示装置方式的不同,测量装置可分为机械式和电测式两种。机械式侧滑试验台,不便于远距离传输,近年来已很少使用。电测式测量装置是把滑动板的位移量通过位移传感器变成电信号,再经过放大与处理后传输给指示装置的一种结构形式,可以借助于导线,将测量结果长距离传输,或与控制单元接通,处理十分方便。

测量装置就是检测滑动板位移量的位移传感器,现在常用的有电位计式和差动变压器式两种。

电位计式的测量装置安装在图2-3a所示的位置上,将滑动板的移动量变为电位计触点的位移,从而引起电压量的变化,并传递给指示装置。电位计式测量装置的电路原理如图2-3a所示,在电位计两端加上一定的电压,当电位计的滑动触点随滑动板移动时,触点的输出电压与位移量成正比,通过指示计可指示出对应于滑动板的位移量。

差动变压器式测量装置的位移传感器安装在图2-3b所示的位置上,由滑动板带动位移传感器的拨杆位移,传感器输出与位移量成正比的电压量,并传递给指示装置。差动变压器式的位移传感器的结构及工作原理如图2-4所示。差动变压器是将被测信号的变化转换成线圈互感系数变化的传感器,它的结构如同一个变压器,由初级线圈、次级线圈、铁芯等几部分组成。在初级线圈接入电源U_1后,次级线圈即感应输出电压U_2,滑动板移动时引起铁芯的移动,从而引起线圈互感系数的变化,此时的输出电压随之作相应的变化。它的特点是结构简单、灵敏度高、测量范围大及使用寿命长。

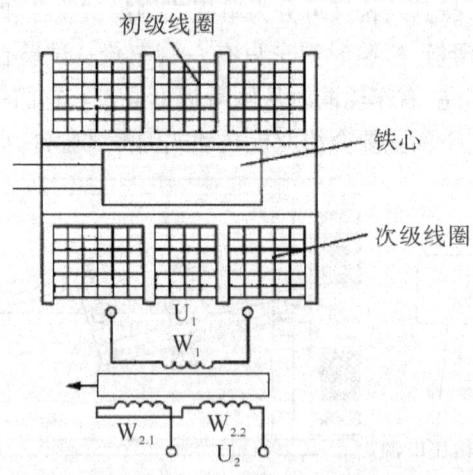

图2-4 差动变压器式的位移传感器

指示装置:指示装置有指针式和数字式。指针式指示装置如图2-5所示,指示装置能把测量装置传递来的滑动板侧滑量,按汽车每行驶 1 km 侧滑 1 m 定为一格刻度,所以每一格代表汽车每行驶 1 km 侧滑 1 m。根据指针偏向 IN 或 OUT 的方向确定出侧滑方向。IN 表示正前束,OUT 表示负前束。

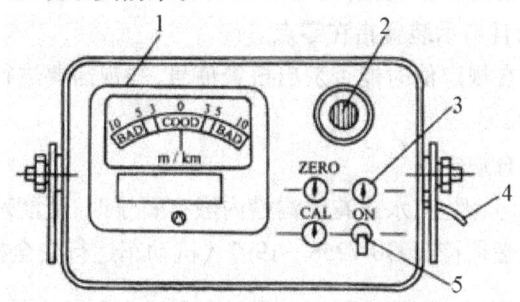

图 2-5 指针式指示装置
1.指针式表头;2.报警用蜂鸣器或信号灯;3.电源指示灯;4.导线;5.电源开关

近年来国内各厂家生产的侧滑试验台采用数字式指示装置,多以单片机进行数据采集和处理,因而具有操作方便、运行可靠、抗干扰性强等优点,同时还能对检测结果进行分析、判断、存储、打印和数字显示。当滑动板侧滑时通过位移传感器转变成电信号,经过放大与信号处理后成为 0~5 V 的模拟量,再经 A/D 转变成数字量,输入微机运算处理,然后显示出检测结果或由打印机打印出检测结果。数字式指示装置如图 2-6 所示。

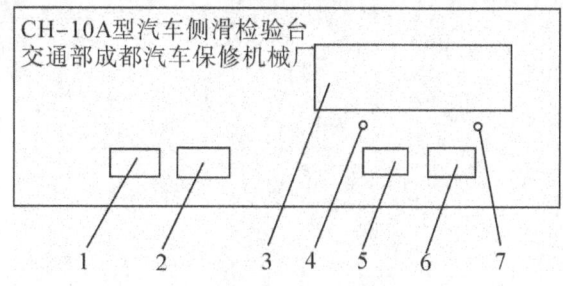

图 2-6 数字式指示装置
1.电源接通键;2.电源断开键;3.数码显示器;4.电源指示灯;5.打印键;6.复位键;7.报警灯

目前,显示更多的是将分离结果通过串口上传到电脑,直接显示在电脑屏幕上,再通过打印机打印出来。

2.2 汽车侧滑的检测方法

侧滑试验台的型号、结构型式、允许轴重不同,其使用方法也有所区别。在使用前一定要认真阅读使用说明书,以掌握正确的使用方法。侧滑试验台的一般使用方法如下:

2.2.1 检测前的准备

(1)试验台的准备
① 检查侧滑试验台导线连接情况,在导线连接良好的情况下打开电源开关,查看指针式仪表的指针是否在机械零点上,或查看数码管是否亮度正常并都在零位上,发现故

障,及时清除。

② 检查侧滑试验台上面及其周围的清洁情况,如有油污、泥土、砂石及水等应予以清除。

③ 打开侧滑试验台的锁止装置,检查滑动板能否在外力作用下左右滑动自如,外力消失后回到原始位置,且指示装置指在零点。

④ 检查报警装置在规定值时能否发出报警信号,并视需要进行调整或修理。

(2) 被检汽车的准备

① 轮胎气压应符合规定。

② 轮胎上粘有油污、泥土、水或花纹沟槽内嵌有石子时,应清理干净。

③ 轮胎花纹深度必须符合 GB 7258—1997《机动车运行安全技术条件》的规定。

2.2.2 检测方法

(1) 拔掉滑动板的锁止销钉,接通电源。

(2) 汽车以 3~5 km/h 的速度垂直侧滑板驶向侧滑试验台,使前轮平稳通过滑动板。

(3) 当前轮完全通过滑动板后,从指示装置上观察侧滑方向并读取、打印最大侧滑量。

(4) 检测结束后,切断电源并锁止滑动板。

对于后轮有定位的汽车,仍可按上述方法检测后轴的侧滑量,从而诊断后轴的定位值是否失准。

3 汽车制动性能检测

汽车制动性能好坏,是安全行车最重要的因素之一,因此也是汽车检测诊断的重点。汽车具有良好的制动性能,遇到紧急情况,可以化险为夷;在正常行驶时,可以提高平均行驶速度,从而提高运输生产效率。

3.1 对制动系的技术要求

汽车制动系应具有行车制动、应急制动和驻车制动三大基本功能。

3.1.1 行车制动

行车制动系必须使驾驶员能控制车辆行驶,使其安全、有效地减速和停车。行车制动装置的作用应能在各轴之间合理分配,以充分利用各轴的垂直载荷。

3.1.2 应急制动

应急制动必须在行车制动系有一处失效的情况下,在规定的距离内将车辆停住。应急制动可以是行车制动系统具有应急特性或是同行车制动分开的独立系统(注意应急制动不是行车制动中的急速踩下制动踏板)。

3.1.3 驻车制动

应能使车辆在即使没有驾驶员的情况下,也能停放在上、下坡道上。

3.1.4 注意事项

(1)制动时汽车的方向稳定性,即制动时不发生跑偏、侧滑及失去转向的能力。

(2)制动平稳。制动时制动力应迅速平稳地增加;在放松制动踏板时,制动应迅速消失,不拖滞。

(3)操纵轻便。施于制动踏板和停车杠杆上的力不应过大,以免造成驾驶员疲劳。

(4)在车辆运行过程中,不应有自行制动现象。

(5)抗热衰退能力。汽车在高速或下长坡连续制动时,由于制动器温度过高导致摩擦系数降低的现象称为热衰退。因此要求制动系的热稳定性好,不易衰退,衰退后能较快地恢复。

(6)水湿恢复能力。汽车涉水,制动器被水浸湿后,应能迅速恢复制动的能力。

3.2 制动系常见故障

3.2.1 制动失效

即制动系出现了故障,完全丧失了制动能力。

3.2.2 制动距离延长

制动距离延长,超出了允许的限度。

3.2.3 制动跑偏

是指汽车直线行驶制动时,转向车轮发生自行转动,使汽车产生偏驶的现象。由于汽车制动时,偏离了原来的运行轨迹,因而常常是造成撞车、掉沟,甚至翻车等事故的根源,所以必须予以重视。引起跑偏的因素,就制动系而言,一是左右轮制动力不等,二是左右轮制动力增长速度不一致。其中特别是转向轮,因此要对制动力增长全过程的左右轮制动力差作出规定,且对前后轴车轮的要求不同。

3.2.4 制动侧滑

汽车制动时,某一轴的车轮或两轴的车轮发生横向滑动,这种现象称为制动侧滑。汽车在水湿路面或冰雪路面上制动时出现侧滑现象较多。尤其是在上述路面上紧急制动时,更容易出现侧滑,造成汽车甩尾,甚至原地转圈,从而导致交通事故发生。车轮抱死与制动侧滑有如下关系:

(1)前轮抱死拖滞,后轮不制动时,汽车按直线行驶,处于稳定状态。但此时前轮失去控制转向的作用。

(2)后轮抱死拖滞,前轮无制动,当车速超过 25 km/h 时,汽车后轴严重侧滑,处于不稳定状态。

(3)当车速较高(例如 50 km/h 以上)时,如果后轮比前轮提前 0.5 s 以上的时间先抱死,汽车后轴侧滑,也是一种不稳定状态。

(4)车轮抱死拖滞时,路面越滑,制动时间越长,侧滑也越严重。解决制动侧滑最有效的方法,是安装防抱死制动装置(ABS)。

(5)制动拖滞。在行车中,踩下制动踏板使用制动后,再抬起制动踏板,不能迅速解除制动的现象叫制动拖滞。制动拖滞会耽误随后的起步行驶。

3.3 制动性能评价参数

驾驶员接到紧急停车信号时,并没有立即行动,而要经过 T_1 秒以后才意识到应进行紧急制动,并开始移动右脚,再经过 T_2 秒以后到达 b 点才开始踩到制动踏板。这一段时

间 $T=T_1+T_2$ 称为驾驶员反应时间。这一段时间,一般为 0.3~1.0 s,它与制动系的性能无关。在 b 点以后,随着驾驶员踩踏板的动作,踏板力迅速增加,到 d 点时达到最大值。不过由于制动系中有一定残余压力,且蹄片由回位弹簧拉着,蹄片与制动鼓之间存在着间隙,所以要经过 T_3 秒后到 c 点,地面制动力才起作用,使汽车开始产生减速度。由 c 点到 e 点是制动力的增加过程所需要的时间 T_4,$T_0=T_3+T_4$ 总称为制动器的作用时间或滞后时间。一方面它的长短取决于驾驶员踩踏板的速度,另一方面受制动器结构形式与维修质量的影响。由 e 到 f 为持续制动时间 T',这一阶段车辆的减速度稳定,基本不变。到 f 点,驾驶员松开制动踏板,但制动力的消除仍需一定时间,这段时间 T'' 称为制动释放时间。按规定,制动释放时间不得大于 0.8 s。从制动的全过程来看,它包括:驾驶员看到情况后做出反应、制动器起作用、持续制动和制动完全释放四个阶段。

其中,制动器作用时间 T_0 阶段的一部分,是制动协调时间。在 GB 7258—1997 中,将制动协调时间定义为:在急踩制动时,从踏板开始动作至车辆的减速度(或制动力)达到标准中规定的车辆充分发出的平均减速度(或标准中规定的制动力)的 75% 时所需的时间。制动协调时间是制动性能检测中的一个重要参数。

汽车制动性主要由制动效能、制动抗热衰退性和制动时汽车的方向稳定性三个方面来评价。

3.3.1 制动效能

制动效能是指汽车迅速降低行驶速度直至停车的能力,是制动性能最基本的评价指标。它是由制动力、制动减速度、制动距离和制动时间来评定。

(1)制动距离

制动距离是指车辆在规定的初速度下急踩制动时,从脚接触制动踏板(或手触动制动手柄)时起至车辆停住时止,车辆驶过的距离。它包括了制动协调时间和以最大减速度持续制动时间内汽车驶过的距离。它是评价汽车制动性能最直观的一个参数,与汽车实际运行的制动情况最接近。驾驶员最熟悉汽车的制动距离,因为它与安全行车有直接关系。制动距离不等于车轮在路面上拖压印的长度,因为制动距离中包含有制动协调时间内汽车驶过的距离,在这一段时间内车轮尚未拖压印。制动距离与制动踏板力即制动系中的液压或气压有关,故给出制动距离时应指明相应的踏板力或制动系中的压力。

用制动距离来评价汽车的制动性能具有一定的准确度,而且重复性较好。但需要有较大的试车场地,而且对轮胎的磨损较大。此外,制动距离是一个整车性能参数,它不能单独定量地反映出各车轮的制动状况以及制动力分配情况(从地面印痕只能大致看到),当制动距离延长时,也反映不出具体是什么故障使制动性能变差。

制动距离必须和制动跑偏量一起作为检验制动性能的参数。对于一个确定的汽车来说,它的质量是一定的,其制动器所能产生的制动力也是一定的,制动时汽车的初速度越大,制动距离越长,因此检验时还必须规定汽车的初速度。

(2)制动力

为了使行驶中的汽车能够减速或停车,必须由路面对汽车作用一个与其行驶方向相反的外力,来消耗汽车的动能,使汽车产生减速度,达到降低其行驶速度以至停车的目的,这个外力叫作制动力。对于一定质量的汽车来说,制动力越大,制动减速度越大,制动距离越短。所以制动力是从本质上评价汽车制动性能的参数。制动力对汽车的制动性能具有决定性的影响。

用制动力这个参数评价汽车的行车制动性能,可以对前后轴制动力的合理分配以及每轴两轮平衡制动力差提出要求,从而保证汽车制动的方向稳定性,并使各轮附着重量得到充分利用。

用制动力作为单独的检验指标时,在检验了制动力大小、制动力合理分配及平衡制动力差的同时,还要检验制动协调时间。制动协调时间包括消除制动拉杆、制动鼓间隙和部分制动力增长过程所需要的时间,要求单车的制动协调时间不超过 0.6 s。调整良好的液压制动系的协调时间约为 0.15~0.20 s,气压制动约为 0.20~0.40 s。如果汽车以 60 km/h 的速度行驶,每秒行驶 16.7 m,在制动协调时间内,液压制动汽车行驶距离为 2.5~3.3 m,气压制动为 3.3~6.6 m。若制动系调整不当,这个距离要成倍增长。另外,各轮制动协调时间不等,还会引起跑偏。目前,在汽车检测站主要用检测制动力的方法来检验汽车的制动性能,但许多制动试验台不具备检验制动协调时间的能力,使检测结果不能准确地反映汽车的实际制动效果,这个问题应引起足够的重视。

另外,目前普遍使用的反力滚筒式制动试验台,由于检测时汽车是静止的,因此这种方法是模拟性的。检测结果有时受检测设备自身结构的影响,与汽车实际制动的情况有差距,当对检测制动力的结果有质疑时,应当用检验制动距离的方法加以验证。

(3)制动减速度

制动减速度反映了制动时汽车速度降低的速率。对于一个确定的汽车来说,它的质量是一定的,能产生的制动力也是一定的,因此制动减速度也是一个确定值,制动初速度对减速度的影响不是很大。可采用速度分析仪、制动减速度仪测出上式中相关参数后再计算出充分发出的平均减速度。

用制动减速度仪来检验汽车的制动减速度,仪器本身结构简单,使用方便,但试验的重复性较差,且受路面附着系数的影响很大。制动减速度也是一个整车性能参数,它反映不出各轮的制动力及分配情况。因此用制动减速度来评价制动性能时,也必须同时检验制动协调时间和跑偏量。

(4)制动时间

制动过程所经历的时间即制动时间,很少作为单纯的评价指标。但是作为分析制动过程和评价制动效能时又是不可缺少的参数。如同一型号的两辆汽车产生同样制动力所经历的时间不同,则两辆汽车的制动距离就可能相差较大,对行驶安全将产生不同效果。因此通常把制动时间作为一制动效能的辅助评价指标。

3.3.2 制动抗热衰退性

汽车制动抗热衰退性能是指汽车高速制动、短时间重复制动或下长坡连续制动时制动效能的热稳定性。因为制动过程实质是把汽车的动能通过制动器吸收转化为热能,制动过程中制动器温度不断升高,制动器摩擦系数下降,制动器摩擦力距减小,从而使制动能力降低,这种现象成热衰退现象。因此,可以用制动器处于热状态时能否保持有冷状态时的制动效能来评价汽车制动抗热衰退性能。制动抗热衰退性是衡量制动效能恒定性的一个指标。随着高速公路的发展和车速的提高,汽车制动性能的恒定性要求也愈来愈高。但由于测试方法较复杂,在一般汽车综合检测站较难实施。对于在用汽车也无需检测制动抗热衰退性。

3.3.3 制动稳定性

制动稳定性是指制动时汽车的方向稳定性。通常用制动时汽车按给定轨迹行驶的能力来评价,即汽车制动时维持直线行驶或预定弯道行驶的能力。制动稳定性良好的汽车,在实验室不会产生不可控制的效能使汽车偏离一定宽度的试验通道。我国安全法中对制动稳定性有相应的规定(见 GB 7258—1997,6.14.1)。

3.4 地面制动力与制动器制动力及附着力的关系

汽车制动时,地面作用于汽车的制动力,是由于制动器产生的摩擦阻力迫使车轮转速降低或抱死的结果。汽车制动装置都是利用机械摩擦来产生制动作用的,其中用来直接产生摩擦力矩,迫使车轮转速降低的部分叫作制动器。制动器分为盘式制动器和鼓式制动器两种。鼓式制动器是由旋转的元件——制动鼓和固定元件——制动蹄、制动分泵等零件组成。制动时,驾驶员踩下制动踏板,制动液由制动主缸经管路进入制动轮缸,推动轮缸活塞使制动蹄紧紧地压靠在制动鼓上。不旋转的制动蹄对旋转的制动鼓作用一个摩擦力矩 M_T,其方向与车轮旋转方向相反。此力矩传给车轮后,使车轮转速减慢直至抱死,由于车轮与路面的附着作用,车轮对路面作用一个向前的作用力,同时路面也对车轮作用一个向后的反作用力 P。P 就是阻碍汽车前进的制动力,称之为地面制动力。用力矩 M_T 除以车轮的有效半径 r,所得的作用力 P_T,称之为制动器的制动力。它相当于把汽车架离地面,并踩住制动踏板,在轮胎周缘沿切线方向推动车轮,直至它能转动所需要的力。对于液压制动系统,作用力 P_T 的大小取决于制动踏板力,当用力踩住制动踏板时,可取得最大的制动器制动力 $P_{T\max}$。对于气压制动,作用力 P_T 的大小取决于制动气压。在进行制动性能检验时,为使检验结果有可比性,对制动踏板力或制动气压做出了规定。如空载检验时:

气压制动系:气压表的指示气压≤600 kPa。

液压制动系:踏板力,座位数小于或等于9 的载客汽车≤400 N;其他车辆运≤450 N。

制动时,车轮的运动有滚动和抱死拖滑两种状态。当制动踏板力较小时,制动器的摩擦力矩不大,路面与轮胎间的摩擦力,即地面制动力足以克服制动器的摩擦力矩使车轮转动。当车轮滚动时,地面制动力就等于制动器的制动力。但地面制动力有时小于制动器所能产生的最大制动力,即 $P \leq P_{T\max}$ 使制动器的作用不能充分发挥。比如一个制动器性能良好的汽车在冰雪路面上制动时,地面制动力很小,车轮在很小的制动踏板力时就抱死拖滑,这是由于冰雪路面附着系数小的缘故。也就是说,地面制动力受到车轮与路面间附着条件的限制,其最大值不可能超过附着力。

附着力是指在汽车制动时,轮胎与地面之间的摩擦力,附着力除以汽车重力的商称为附着系数。在汽车制动时,附着力限制了制动力的最大值。同一辆汽车在干燥的沥青路面上制动与在冰雪路面上制动,制动距离相差很大,就是由于附着系数不同造成的。由于冰雪路面附着系数小,不可能产生较大的地面制动力。

车轮制动器的设计制造,能够保证汽车行驶在良好的道路上进行制动时,获得满意的制动效果。但随着汽车的使用,技术状况变差,导致车轮制动器不能提供足够大的制动力 P_T,这时即使用力踩着制动踏板,车轮仍然滚动而不抱死,使汽车的制动性能变差。由上述分析可以看出,汽车的地面制动力首先取决于制动器的制动力,但同时又受到路面附着条件的限制。所以,汽车只有具备足够的制动器制动力,同时路面的附着系数又较高时,才能产生足够的地面制动力,获得满意的制动效果。用制动力检验汽车的制动性能,主要是为了检测出制动器制动力 P_T。

3.5 防抱死制动系统

附着系数实际上不是常数,而是与滑动程度有关。仔细观察装有传统制动装置汽车的制动过程,可以看到轮胎留在地面上的印痕。从车轮滚动到抱死拖滑是一个渐变过程。基本上可以分为三个阶段:第一阶段,印痕的形状与轮胎花纹基本一致,车轮作纯滚动;第二阶段,轮胎花纹的印痕还可以辨别出来,但花纹逐渐模糊,轮胎已不再作单纯滚动,而是与地面发生一定程度的相对滑动,车轮处于边滚边滑状态;第三阶段,随着制动强度增大,形成一条粗黑的印痕,看不出轮胎花纹的痕迹,车轮被制动器抱死在路面上作完全拖滑。弹性轮胎与路面的摩擦有其特殊规律,轮胎与路面摩擦系数的最大值,出现在车轮处于边滚边滑状态时,当车轮完全抱死滑移,在路面上拖出黑印的时候,摩擦系数反而降低。为了说明这个问题,需要引用滑移率的概念。我们把车轮作纯滚动时的滑移率定为 0,车轮完全抱死时的滑移率定为 100%,当滑移率为 15% ~ 20% 的时候,轮胎与路面的摩擦系数最大。汽车的制动过程,是利用制动蹄片与制动鼓的摩擦,将汽车行驶的动能变为热能散发到空气中的过程。当车轮完全抱死后,车轮制动器已经不能再吸收能量,此时车轮在路面上滑移,轮胎局部摩擦剧烈发热,胎面橡胶强度降低而使道路附着系数迅速下降。

防抱死制动装置可以将车轮的滑移率控制在 15% ~ 20%,充分利用较大的道路附着系数,使制动距离缩短。装有防抱死制动装置的汽车,制动时侧向附着力也较大,使汽车防止侧滑的能力大大提高。这种汽车行驶在雨天的路面上,比其他汽车的车速可以提高,一是由于制动距离短,二是汽车不容易产生侧滑。

3.6 制动性能台式检测项目及有关检测标准

3.6.1 制动性能台式检测项目

(1)制动力。
(2)制动力平衡要求。

(3) 车轮阻滞力。
(4) 制动协调时间。

3.6.2 制动力检验汽车制动性能的国家标准

GB 7258—1997《机动车运行安全技术条件》规定,检验汽车的制动性能可以用路试和台试两种方法。路试检测制动距离和跑偏量,也可以检测制动减速度、制动协调时间和跑偏量;台试主要检测制动力与制动协调时间。目前主要采用台试法。

(1) 制动性能台式检测的技术要求

用制动力检验汽车的制动性能时,应符合下面要求:制动力总和占整车重力的百分比,空载≥60%或满载≥50%;主要承载轴的制动力占该轴轴荷的百分比,空载≥60%或满载≥50%。在 GB 7258—1997 中,仍保持制动力总和与整车重力的百分比空载≥60%或满载≥50%的要求,由于对主要承载轴的理解容易有误,将主要承载轴的制动力与该轴轴荷之比改为前轴制动力不得小于前轴轴荷的60%。

对制动力平衡的要求,原标准中是以轴荷为基准确定的,即前轴左右轮制动力差不得大于该轴轴荷的5%,后轴左右轮制动力差不得大于该轴轴荷的8%。由于这种规定不能准确反映制动力差的数值应随制动力增加按正比例相应变化的实际情况,所以在 GB 7258—1997 中改为:在制动力增长的全过程中,左右轮制动力差与该轴左右轮中制动力大者之比,前轴不得大于20%,后轴不得大于24%。这个幅度要求与原标准比较,前轴要求适当放宽,对后轴的要求基本保持不变。这样的规定方法与美国及欧洲是一致的。

对制动协调时间不再按车型分档,统一要求为,单车不大于0.6 s,汽车列车不大于0.8 s。

对驻车制动性能检验,规定车辆空载,乘坐一名驾驶员,驻车制动力总和应不小于该车在测试状态下整车重力的20%;对总质量为整备质量1.2倍以下车辆,此值为15%。当车辆经台架检验后对其制动性能有质疑时,用路试检验方法进行检验。

(2) 对标准的正确理解

① 质量、重力和制动力

质量是一个物体所含物质的多少,单位是千克(kg)。重力是地球对物体的吸引力,单位是牛顿(N,其表达式为 kg·m/s^2,即质量和加速度的乘积)。一个物体在地球的不同位置,质量不变,但重力略有差别。物体的质量乘以重力加速度 g,等于物体的重力。轮重仪或轴重仪称出的是物体的质量,乘以 g(9.8 m/s^2)即得出物体的重力。制动力与重力同属于力,单位是牛顿(N),只有相同的物理量才能进行比较。

② 计算实例

称得一辆汽车前轴质量为 1 030 kg,后轴质量为 1 260 kg。测出其前轴制动力分别为左轮 3 500 N,右轮 3 100 N,后轴制动力分别为 3 900 N 和 3 300 N。驻车制动力为 5 100 N,制动协调时间为 0.45 s。判断该车制动性能是否合格。

前轴制动力占前轴重力的百分比:

(3 500+3 100)/(1 030×9.8)≈65%

制动力总和占整车重力的百分比:

$(3\,500 + 3\,100 + 3\,900 + 3\,300)/[(1\,030 + 1\,260) \times 9.8] \approx 61\%$

前轴左右轮制动力差与前轴左右轮中制动力大者之比：

$(3\,500 - 3\,100)/3\,500 \approx 11\%$

后轴左右轮制动力差与后轴左右轮中制动力大者之比：

$(3\,900 - 3\,300)/3\,900 \approx 15\%$

驻车制动力与该车在测试状态下整车重力的百分比：

$5\,100/[(1\,030 + 1\,260) \times 9.8] \approx 23\%$

该车后轴制动力与后轴重力之比为58%，由于在 GB 7258—1997 中只考核前轴制动力与前轴重力的百分比和制动力总和与整车重力的百分比，并未要求考核后轴，因此从上面计算结果来看，该车制动性能是合格的。现代轿车车速高，制动时轴荷（即轴的重力）转移大，在设计制造时，前轮制动力的设计能力较大。前轴左右轮制动力之和常大于前轴静态轴荷的100%，而后轴左右轮制动力之和常小于后轴静态轴荷的40%。由于前轮制动能力大，所以整车制动力仍大于整车重力的60%。新国标适应了汽车发展变化的新形势。

③ 某些特种车辆，如吊车，在用制动力检验制动性能时应视为满载，按满载的标准判断检测结果是否合格。

3.7 单轴反力式滚筒制动试验台

3.7.1 基本结构与工作原理

3.7.1.1 基本结构

单轴反力式滚筒制动试验台的结构简图如图3-1所示。它由结构完全相同的左右两套车轮制动力测试单元和一套指示、控制装置组成。每一套车轮制动力测试单元由框架（有的试验台将左、右测试单元的框架制成一体）、驱动装置、滚筒组、举升装置、测量装置等构成。

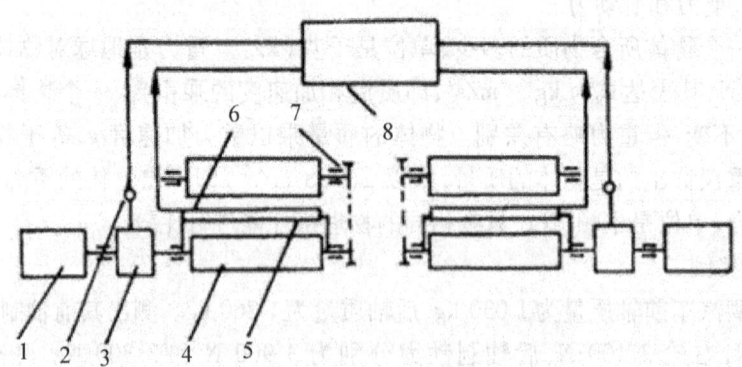

图3-1 单轴反力制动试验台原理

1.电动车；2.压力传感器；3.减速箱；4.滚筒；5.第三滚筒；6.电磁传感器；7.链传动；8.测量指示仪表

(1) 驱动装置

驱动装置由电动机、减速器和链传动组成。电动机经过减速器两级减速后驱动(或再通过链传动,见图3-2)主动滚筒,主动滚筒通过链传动带动从动滚筒旋转。减速器输出轴与主动滚筒共用一轴,减速器壳体为浮动连接(即可绕主动滚筒轴自由摆动,或如图3-2所示,电动机枢轴与减速器输出轴同心,减速器壳与电动机壳连成一体,电动机枢轴与减速器输出轴分别通过滚动轴承及轴承座支承在框架上,减速器壳与电动机壳可绕支承轴线自由摆动)。

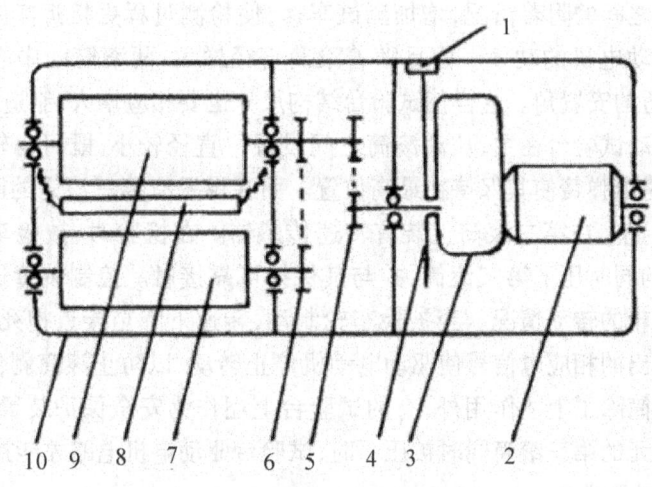

图3-2 车轮制动力测试单元

1.传感器;2.电动机;3.减速器;4.测力杆;5、6.链传动;7.从动滚筒;8.第三滚筒;9.主动滚筒;10.框架

由于制动试验台测试车速很低,日本齿槽式一般为0.1~0.18 km/h,而欧洲式为2.0~5 km/h。滚筒的直径较小。因此驱动电动机的功率较小,如日本式试验台电动机功率为$2 \times 0.7 \sim 2 \times 2.2$ kW,而欧洲式试验台电动机功率为$2 \times 3 \sim 2 \times 11$ kW。减速器的作用是减速增矩,其减速比根据电动机的转速和滚筒测试转速确定。由于测试车速低,滚筒转速也较低,一般在40~100 r/min(日本式试验台转速则更低,甚至低于10 r/min)。因此要求减速器减速比较大,一般采用两级齿轮减速或一级蜗轮蜗杆减速与一级齿轮减速。

(2) 滚筒组

每一车轮制动力测试单元设置一对主、从动滚筒。每个滚筒的两端分别用滚动轴承与轴承座支承在框架上,且保持两滚筒轴线平行。滚筒相当于一个活动的路面,用来支承被检车辆的车轮,并承受和传递制动力。汽车轮胎与滚筒间的附着系数将直接影响制动试验台所能测得的制动力大小。为了增大滚筒与轮胎间的附着系数,滚筒表面都进行了相应加工与处理,目前采用较多的有下列5种:

① 开有纵向浅槽的金属滚筒。在滚筒外圆表面沿轴向开有若干间隔均匀、有一定深度的沟槽。这种滚筒表面附着系数最高可达0.65。在制动试验车轮抱死时容易剥伤轮胎。当表面磨损且沾有油、水时,附着系数将急剧下降。

② 表面粘有熔烧铝矾土砂粒的金属滚筒。这种滚筒表面无论干或湿时其附着系数可达0.8。

③ 表面具有嵌砂喷焊层的金属滚筒。喷焊层材料选用 NiCrBSi 自熔性合金粉末及钢砂。这种滚筒表面新的时候其附着系数可达 0.9 以上,其耐磨性也较好。

④ 高硅合金铸铁滚筒。这种滚筒表面带槽、耐磨,附着系数可达 0.7~0.8,价格便宜。

⑤ 表面带有特殊水泥覆盖层的滚筒。这种滚筒比金属滚筒表面耐磨。表面附着系数可达 0.7~0.8。但表面易被油污与橡胶粉粒附着,使附着系数降低。

滚筒直径与两滚筒间中心距的大小,对试验台的性能有较大影响。滚筒直径增大有利于改善与车轮之间的附着情况,增加测试车速,使检测过程更接近实际制动状况。但必须相应增加驱动电机的功率。而且随着滚筒直径增大,两滚筒间中心距也需相应增大,才能保证合适的安置角。这样使试验台结构尺寸也要相应增大,制造要求提高。

有的滚筒制动试验台在主、从动滚筒之间设置一直径较小,既可自转又可上下摆动的第三滚筒,平时由弹簧使其保持在最高位置。而在设置有第三滚筒的制动试验台上大都取消了举升装置。在第三滚筒上装有转速传感器。在检验时,被检车辆的车轮置于主、从动滚筒上的同时压下第三滚筒,并与其保持可靠接触。控制装置通过转速传感器即可获知被测车轮的转动情况。当被检车轮制动,转速下降至接近抱死时,控制装置根据转速传感器送出的相应电信号使驱动电动机停止转动,以防止滚筒剥伤轮胎和保护驱动电机。第三滚筒除了上述作用外,有的试验台上还作为安全保护装置用,只有当两个车轮制动测试单元的第三滚筒同时被压下时,试验台驱动电机电路才能接通。

(3) 制动力测量装置

制动力测量装置主要由测力杠杆和传感器组成。测力杠杆一端与传感器连接,另一端与减速器壳体连接,被测车轮制动时测力杠杆与减速器壳体将一起绕主动滚筒(或绕减速器输出轴、电动机枢轴,见图 3-2)轴线摆动。传感器将测力杠杆传来的、与制动力成比例的力(或位移)转变成电信号输送到指示、控制装置。传感器有应变测力式、自整角电机式、电位计式、差动变压器式等多种类型。日本式制动试验台多采用自整角电机式测量装置,而欧洲式以及近期国产制动试验台多用应变测力式传感器。

(4) 举升装置

为了便于汽车出入制动试验台,在主、从动两滚筒之间设置有举升装置。该装置通常由举升器、举升平板和控制开关等组成。举升器常用的有气压式、电动螺旋式、液压式 3 种型式,气压式是用压缩空气驱动气缸中的活塞或使气囊膨胀完成举升作用;电动螺旋式是由电动机通过减速器带动丝母转动,迫使丝杠轴向运动起举升作用;液压式是由液压举升缸完成举升动作。带有第三滚筒的制动试验台不用举升装置。

(5) 指示与控制装置

目前制动试验台控制装置都采用电子式。为提高其自动化与智能化程度,有的控制装置中配置计算机。指示装置有指针式和数字显示式两种。带计算机的控制装置多配置数字显示器,但也有配置指针式指示仪表的。

3.7.1.2 工作原理

进行车轮制动力检测时,被检汽车驶上制动试验台,车轮置于主、从动滚筒之间,放下举升器(或压下第三滚筒,装在第三滚筒支架下的行程开关被接通)。通过延时电路起动电动机,经减速器、链传动和主、从动滚筒带动车轮低速旋转,待车轮转速稳定后驾驶员踩下制动踏板。车轮在车轮制动器的摩擦力矩 T_μ 作用下开始减速旋转。此时电动机驱动的滚筒对车轮轮胎周缘的切线方向作用制动力 F_{x1}、F_{x2} 以克服制动器摩擦力矩,维持车轮继续旋转。与此同时,车轮轮胎对滚筒表面切线方向附加一个与制动力方向相反等值的作用力 $F_{x1'}$、$F_{x2'}$,在 $F_{x1'}$、$F_{x2'}$ 形成的反作用力矩作用下,减速器壳体与测力杠杆一起朝滚筒转动相反方向摆动,测力杠杆一端的力或位移经传感器转换成与制动力大小成比例的电信号。从测力传感器送来的电信号经放大滤波后,送往 A/D 转换器转换成相应数字量,经计算机采集、存储和处理后,检测结果由数码管显示或由打印机打印出来。打印格式与内容由软件设计而定。一般可以把左、右轮最大制动力、制动力和制动力差、阻滞力和制动力——时间曲线等一并打印出来。在制动过程中,当左、右车轮制动力和的值大于某一值(如 50 daN)时,计算机即开始采集数据,采集过程所经历时间是一定的(如 3 s)。经历了规定的采集时间后,计算机发出指令使电动机停转,以防止轮胎剥伤。在有第三滚筒的制动试验台上,制动过程中第三滚筒的转速信号由传感器转变成电信号后输入计算机,计算车轮与滚筒之间的滑差率。当滑差率达到一定值(如 25%)时,计算机发出指令使电动机停转。如车轮不驶离制动台,延时电路将电动机关闭 3~10 s 后又自动启动。检测过程结束,车辆即可驶出制动试验台。

由于制动力检测技术条件要求是以轴制动力占轴荷的百分比来评判的,对总质量不同的汽车来说是比较客观的标准。因此除了设置制动试验台外,还必须配备轴重计或轮重仪,有些复合式滚筒制动试验台装有轴重测量装置,其称重传感器(应变片式)通常安装在每一车轮测试单元框架的 4 个支承脚处。

GB 7258—1997《机动车安全运行技术条件》中定义:制动协调时间是从驾驶员踩下制动踏板的瞬间作为起始计时点。为此,在制动测试过程中,必须由驾驶员通过套装在汽车制动踏板上的脚踏开关向试验台指示、控制装置发出一个"开关"信号,开始时间计数,直至制动力与轴荷之比达到标准规定值的 75% 时为止。这段时间历程即为制动协调时间,通常可以通过试验台的计算机执行相应程序来实现。

目前,采用的反力式滚筒制动试验台对具有防抱死(ABS)系统的汽车制动系的制动性能,还无法进行准确的测试。主要原因是这些试验台的测试车速较低,一般不超过 5 km/h,而现代防抱死系统均在车速 10~20 km/h 以上起作用,所以在上述试验台上检测车轮制动力时,车辆的防抱死系统不起作用,只能相当于对普通的液压制动系统的检测过程。

有的反力式滚筒制动试验台可以选择每一车轮制动力测试单元的滚筒旋转方向。两个测试单元的滚筒既可同向正转、同向反转,又可以一正一反。具有这种功能的试验台可以检测多轴汽车并装轴(如三轴汽车的中轴和后轴,其间没有轴间差速器)的制动力。测试时使左、右车轮制动测试单元的滚筒转动方向一正一反,只采集正转时的制动力数据,这样可以省去试验台前、后设置自由滚筒装置。这是因为驱动轴内有轮间差速器的作用,当左、右车轮反向等速旋转时差速器壳与主减速器将不会转动。所以当被检测轴车轮被滚筒带动时,另一在试验台外的驱动轴将不会被驱动。而对于装有轴间差速器的双后轴汽车,可在一般的反力式滚筒制动台上逐轴测试每车轴的车轮制动力。

3.7.2 使用方法

反力式滚筒制动试验台的型号不同,其使用方法也不同,在使用前一定要认真阅读试验台的《使用说明书》。按照《使用说明书》的规定进行正确操作。

一般制动试验台的使用方法如下:

3.7.2.1 测试前的准备

(1)试验台的准备

① 检查试验台滚筒上有无泥、水、油等杂物,如有则应清除干净。

② 使滚筒在无负荷状态下运转,检查并调整仪表指针零位。

③ 检查举升器动作是否灵活,如动作阻滞或有漏气部位应进行检修。举升器是否在升起位置,若不在应使举升器升起到位。

④ 检查各指示灯工作是否正常。

⑤ 检查各种导线有无因损伤造成接触不良现象。

(2)被测车辆的准备

① 核实汽车各轴轴荷,确保被测汽车车轴轴荷在试验台允许载荷范围内。

② 检查轮胎是否粘有泥、水、油污等杂物。要特别注意检查轮胎花纹内或后轴双轮胎间嵌入的小石子与石块,应清除干净。

(3)检查轮胎气压,使其符合出厂规定值

3.7.2.2 测试步骤

(1)接通试验台总电源,按说明书要求预热至规定时间。

(2)汽车从其纵向中心线与滚筒轴线垂直的方向驶入试验台。先前轴,再后轴,使车轮处于两滚筒之间的举升平板上。

(3)汽车停稳后,变速器置于空挡位置,脚、手制动处于放松状态,能测制动协调时间的试验台还应将脚踏开关套装在制动踏板上。

(4)降下举升平板,至轮胎与举升平板完全脱离为止。

(5)启动电动机,使滚筒带动车轮旋转,待转速稳定后,从仪表上读取车轮阻滞力数值。

(6)踩下制动踏板,从指示仪表上读取最大制动力值,并打印检测结果,一般试验台在 1.5~3.0 s 后,或第三滚筒发出车轮即将抱死的信号后,滚筒自动停转。

(7)升起举升平板,驶出已测车轴,按上述相同方法继续进行检测。

(8)所有车轴的脚制动及驻车制动性能检测完毕后,升起举升平板,汽车驶出试验台。

(9)切断试验台总电源。

3.8 制动试验台的维护

3.8.1 每周维护

除了进行使用前的维护项目外,还应检查滚筒轴承座和减速器、电动机等支承轴承座处的螺栓是否松动,如有松动应予紧固。

3.8.2 每季维护

除进行每周维护项目外,还应检查滚筒轴承处的润滑情况。如有脏污或干涸时,应按厂家规定的油品加注润滑脂。

3.8.3 每半年维护

除进行每季维护项目外,还应进行如下项目的维护:
(1)检查滚筒有无运转杂音或损伤,如有运转杂音或损伤应予修理。
(2)检查减速器内润滑油的贮油量及脏污程度,应按厂家规定的油品进行补充或更换。
(3)拆下链条罩,检查链条脏污和张紧情况。链条脏污时要彻底清洗、润滑;若松紧度不合适,应重新调整张紧;若链条磨损严重,应予更换。

3.8.4 每年维护

除进行每半年维护项目外,还须接受计量部门对试验台的检定或自检,以便保证试验台的测试精度。

检定的技术要求,检定项目与检定方法见 JJG(交通)003—93《滚筒反力式汽车制动检验台》。

3.8.5 检定技术要求

检定的技术要求主要有下列5个方面:

3.8.5.1 外观及性能要求

(1)制动台应有清晰的铭牌和标志。
(2)显示仪表为数显式时,显示正确、清晰,示值保留时间不少于 8 s。配有打印装置时,其打印结果应清楚,不应有缺笔短划的缺陷。
(3)显示仪表为指针式时,表盘清晰、指针运转平稳,不允许有松动和弯曲现象。
(4)机械和电气部分完整无损、工作安全可靠、无异响、漏气、漏油现象。
(5)滚筒表面完整、转动自如。
(6)齿槽式滚筒表面不允许有损伤及损坏轮胎的锐利部分。
(7)粘接式滚筒,占滚筒全长 80% 的中段圆柱表面不允许有成片的剥落现象。
(8)外露焊缝平整,涂漆色泽均匀、光滑、美观。

3.8.5.2 零值允许误差

指针式不大于 1/2 d;数显式不大于 2 d。注:d 为实际分度值。

3.8.5.3 鉴别力阈

施加于制动台不大于 0.003 mg 制动力时,制动台仪表显示值应有所变化。

式中,m 是制动台额定承载质量(kg);g 是重力加速度 9.8(m/s^2)。

3.8.5.4 示值允许误差

(1)制动力大于 0.007 5 mg 时,误差不应超过各检定点给定值的 ±5%。

(2)制动力不大于 0.007 5 mg 时,误差不应超过 0.30 mg 的 ±0.5%。

(3)在同一制动力的作用下,左、右制动示值误差不应超过 3%。即

$$\delta_i = |\delta L_i - \delta R_i| \leqslant 3\%$$

式中,δ_i 是左右制动力示值误差间差(%);δL_i 是左制动力示值误差(%);δR_i 是右制动力示值误差(%)。

$$\delta L(R)_i = (FL(R)_i - F_i) \times 100\% / F_i$$

式中,$FL(R)_i$ 是左(右)制动力示值的算术平均值(N);F_i 是鉴定点制动力值(N)。

3.8.5.5 滚筒表面附着系数不低于 0.65

滚筒表面附着系数的鉴定方法见 JJG(交通)003—93《滚筒反力式汽车制动检验台》。

4 汽车尾气综合分析仪

汽车尾气排放分析仪是在汽车发动机正常运转时，对汽车排放的尾气进行检测、分析，从而判断汽车发动机是否工作正常，排出有害气体是否超出标准的一种仪器，是控制汽车尾气排放污染的有效工具。这种仪器的质量、性能和推广使用情况，直接影响着对尾气排放超标汽车进行检查的效率和效果，关系着我国治理城市大气污染工作的进度和效果。汽车尾气分析仪另一个常常被忽视的重要作用是在排除发动机故障过程中的诊断功能。因此，各类用户如汽车生产厂家、政府环保部门、交通部门、公安交管部门和汽车维修企业等都十分需要既能方便、准确检测汽车尾气排放，又能符合政府法规要求的仪器。现分别谈谈市场上不同原理的几种仪器：

(1) 非分光红外吸收法仪器

此种仪器结构简单、寿命长、测量精度高、反应速度快、运行费用低、操作简便，可用于分析测试一氧化碳(CO)、二氧化碳(CO_2)、碳氢化合物(HC)，氮氧化物(NO)等气体的浓度，因而被广泛用于汽车排放污染物浓度的分析。

(2) 电化学法气体分析仪器

此种仪器可用于测量 O_2、NO、SO_2 等，检测器是电化学式，属消耗性的。此类检测器结构小巧简单、价格低廉、易于更换，但美中不足的是寿命短。

(3) 氢火焰离子化法仪器

主要测量 HC。具有准确度高、输出与碳原子数成良好线性关系的优点，多用于高精度测量试验。此类仪器可以连续长时间测试，反应快、测试精度高、结构简单、易维护，但配套价格昂贵。

(4) 化学发光法分析仪器

主要分析测试 NO/NO_x 等成分，具有灵敏度高、反应速度快、线性好等特点。

纵观以上几种原理的仪器，非分光红外吸收法仪器具有精度和灵敏度高、测量范围宽、响应速度快、良好的选择性、稳定性和可靠性，可实现多组分气体同时测量、连续分析和自动控制等特点。因此，非分光红外吸收法目前在国内汽车/摩托车生产下线检测，汽车维修检测，在用汽车污染检测、治理等领域使用，主要是应用非分光原理和电化学原理设计的小型仪器。

4.1 NHA-501A/401A 废气分析仪使用说明

4.1.1 概述

NHA-501A/401A 型废气分析仪采用非分光红外吸收法原理，测量机动车排放废气中的 CO、HC 和 CO_2 的成分,用电化学电池原理测量排气中的 NO(NHA-401A 无 NO 项)和 O_2 的成分,并可根据测得的 CO、CO_2、HC 和 O_2 的成分计算出过量空气系数 λ。该仪器配备了微处理器,是采用液晶显示、中文界面的智能化仪器。本仪器另可配置感应式转速测量钳、温度传感器探头和外置微型打印机等选购件供用户选用,可在检测废气的同时监测发动机的转速、润滑油的温度和打印当前检测结果。

本仪器除具有实时测试功能外,还按照国家标准 GB 18285—2005《点燃式发动机汽车 排气污染物排放限值及测量方法双怠速法》的规定,编排了怠速工况和双怠速工况下检测的专用程序,对检测过程进行自动控制。因此,用作双怠速排放测量非常方便。本仪器体积小、质量轻,能存储 200 台车以上的检测数据,尤其适于路边检查。本仪器符合国际法制计量组织(OIML)国际计量法规 OIMLR 99/1998(E)和国家计量检定规程 JJG 688 最新修订版 II 级仪器的规定,适合于环境保护部门、机动车检测站、汽车制造厂、汽车修理厂等单位使用。

4.1.2 主要规格及技术参数

(1)使用环境条件

温度:5~40℃　　　　　湿度:不大于 95%

大气压力:70.0~10^6 kPa　　电源:AC 220 V±10%;50 Hz±1 Hz

(2)测量范围

HC:(0~10 000)×10^{-6} vol　　CO:(0~10.0)×10^{-2}(%)vol

CO_2:(0~18.0)×10(%)vol　　O_2:(0~23.0)×10(%)vol

NO:(0~5 000)×10^{-6} vol　　(NHA-401A　无此项)

(3)取样方式

直接取样。取样管长度 5 m,取样探头长度 900 mm。

(4)预热时间

预热时间为 30 min。

(5)分辨力

CO:0.01% vol;HC:11×10^{-6} vol,正己烷当量;CO_2:0.1% vol;

O_2:0.02% vol;NO:11×10^{-6} vol(NHA-401A 无此项)。

(6)示值允许误差

CO:±0.06% vol(绝对误差)或 ±5%(相对误差);HC:(0~2 000)×10^{-6},±12×10^{-6}vol(绝对误差)或 ±5%(相对误差),正己烷当量;(2 000~10 000)×10^{-6},±10%(相对误差),正己烷当量;CO_2:±0.5% vol(绝对误差)或 ±5%(相对误差);O_2:±0.1% vol(绝对误差)或 ±5%(相对误差);NO:±25×10^{-6}vol(绝对误差)或 ±4%(相对误差;NHA-401A 无此项)。

(7)时间稳定性

经预热后,仪器 4 h 的零位漂移和量距漂移应不超过其示值允许误差。

(8)重复性

仪器的示值重复性应不大于其示值允许误差的绝对值的 1/2。输出信号数字量:RS232 串行通讯。

4.1.3 仪器的组成及主要按键、开关和元件的功能

如图4-1所示,仪器主要由仪器本体、短导管、前置过滤器、取样管、取样探头等组成。仪器前面板的布置及各部分的名称如图4-2所示。图中前面板各部分的功用:

(1)液晶显示屏:显示中文菜单和测量数据;

(2)"选择"键:水平移动液晶显示屏上的光标(三角箭头),以选择所需的项目;

(3)"确认"键:确认所选择的项目,输入车牌号码时用于切换输入法;

(4)"调零"键:调零功能的快捷键;

(5)"储存"键:储存功能的快捷键;

(6)"测量/停止"键:启动测量或停止测量功能;

(7)电源开关:分析仪的电源开关;

(8)"打印"键:打印功能的快捷键(需安装选配的打印机);

(9)"▼"键:下移液晶显示屏上的光标,选择所需的项目,调节显示屏上文字、图像的对比度,校准前用于修改校准气的设定值;

(10)"▲"键:上移液晶显示屏上的光标,选择所需的项目,其余功能同"▼"键。

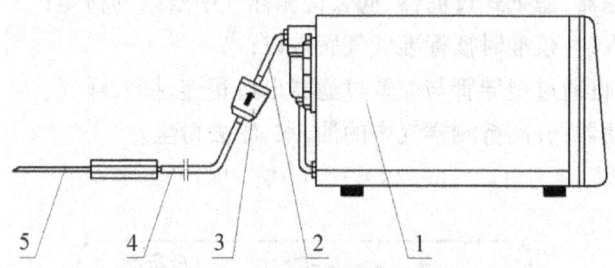

图4-1 仪器的组成
1.仪器本体;2.短导管;3.前置过滤器;4.取样管;5.取样探头

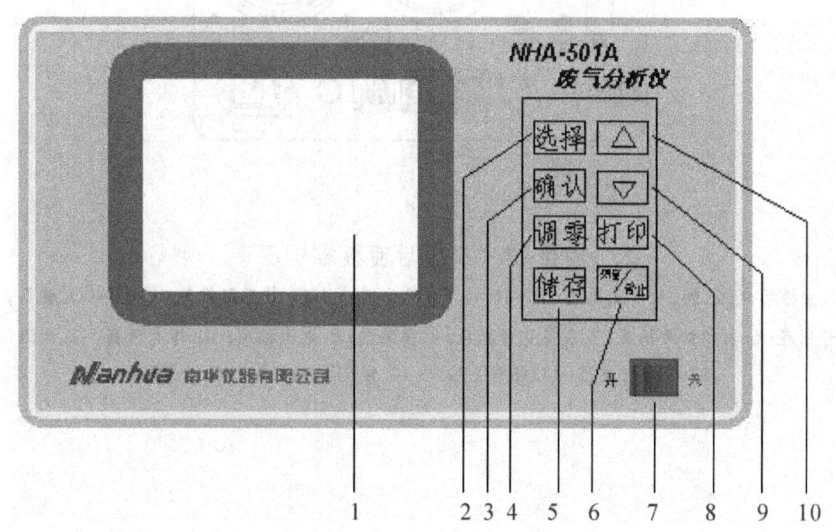

图4-2 仪器前面板布置图
1.液晶显示屏;2."选择"键;3."确认"键;4."调零"键;5."储存"键;
6."测量/停止"键;7.电源开关;8."打印"键;9."▼"键;10."▲"键

> **注意**:在预热期间以及在主菜单下,按下"▲"键或"▼"键可以调节显示屏上文字、图形的对比度。用户可根据需要,调节到观察得最清晰为止。

仪器后面板的布置及各部分的名称如图 4-3 所示。图中后面板各部分的功用:

(1~3)排气口:样气测量后的排出口;

(4)二次过滤器:过滤从分水过滤器出水口流出的样气;

(5)输出信号插座:与外部计算机通讯的 RS232 接口及外接打印机的接口;

(6)打印信号插座:与外部微型打印机连接;

(7)转速信号插座:输入转速测量钳的信号;

(8)保险丝盒:内装 1 A 保险管;

(9)电源插座:插座用于输入 220 V 交流电源,开关用于接通或断开电源,内装电源噪声滤波器;

(10)冷却风扇:废气仪从内向外排风,以防仪器内部过热;

(11)油温信号插座:输入油温探头的信号;

(12)粉尘过滤器:滤纸式过滤器,滤去待测样气中残余的粉尘;

(13)标准气入口:校准时插标准气气瓶入口;

(14)样气入口:通过短导管与前置过滤器出口相连,接入样气;

(15)分水过滤器:分离待测样气中的油、水,滤去粉尘。

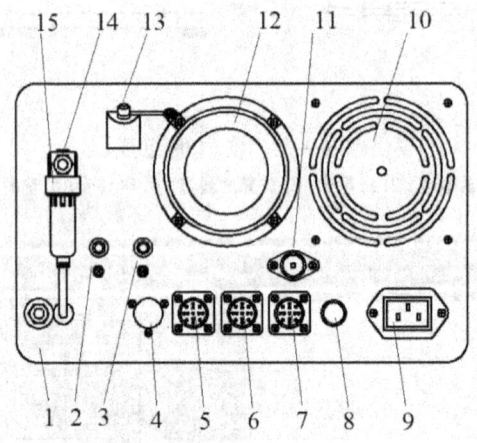

图 4-3 仪器后面板布置图

1.主排气口;2.NO 传感器排气口(NHA-401A 无此项);3.O₂ 传感器排气口;4.二次过滤器;信号插座;6.打印信号插座;7.转速信号插座;8.保险盒;9.电源插座;10.冷却风扇;11.油温信号插座;12.粉尘过滤器;13.标准气入口;14.样气入口;15.分水过滤器。

4.2 使用

4.2.1 准备

4.2.2 安装

(1)如图4-1所示,首先将取样管一端与取样探头的末端连接,另一端与附件中的前置过滤器的入口相连。然后将短导管一端与前置过滤器的出口相连,另一端与仪器的样气入口连接。检查各连接处,确认连接牢靠,无泄漏。

(2)确认前置过滤器、分水过滤器、粉尘过滤器及二次过滤器里已分别装入洁净的滤芯和滤纸。

(3)将电源线、外置打印机(选配)、油温测量探头(选配)和转速测量钳(选配)分别连接到仪器的电源插座、打印信号插座、油温信号插座和转速信号插座上。

4.2.3 仪器预热

将电源线插到220 V交流电源的插座上,接通仪器的电源开关,预热仪器。仪器液晶显示屏下部将出现提示:"正在预热,请等待…30:00",以倒计时方式显示剩下的预热时间,预热时间总共为30分钟。

4.2.4 泄漏检查

仪器预热完成后会自动进入"泄漏检查"子菜单(与"设置"选项有关),检查气路系统是否有泄漏,这时液晶显示屏下部将出现提示:"用密封套堵住探头,然后按'确认'键"。用户应按此提示操作,按一下"确认"键。之后,会出现提示:"正在检漏,……××秒",其中"××秒"表示剩下的检漏时间(倒计时,总共 10 秒)。检漏完毕,如有泄漏,将出现提示:"有泄漏,请检查,按确认键再检……"。用户应仔细检查整个气路,予以排除。如无泄漏,会出现提示:"OK,按任意键退出",按任何一个按键后,仪器将进入自动调零。

4.2.5 自动调零

仪器进入自动调零时,显示屏下部将出现提示:"正在调零,请等待……"。如果调零完成,显示屏右下角会显示"OK"。几秒钟后,下部的提示消失,显示屏进入主菜单。如果调零不正常,显示屏下部将显示:"调零错误"。几秒钟后,显示屏也将进入主菜单。

4.3 仪器的主菜单

仪器的主菜单如图4-4所示。上部是提示区,中部是 HC、CO、CO_2、O_2、NO(NHA-401A 无此数据)、n(转速)、λ(过量空气系数)、系统时钟和 T(润滑油温度)的实时"测量 调零 校准 检漏 设置"五个子菜单的选项。

按下"选择"键,使光标移动到所需的选项上,再按一下"确认"键,就可以从主菜单进入该子菜单。反之,无论从哪个项目(子菜单)退出,都会返回到主菜单。

```
（选择键移位，确认键操作）
HC ppm  0000        CO %   00.00
CO₂ %   00.00       O₂ %   20.90
NO ppm  0000        n      0000
λ  1.03   14：22：31   T 025℃
▼
测量 调零 校准 检漏 设置
```

图 4-4 显示屏主菜单

4.4 调零

仪器具有自动调零功能,能对零位进行周期性地(每半小时一次)自动校准,一般情况下无须再调零。但是当用户认为有必要调零时,可从当前子菜单返回到主菜单,按下"选择"键,使光标移到"调零"选项上,再按下"确认"键,仪器立即进入调零程序,显示屏下部的子菜单选项将变换为提示:"正在调零,请等待……"。调零完毕,显示屏右下角显示"OK",几秒钟后显示屏下部的提示消失,重新恢复成五个子菜单选项。

4.5 校准

仪器在使用过程中会产生漂移,传感器会出现老化问题。因此,仪器使用一段时间(一般3个月至6个月)后应进行量距校准。由于老化的原因,O_2 传感器和 NO 传感器使用一年左右就需要更换(注:NHA-401A 无 NO 传感器)。若出现传感器老化,仪器会发出"O_2 传感器老化或接触不良"或"NO 传感器老化,请更换"的提示。

4.5.1 选择标准气

量距校准使用两种标准气,一种是三组分的,一种是单组分的,其含量应分别为:

(1)三组分气体 CO:约3.5% vol;C_3H_8(丙烷):约0.2% vol;CO_2:约14% vol;N_2(氮气):剩余值。

(2)单组分气体(对于 NHA-401A 不需要) NO:约0.1% vol;N_2(氮气):剩余值。校准时使用的实际校准值以校准气气瓶标签上的成分标称值为准,其不应超出以上值的15%。由于 NO 校准气气瓶及有效期等原因,本仪器的附件中不包括 NO 校准气。

4.5.2 校准 HC、CO 和 CO_2 通道的量距

校准步骤如下:

(1)调零:校准前,应先按4.3的方法进行零位校准。

(2)"校准"选项上,再按一下"确认"键,进入"校准"子菜单(图4-5,注:NHA-401A 无 NO 校准选项)。

(3)按下"▲"键或"▼"键,使光标位于项目"1. HC,CO,CO_2 校准"前,再按下"确认"键,进入"标准气浓度"设定界面(图4-6)。

(4)显示屏显示的校准气成分设定值是上次校准时使用的标准气成分值,如果与本次所用的三组分标准气的成分标称值不符,可先按下"选择"键,使光标移到"修改"选项上,再按一下"确认"键,光标"▲"将移到 HC 栏。然后,按显示屏上部的提示操作,修改 HC 的设定值,HC 的设定值 = 气瓶上的标称值 × 仪器铭牌标示的 PEF 换算系数。改完后按下"选择"键,使光标右移到 CO 栏,可继续修改 CO 的设定值。CO 栏改完后再按下"选择"键,光标将下移到 CO_2 栏,可继续修改。三个通道改完后按下选项"校准"选项上变成"▼"。

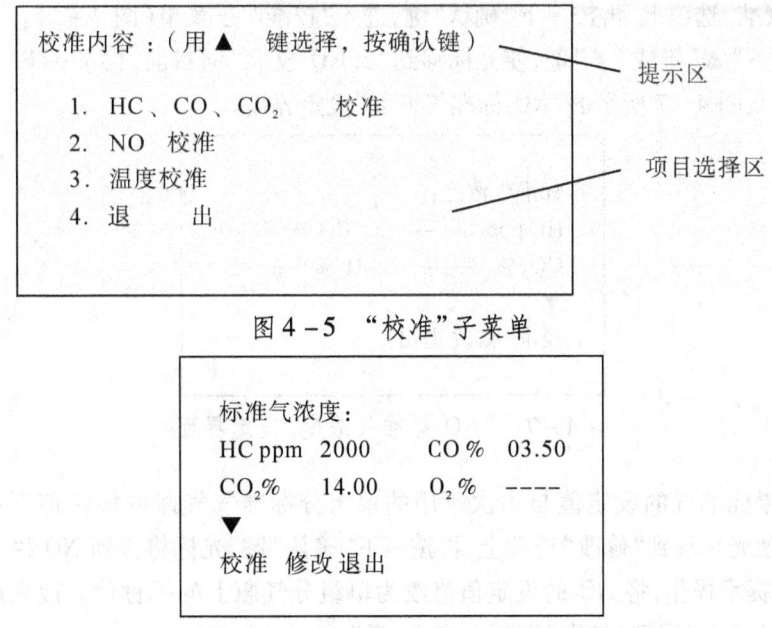

图4-5 "校准"子菜单

图4-6 "标准气浓度"设定界面

(5)"校准"选项上时按一下"确认"键,显示屏上部将出现提示:"通入标准气,数据稳定后按确认 校准 退出 校准"选项上。

(6)如果按提示操作,向仪器的标准气入口通入三组分标准气,待读数稳定后按一下"确认"键。显示屏下部会出现提示:"正在校准……",几秒钟后提示变换为:"OK",表示 HC、CO 和 CO_2 通道的量距已完成校准。再按下任何一个键,显示屏将返回到主菜单。

如果未向仪器通入标准气就按下"确认"键,显示屏上部将出现提示:"无通入标准气,校准失败",光标将自动移动"退出"选项上。再按下任何一个键,显示屏将返回主菜单。

(7)进入"校准"子菜单后如果不需要继续进行校准操作,可先按下"▼"键,使光标下移到"4.退出"项目前,再按一下"确认"键,显示屏将返回到主菜单。

(8)校准完成后需取下校准气气瓶才能进行其他操作。

> **注意**：仪器的校准气入口组件装有单向阀。向仪器通入校准气时,应将随仪器配备的校准气气瓶的喷嘴对准仪器的校准气入口,并稍用力下压,阀门将会打开,校准气随即进入仪器里。
>
> 使用非本公司配套的校准气气瓶时,如果气瓶的喷嘴与本仪器不配,无法打开单向阀,请使用仪器附件中配备的"适配器"。使用时先将其拧紧在校准气入口上,再压入校准气气瓶时,单向阀就会打开。

4.5.3 校准 NO 通道(NHA-401A 无此项)

(1)调零:仪器进行量距校准前应先按 4.3 的方法,进行零位校正。

(2)"校准"选项上,再按一下"确认"键,进入"校准"子菜单(图 4-5)。

(3)按下"▲"键或"▼"键,使光标移到"2. NO 校准"项目前,再按一下"确认"键。显示屏将进入图 4-7 所示的"NO 标准气浓度"设定界面。

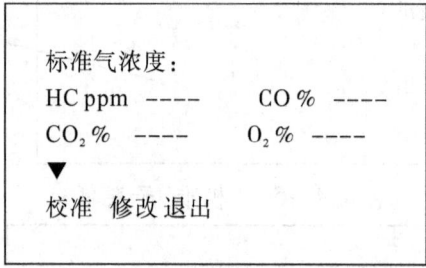

图 4-7 "NO 标准气浓度"设定界面

(4)如果标准气的设定值与本次所用的单组分标准气气瓶的标称值不符,先按下"选择"键,使光标移到"修改"选项上,再按一下"确认"键,光标将移到 NO 栏。然后按显示屏上部的提示操作,将 NO 的设定值修改为单组分气瓶上的标称值。改完后按下"选择"键,使光标"▲"回到"校准"选项上变成"▼"。

(5)如果标准气的设定值与本次所用的单组分气瓶的标称值相符,或标准气的设定值已修改完毕,在光标位于"校准"选项上时,按一下"确认"键,显示屏上部将出现提示:"通入标准气,数据稳定后按确认键",显示屏下部则显示两个选项:"校准""退出",光标将自动移到"校准"选项上。

这时,按照提示操作,经仪器的取样通道入口通入单组分标准气,待读数稳定后按一下"确认"键。显示屏下部会出现提示:"正在校准……",几秒钟后提示变换为:"OK"。再按下任何一个键,显示屏将返回到主菜单。

如果未向仪器通入标准气就按下"确认"键,显示屏上部将出现提示:"无通入标准气,校准失败",再按下任何一个键,显示屏将返回主菜单。

> **注意**：NO 标准气必须从仪器的取样通道入口通入,并且其流量应在 5~6 L/min 范围内。

4.5.4 校准润滑油温度

测量装置(需安装选配的油温测量探头)仪器在使用一段时间后,或认为有必要时,可对润滑油温度测量装置进行校准。校准润滑油温度测量装置的步骤如下:

(1)"校准"选项上,再按一下"确认"键,使显示屏进入"校准"子菜单(图4-5)。

(2)按下"▼"键,使光标下移到"3.温度校准"项目前,再按一下"确认"键。显示屏将进入"温度校准"界面(图4-8)。

(3)如果未将温度探头接在仪器上,"温度校准"界面(图4-8)中的探头测量值将显示"————"。这时如果按下"确认"键,显示屏下部将出现提示:"未插入温度探头,校准失败。"

```
温度校准:
请将温度探头插入标准温度中,用
▲▼键修改标准温度值,温度稳定后,
按确认键校准,按选择键退出。

标准温度值: 0099 ℃
探头测量值: 0096 ℃
```

图4-8 "温度校准"界面

(4)按照"温度校准"界面的提示操作,将温度探头插入水温在85℃以上的热水中。用一台示值允许误差不大于±0.5%(相对误差)的温度计作为标准温度计,测量热水的温度。

(5)按下仪器的"▼"键或"▲"键,使显示屏上的"标准温度值"等于标准温度计测得的水温值。然后按一下"确认"键,完成高温点的校准。校准完成后按下"选择"键,显示屏将返回到主菜单。

(6)如果水温不足80℃或探头未插入热水中时按下了"确认"键,显示屏下部将出现提示:"校准值超范围,校准失败",按"确认"键退出。这时,应按下"确认"键退出,更换85℃以上的热水或插好温度探头,按上述步骤重新校准。

4.6 泄漏检查

本仪器在预热完成后会自动进入泄漏检查(与"设置"选项有关),如有需要,用户可随时进行泄漏检查。泄漏检查的步骤:

(1)"检漏"选项上。然后按一下"确认"键,显示屏将进入"泄漏检查"子菜单。

(2)按液晶显示屏下部的提示操作,先用密封帽将取样探头的入口堵住,再按一下"确认"键,10 s后将完成检漏。如存在泄漏,将出现提示:"有泄漏,请检查,按确认键再检……"。如没有泄漏,会出现提示:"OK,按确认键退出"。

(3)如果存在泄漏,应仔细检查气路,予以排除。否则仪器将始终显示:"有泄漏,请检查,按确认键再检……"。如没有泄漏,按一下"确认"键后显示屏将返回到主菜单。

4.7 设置

为了便于用户设定测量方式、发动机的冲程和燃料的种类等,本仪器设立了"设置"子菜单(图4-4"设置"选项上)。然后按一下"确认"键,显示屏将进入"设置"子菜单。

4.7.1 设置测量方式

本仪器有三种测量方式:通用测量、怠速测量和双怠速测量(图4-9)。

```
▲▼移动光标,选择键修改,确认键操作
▶    测量方式:√通用 怠速双怠速
     冲  程:√四冲程 二冲程
     点火方式:√单次二次
     燃料种类:√汽油液化气
     开机检漏:√有无
     车牌汉字:粤
     显示存储数据
     清除存储数据
     修改时钟: 18.06.01/12:00:08
     退出
```

图4-9 "设置"子菜单

通用测量以不断显示即时测量数据的方式工作,适用于观察或监测机动车排放的实时值。

双怠速测量方式是按照GB 18285—2005《点燃式发动机汽车排气污染物排放限值及测量方法双怠速法》中的规定编排的。

出厂时,仪器已将测量方式设置为"通用"。

三种测量方式的设置步骤如下:在"设置"子菜单下,按照显示屏上部的提示,用"▲"键或"▼"键使光标移到"测量方式"前,按"选择"键,"√"选中符号会在"通用","怠速","双怠速"前轮流出现。

4.7.2 设置发动机冲程

在"设置"子菜单下,按照显示屏上部的提示,参照4.7.1的方法操作,选择所需的发动机冲程。出厂时,仪器已将发动机冲程设置为"四冲程"。

4.7.3 设置点火方式

点火方式表示发动机每个冲程的点火次数,有"单次"和"二次"两种。在"设置"子菜单下,按照显示屏上部的提示,参照4.7.1的方法操作,选择所需的点火方式。

出厂时,仪器已将点火方式设置为"单次"。

> 提示：有"分电器"的发动机一般为"单次"点火，无"分电器"的发动机一般为"二次"点火，点火方式设置不正确会使转速测量不准或不稳定。

4.7.4 设置燃料种类

在"设置"子菜单下，按照显示屏上部的提示，参照 4.7.1 的方法操作，选择所需的燃料项目。

出厂时，仪器已将燃料种类设置为"汽油"。

> 注意：燃料种类设置为"汽油"时，仪器的 HC 指示值表示正己烷当量；燃料种类设置为"液化气"时，仪器的 HC 指示值表示丙烷当量。

```
（用▲▼键选择项目，确认键操作）
         已存储数量：033

      ▶ 按车号查询……
         按顺序查询……
         退出…………
```

图 4-10 "显示存储数据"子菜单

4.7.5 设置开机检漏

在"设置"子菜单下，按照显示屏上部的提示，参照 4.7.1 的方法操作，选择所需的开机检漏方式。"有"表示每次开机都进行自动检漏，"无"表示开机不进行自动检漏。

出厂时，仪器已将开机检漏方式设置为"有"。

4.7.6 设置车牌汉字

当用户需要对车辆测量后的数据进行储存并记录车牌号码时，必定先要输入车牌的所属省、直辖市或自治区的代表汉字，本设置可以设定输入该汉字的首选值，避免对同一地区车辆检测数据储存时重复输入该汉字，提高输入效率。

在"设置"子菜单下，按照显示屏上部的提示，用"▲"键或"▼"键使光标移到"车牌汉字"前，按"选择"键，则"粤""琼""鄂"向前翻显示被选中的车牌汉字，按"确认"键，则"粤""闽""赣"向后翻显示被选中的车牌汉字。

4.7.7 显示存储数据

本设置可对仪器内已储存的记录进行查询和浏览。在"设置"子菜单下，按照显示屏上部的提示，用"▲"键或"▼"键使光标移到"显示存储数据"前，按"确认"键，进入"显示存储数据"子菜单（图 4-10）。在子菜单顶部，有一项"已存储数量"的提示，其后面的数值表示仪器当前已经存储的记录总数，方便用户了解仪器当前的存储状况。为方便用户对存储数据的查询,本仪器提供了两种查询方式:按车牌号码查询和按存储顺序查询。按车牌号码查询的方式,用户只需要输入所要查询的车牌号码,就可以浏览到该车辆的检测结果。按存储顺序查询的方式,为用户提供一个可以按仪器存储记录的顺序或倒序浏览所有记录的方式。

(1) 按车号查询

在"显示存储数据"子菜单下,按照显示屏上部的提示,用"▲"键或"▼"键 使光标移到"按车号查询 "前,按"确认"键,进入按车牌号码查询状态,显示屏底部出现车牌号码输入栏(图 4 - 11)。

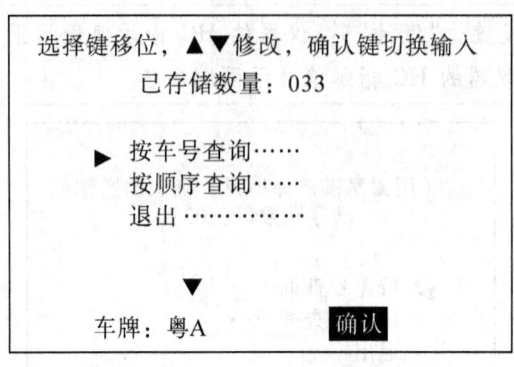

图 4 - 11 "按车号查询"界面

按提示输入车牌号码,按"选择"键使光标"▼"移动至"**确认**",按"确认"键进入查询状态。如果存储记录中有用户输入的车牌号码的数据,则进入"按车号查询结果显示界面"(图 4 - 12)。

在显示数据的顶部分别列出当前显示数据的记录号、车牌号码及存储日期时间。下面就分别列出该车牌号码的高怠速和低怠速的测量数据。浏览完之后,用户可以选择退出或再查。按"选择"键,可以返回"显示存储数据"子菜单;如果同一个车牌号码有多条记录,则可以按"确认"键,继续查询并显示出下一条记录。当查询并显示到最后一条记录,用户再按"确认"键的时候,仪器提示"查询完成!",此时用户按提示可以选择按"选择"键返回"显示存储数据"界面,或按"确认"键再重新查询该车牌号码。

高怠速:					
HC:	0000	ppm	CO:	00.00	%
CO_2:	00.00	%	O_2:	00.00	%
NO:	0000	ppm			
低怠速:					
HC:	0000	ppm	CO:	00.00	%
CO_2:	00.00	%	O_2:	00.00	%
NO:	0000	ppm	——	——	——

图 4 - 12 按车号查询结果显示界面

如果存储记录中没有用户输入的车牌号码的数据,仪器提示"查询完成!",此时用户按提示,按"选择"键返回"显示存储数据"界面。

(2) 按顺序查询

在"显示存储数据"子菜单下,按照显示屏上部的提示,用"▲"键或"▼"键使光标移到"按顺序查询"前,按"确认"键,进入按存储顺序查询界面(图 4 – 13)。

高怠速:					
HC:	0000	ppm	CO:	00.00	%
CO_2:	00.00	%	O_2:	00.00	%
NO:	0000	ppm	——		
低怠速:					
HC:	0000	ppm	CO:	00.00	%
CO_2:	00.00	%	O_2:	00.00	%
NO:	0000	ppm	——		

图 4 – 13　按存储顺序查询界面

在显示数据的顶部分别列出当前显示数据的记录号、车牌号码及存储日期时间。下面就分别列出该车牌号码的高怠速和低怠速的测量数据。进入该"按存储顺序查询界面",首先显示的是 001 号记录。此时,用户按"▲"键就可以按记录号的升序翻屏浏览,而按"▼"键则可以按记录号的降序翻屏浏览。为提高浏览效率,按"确认"键,则可以立刻翻到当前记录号加 10 的记录,如当前记录号是 001,按"确认"键后,则立刻翻到记录号为 011 的车牌并显示。在浏览的任何时候,按下"选择"键,则退出查询返回"显示存储数据"子菜单。

(3) 退出"显示存储数据"子菜单

在"显示存储数据"子菜单下,按照显示屏上部的提示,用"▲"键或"▼"键使光标移到"退出"前,按"确认"键,显示屏返回"设置"子菜单。

4.7.8　清除存储数据

在"设置"子菜单下,按照显示屏上部的提示,用"▲"键或"▼"键使光标移到"清除存储数据"前,按"确认"键,则在其右侧显示"数据已清除",表示全部数据清除成功。

注意:清除存储数据前,应将存储的数据备份到计算机上,或确认该数据已无价值,清除的数据将无法恢复。

4.7.9　修改时钟

在"设置"子菜单下,按照显示屏上部的提示,用"▲"键或"▼"键使光标移到"修改时钟"前,按"确认"键,右侧显示的当前日期及时间(格式为:年.月.日/ 时:分:秒,如 03.01.01/12:00:00)下方出现一个"▲"的光标。要进行修改,首先按"选择"键,"▲"光标会在年、月、日、时、分下方轮流出现,表示选中要修改的部分,然后按"▲"键或"▼"键向上或向下修改选中部分的当前数值。重复上面的操作,直到时钟的各部分都符合要设定的数值为止。修改完毕后,按"确认"键确认,"▲"光标消失,退出修改时钟状态,系统开始按照新设定的时钟值运行。

4.7.10 退出"设置"子菜单

如果要终止设置,退出该子菜单,参照 4.7.1 的方法操作,使光标位于"退出"前,按下"确认"键,显示屏将返回主菜单。仪器在退出"设置"菜单时,将保存各设置项的值。

4.8 测量

在主菜单下按下"选择"键,使光标移到"测量"选项上,再按一下"确认"键。仪器将根据先前所设置的测量方式,进入相应的子菜单——"通用测量""怠速标准测量"或"双怠速标准测量",并开始进行相应的测量工作(4.8.1、4.8.2 或 4.8.3)。怠速测量或双怠速测量需要配合转速测量钳和油温测量探头使用,用户应自行选配。

4.8.1 通用测量

"通用测量"子菜单(图 4 – 14)的上部是子菜单的名称和操作提示区,中部是 HC、CO、CO_2、O_2、NO、n(转速)、λ(过量空气系数)、系统时钟和 T(润滑油温度)的即时测量值(对 NHA – 401A 则无 NO 项),下部是提示区和三个选项。右下角有一个指示当前流量的标尺,3 格到 5 格表示流量正常,1 格或无格则表示流量不足,发生气路阻塞,这时流量标尺下方"流量"两个字将出现闪烁(如果出现这种现象,用户应及时消除阻塞)。

进入"通用测量"方式后,仪器的气泵将启动。这时应把取样探头插入被测车辆的排气管中,插入深度为 400 mm。显示屏将实时显示出排气中 HC、CO、CO_2、O_2、NO(NHA – 401A 无此项)的即时值以及 λ 值和系统时间。如果已按下面步骤,安装好转速测量钳(选配)和油温测量探头(选配),显示屏上还将实时显示出发动机转速(n)和润滑油温度(T)的即时值。

```
通用测量:
HC ppm  0123       CO %   02.34
CO₂ %   14.76      O₂ %   00.35
NO ppm  0305       n      0650
λ  1.03   14:22:21   T 025℃
              ▼
正在测量:停止  打印  储存  流量
```

图 4 – 14 "通用测量"子菜单

(1) 打印

如果要打印测量结果,可按下"选择"键,使光标移到"打印"项上,再按一下"确认"键,则显示屏下部将出现车牌号码输入区(与图 4-11 显示屏下部的车牌号码输入区相同),"▼"光标停留在车牌号码的第二位的顶部,等待用户输入当前数据的车牌号码。

本仪器可储存的车牌号码的格式为七位(包括首位的车牌汉字),如粤 A00001。按"选择"键,"▼"光标会轮流出现在车牌号码的第一至七位和"确认"选项的顶部。在进行车牌号码输入时,本系统提供三种格式字符的输入法。在输入时,按"确认"键切换输入法,"▼"右侧会轮流呈现"中"、"A"和"0"字样。其中,"▼中"表示待输入的是各个省、直辖市和自治区的中文字简称车牌汉字;"▼A"表示待输入的是 26 个大写英文字母;"▼0"表示待输入的是 0~9 十个数字、横线"-"或空格符号。

具体输入方法:例如要输入车牌号码为:粤 A12345。输入第一位:(第一位为设置的默认车牌汉字,第一位输入跳过,"▼"光标自动移至第二位;若车牌号码的第一位车牌汉字与"设置"里的"车牌汉字"不相同则可以执行此位的输入)首先按"选择"键将"▼"光标移至车牌号码的第一位,再按 K 键切换输入法为"▼中",按"▲"键或"▼"键向上或向下切换汉字直到出现"粤"字为止。

输入第二位:按"选择"键将"▼"光标移至车牌号码的第二位,再按"确认"键切换输入法为"▼A",按"▲"键或"▼"键向上或向下切换字母直到出现"A"字为止。

输入第三位:按"选择"键将"▼"光标移至车牌号码的第三位,再按"确认"键切换输入法为"▼0",按"▲"键或"▼"键向上或向下切换数字直到出现"1"字为止。

后面几位输入方法同理。全部输入完毕,按"确认"键将"▼"光标移至"选择"选项,按"确认"键确认,打印机将打印该车牌号码记录的数据,同时光标将自动回到"停止"项上。

(2) 储存

如果要储存测量结果,可按下"选择"键,使光标移到"储存"项上,再按一下"确认"键,即可储存原打印时输入的车牌数据,若无打印过数据,则进入车牌号码输入界面。输入方法与 4.7.7 车牌号码输入方法相同。输入完毕后,将储存该车辆数据。

> **注意**:本仪器车牌储存的容量为 200 个,当存满 200 个数据再按"确认"键储存时,仪器提示:"数据存储已满,按确认键退出"。此时用户应参照 4.7.8 进行清除。

(3) 停止

如果要终止通用测量方式,退出该子菜单,可按下"选择"键,使光标移到"停止"项上,再按一下"确认"键,显示屏将返回到主菜单。

4.8.2 怠速排放测量

"怠速标准测量"子菜单的上部是子菜单的名称,中部是 HC、CO、CO_2、O_2、NO、n、λ、系统时钟和 T 的即时测量值(对 NHA-401A 则无 NO 项),下部是提示区,右下角也有流量标尺和"流量"二字。

(1) 准备

进入"怠速标准测量"子菜单后,仪器下部提示:"将测速钳夹在点火线上,然后按确认键",按提示将转速测量钳夹在发动机1缸的火花塞高压线外,注意测量钳口背面的箭头,使其指向火花塞,如果箭头的方向反了,会得不到正确的转速信号。完成后按"确认"键。若选配了油温测量探头,将其插入发动机的润滑油标尺孔中,一直插到探头接触到润滑油为止。

(2)HC残留物检查及发动机预热

① 进入"怠速标准测量"子菜单后,仪器首先开始 HC 残留物检查。显示屏下部将出现提示:"正在进行 HC 残留检查…××秒","××秒"表示剩下的残留检查时间(倒计时,总共 30 秒)。检查结束后,如合格,则显示:"HC 残留检查 OK";如不合格,则显示:"HC 残留检查超范围,请清洗管道"。见此提示,用户应及时予以消除。

② HC 残留物检查结束时,显示屏上部子菜单的名称将变换为提示:"额定转速:5 000▲▼修改,K 确认。"用户应按下"▲"键或"▼"键,将该提示中的额定转速值设定为被测车辆的发动机额定转速标称值(精确到 100 r/min),然后按一下 K 键确认。

③ 按下 K 键后,显示屏上部提示:"额定转速:5 000(用▲▼修改)"。用户应按下"▲"键或"▼"键,将该提示中的额定转速值设定为被测车辆的发动机额定转速标称值(精确到 100 r/min),然后按一下"确认"键确认。

④ 按下"确认"键后,进入发动机预热阶段,如果这时发动机润滑油温度达不到 80℃,显示屏上部的提示将变换为:"油温低,请加速到 3 500 r/min"。见此提示后驾驶员应使发动机加速,并注视显示屏上不断变化的转速值,直到 3 500 r/min 左右为止。

⑤ 当转速达到 3 500 r/min 时,显示屏上部将出现提示:"请保持 3 500 r/min",下部则以倒计时方式显示:"××秒"(总共 30 秒)。完成后,将进入排放测量阶段。

注意:只有额定转速值为默认值——5 000 r/min 时,提示才显示为:"请加速到 3 500 r/min"。如果额定转速值设定为其他值,提示将显示为:"请加速到 ×× r/min",××等于 0.7 倍的额定转速值设定值。下面 4.8.3 中 2 500 r/min 的情况同此。

(3)测量怠速下的排放

① 预热结束时,显示屏上部将出现提示:"请减速至怠速……"这时,驾驶员应松开油门踏板,使车辆减速。当转速下降到 1 100 r/min 以下时,显示屏上部的提示会改变为:"请保持怠速……",下部则显示:"请插入取样探头……"。

② "请插入取样探头……"的提示出现后,应将仪器的取样探头插入车辆的排气管中,插入深度为 400 mm,同时使发动机继续保持怠速。

③ 插好取样探头后,仪器开始对排气取样,提示区出现提示:"正在取样……××秒"。"××秒"表示剩下的取样时间(倒计时,总共 45 秒,前 15 秒是预备阶段,后 30 秒为实际取样阶段)。取样倒计时结束时,怠速工况下的排放测量完毕。

(4)读取测量数据及结束本次测量

① 怠速下的排放测量结束后,显示屏将转换为"测量完成"界面,上部显示 HC、CO、CO_2、O_2、NO(NHA-401A 无此项)和 n 的最大值、最小值、平均值及 λ、油温"退出"、"打印"和"储存"三个选项。

② "打印"项上,再按一下"确认"键,将进入车牌号码输入界面,操作方法与 4.8.1

相同。

③ "储存"选项上,再按"确认"键即可。操作方法与 4.8.1 相同。

④ 测量完一辆车后,请将取样探头从排气管中拔出,从发动机上取下转速测量钳并拔出油温测量探头。

⑤ "退出"项上时,按一下"确认"键,显示屏将返回到主菜单,而光标将自动回到"测量"选项上。如需继续进行怠速排放测量,可按一下"确认"键,然后重复 4.8.2 到 4.8.2 的操作。

> **注意**:如果显示屏右下角的流量标尺低于 2 格,流量标尺下方"流量"二个字将出现闪烁,表示发生气路阻塞。这时仪器的测量功能会被锁定,只能同时按下"选择"与"确认"键才能退出。出现这种情况,用户应及时消除气路阻塞。

4.8.3 双怠速排放测量

"双怠速标准测量"子菜单的上部是子菜单的名称,中部是 HC、CO、CO_2、O_2、NO(NHA-401A 无此项)、n、λ 和 T 的即时测量值,下部是提示区,右下角也有流量标尺和"流量"二字。

(1) 准备

按照 4.8.2 的步骤进行。

(2) 发动机预热

其过程与 4.8.2 相同,可按照该方法操作。

(3) 测量高怠速下的排放

① 发动机预热结束时,将进入高怠速下的排放测量阶段,显示屏上部将出现提示:"请减速到 2 500 r/min"。见此提示,驾驶员应将发动机减速,同时注视显示屏中部不断变化的转速值,直到转速降到 2 500 r/min 左右为止。这时,上部的提示将改变为:"请保持 2 500 r/min。",下部将显示:"请插入取样探头……"。见此提示,驾驶员应将转速保持在 (2 500±100) r/min 的范围内。与此同时,操作人员要将取样探头插入排气管中,插入深度为 400 mm。

② 插入取样探头后显示屏上部将继续显示:"请保持 2 500 r/min。",而下部的提示则改变为:"正在取样……××秒"(倒计时,总共 45 秒,前 15 秒为预备阶段,后 30 秒为实际取样阶段)。如果在后 30 秒期间,转速值超过 (2 500±100) r/min 范围,显示屏上部将出现提示:"转速超范围,请保持 2500 r/min"。这时仪器将停止取样,直到转速回到 (2500±100) r/min 范围内仪器才重新取样。

③ 取样倒计时结束时高怠速下的排放测量完毕,将进入怠速下的排放测量阶段。这时显示屏下部的提示消失,上部将显示:"请减速至怠速……"。

(4) 测量怠速下的排放

① 显示屏上部出现"请减速至怠速……"的提示时,驾驶员应将车辆减速。当转速下降到 1 100 r/min 以下时,显示屏上部的提示会改变为:"请保持怠速……",下部将显示:"正在取样……××秒"(倒计时,总共 45 秒,与 4.8.2 相同)。

② 取样倒计时结束时,怠速下的排放测量完毕。这时显示屏将显示如下测量结果（如图 4-15 所示）：

```
           高怠速平均值
HC    0123   ppm      CO    02.34   %
CO₂   14.86  %        O₂    00.36   %
NO    0.05   ppm      Rpm   0700
T     025    ℃        λ     1.03

           低怠速平均值
HC    0123   ppm      CO    02.34   %
CO₂   14.86  %        O₂    00.36   %
NO    0.05   ppm      Rpm   0700
T     025    ℃        λ     1.03
              ▼
        退出    打印    存储
```

图 4-15　双怠速测量结果

（5）打印及储存测量数据

按下"选择"键,将光标移到"打印"选项上,然后按一下"确认"键,进入车牌号码输入界面,操作与 4.8.1 相同,仪器将打印出高怠速工况下和怠速工况下排放的测量结果,同时光标将自动移到"储存"选项上,再按"确认"键即可储存测量结果。

（6）结束本次测量

① 测量完一辆车后,请将取样探头从排气管中拔出,从发动机上取下转速测量钳并拔出油温测量探头。

② "退出"项上时按一下"确认"键,显示屏将返回到主菜单,而光标将自动位于"测量"选项上。如需继续进行双怠速排放测量,可按一下"确认"键,然后重复 4.8.3 的步骤。

注意：检测工作全部结束,关断电源前,应将仪器处于测量状态下（这时气泵处于工作状态下）10 分钟左右。同时,将取样探头放置在洁净的空气中,让洁净的空气通入仪器,吹净管道内残留的排放气体。

4.9　快捷键的使用

为了方便用户使用,本仪器特别设置了几个快捷按键（见图 4-2）。

4.9.1　"调零"快捷按键

当仪器处于主菜单界面（图 4-4）时,按下"调零"快捷按键,启动调零功能,仪器提示与 4.4 相同。

4.9.2　"打印"快捷按键

当仪器处于"通用测量"子菜单（图 4-14）、"怠速测量完成"界面（参照 4.8.2）或

"双怠速测量完成"界面(参照4.8.3)时,按下"打印"快捷按键,启动打印功能,操作方法和仪器提示与4.8.1相同。

4.9.3 "储存"快捷按键

当仪器处于"通用测量"子菜单(图4-14)、"怠速测量完成"界面(参照4.8.2)或"双怠速测量完成"界面(参照4.8.3)时,按下"储存"快捷按键,启动储存功能,操作方法和仪器提示与4.8.1相同。

4.9.4 "测量/停止"快捷按键

当仪器处于主菜单界面(图4-4)时,按下"测量/停止"快捷按键,启动测量功能,根据4.7.1的设置进入相应的通用测量、怠速测量或双怠速测量界面。

当仪器处于"通用测量"子菜单(图4-14)时,按下"测量/停止"快捷按键,则退出通用测量方式(与4.8.1相同)。

当仪器处于"怠速测量完成"界面(参照4.8.2)时,按下"测量/停止"快捷按键,则退出通用怠速测量方式。

当仪器处于"双怠速测量完成"界面(参照4.8.3)时,按下"测量/停止"快捷按键,则退出通用怠速测量方式。

5 汽车电器及电子控制

5.1 发动机电子控制系统综述

5.1.1 发动机电控系统的组成及控制模式

发动机电控系统的基本组成：燃油供给系统、进气控制系统、点火控制系统、排放控制系统、电子控制系统。

(1) 电控发动机的控制模式

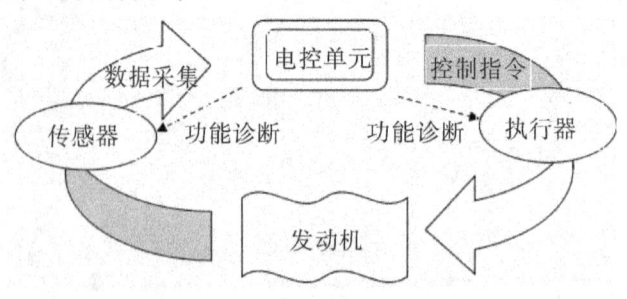

图 5-1 电控发动机控制模式

电控发动机的控制内容：

序号	系统名称	系统组成	控制目标
1	燃油喷射系统	**电控燃油供给系统**：燃油箱、电动燃油泵、燃油压力调节器、燃油滤清器、燃油分配管、喷油器等	提供稳定的燃油压力
		燃油喷射控制系统：与燃油喷射相关的传感器、发动机电控单元(ECU)、喷油器等	提供准确的喷油脉宽
2	进气控制系统	**空气供给系统**：空气滤清器、空气流量计(或进气压力传感器)、节气门总成、进气歧管等	改变进气量，控制发动机转速
		急速控制系统：与急速相关的传感器、急速电机(阀)、节气门电机、电子控制单元(ECU)等	稳定发动机的正常急速

续表

序号	系统名称	系统组成	控制目标
2	进气控制系统	**电子节气门控制系统**:电子油门踏板模块、节气门控制模块、发动机控制单元、EPC故障指示灯等	控制节气门快速精确地定位
		可变进气控制系统的两种方式: ① 可变进气管道系统——动力腔、谐振腔、转换阀等; ② 可变气门电子控制系统——与气门正时相关的传感器、凸轮轴正时油压调节阀、发动机ECU等	① 有效利用进气动态效应、提高充气效率、改变各种转速下动力性能; ② 适时调整配气相位和气门升程大小等
		涡轮增压系统:废气涡轮、新鲜空气增压器两部分	利用废气的高压驱动涡轮将新鲜空气压缩并进入气缸,提高充气密度、增加进气量、提升动力
3	点火控制系统	**传统点火系统**:电源、点火线圈、分电器、火花塞、点火开关和附加电阻等	提供最佳点火时刻和足够的点火能量控制
		电子点火系统:电源、点火线圈、带有信号发生器的分电器、火花塞、点火开关和点火控制器等	
		ECU控制点火系统:分为有分电器和无分电器两大类,其中无分电器又有同时点火、独立点火和二极管分配点火三种方式	
4	排放控制系统	**空燃比反馈控制系统**:氧传感器、发动机ECU、喷油器	控制最佳空燃比
		曲轴箱强制通风系统:空气滤清器、强制通风控制阀(PCV)、曲轴箱通风管、曲轴箱、进气歧管等	控制曲轴箱窜气导入进气系统再次燃烧
		燃油蒸汽控制系统:汽油箱、油气分离阀、活性炭罐、电磁阀、发动机ECU、燃油蒸汽管道和真空软管等	收集和存储燃油蒸汽,适时引入气缸参与燃烧
		废气再循环控制系统:EGR阀、进气歧管、真空软管、废气通道、发动机ECU等	减少废气中的氮氧化合物(NO_x)含量
		二次空气喷射系统:空气泵、内部开关阀、单向阀、真空信号通道、空气旁通道、排气歧管和发动机ECU等	控制HC和CO的排放量,同时加快三元催化转化装置的升温过程
		三元催化净化器装置:对HC和CO进行氧化反应、对NO_x进行还原反应,使它们净化为无害的H_2O、CO_2和N_2	同时降低CO、HC和NO_x的排放量

续表

序号	系统名称	系统组成	控制目标
5	电子控制系统	**传感器**:空气流量传感器(进气歧管绝对压力传感器)、曲轴位置传感器、凸轮轴位置传感器、爆震传感器、节气门位置传感器、冷却液温度传感器、进气温度传感器、车速传感器、开关信号(制动、起动、动力转向、空调请求)等	将发动机运行的各种状态信息,由非电量信号转变为电信号输入给ECU
		执行器:喷油器、电动燃油泵、点火控制器、各种继电器、各种电磁阀、怠速控制电机(阀)、节气门电机、氧传感器加热器等	执行 ECU 发出的指令,完成各项控制任务
		电子控制单元(ECU)、发动机控制模块(ECM)、动力控制模块(PCM):处理输入输出信号电路(A/D、D/A、PWM等)、运算电路(MCU)、存储电路(RAM 或 ROM)、判断(逻辑电路,程序)	按照设定的程序对传感器信号进行分析计算,用于在发动机整个工作范围内控制最优的燃油喷射量、喷射时刻、点火时刻、怠速稳定、废气排放等,保证发动机在运行中维持最佳的动力性、经济性和排放性能
		自诊断系统	

(2)传感器

① 传感器的类型:

序号	类型	结构原理	汽车电控中的应用
1	热敏电阻式	为电阻器的一种,电阻阻值随着温度变化变化明显;有正温度系数(温度升高,电阻值增加)和负温度系数(温度升高,电阻值降低)之分(在汽车上主要用负温度系数传感器较多,用于测量温度)	冷却液温度传感器(水温) 进气温度传感器 空调温度传感器
2	电位计式	结构类似于电工电子常用的滑动变阻器,在电位器两端接入电源和地线后,随着滑动片位置变化,在滑片端输出不同的电压。通常用于位置检测	节气门位置传感器 电子油门踏板 风门位置电位器
3	电桥电路式	该结构一般采用惠斯特电桥方式,在电桥的一端出现电阻变化,而导致电桥不平衡时,输出相应的差分电压。一般用于需要快速检测的可以引起电阻值变化的测量场合	空气流量/质量传感器 转向助力传感器
4	卡门涡流式	此类传感器利用超声波原理,在空气流动时对超声波传播的影响,从而测量出空气的流速	空气流量计
5	压敏电阻式	为电阻器的一种,电阻随着压力的变化而变化,通过电阻变化从而引起分压电压变化的测量方式。通常用于压力测量	进气压力传感器 大气压力传感器(海拔修正) 空调高压传感器(V-F变换)

续表

序号	类型	结构原理	汽车电控中的应用
6	压电晶体式	利用晶体形变会产生电压的原理,利用对晶体的加工工艺,使晶体具有特定的频率响应范围,实现对特定频率的变形的响应,从而输出相应的电压信号。该类传感器一般用于运动的检测	爆震传感器 加速度传感器
7	热化学效应式	该类传感器是利用化学反应从而产生电信号的传感器。比如用于氧含量检测的传感器	氧传感器 空燃比传感器
9	磁感应式	此类传感器利用的是电磁感应原理,磁场变化产生电场。一般是用磁性物质切割磁力线,从而产生变化的磁场,然后线圈感应产生电场。该类传感器一般用于运动、转动检测,低频响应误差大	发动机转速传感器(磁电式) 车速传感器(磁电式) 变速器转速传感器(磁电式) ABS轮速传感器(磁电式)
9	霍尔效应式	该类传感器一般是利用霍尔效应,通过磁场的大小不同来输出开关信号、模拟信号。该类传感器用途广泛,一般是用于运动检测,有比较好的低频响应特性,位置检测精度较高。霍尔传感器有三线式(电压型)和两线式(电流型)两种	曲轴位置/发动机转速传感器 凸轮轴位置传感器 转向角传感器 偏转率传感器 ABS轮速传感器(霍尔式) 发动机转速传感器(霍尔式) 电动转向助力传感器
10	光电效应式	利用光的强度大小,从而输出开关信号、模拟信号。该类传感器有两类,一类是半导体式,一类是光敏电阻式。一般用于检测光的强度或检测速度	发动机转速传感器(光电式) 阳光照射光电传感器 转向角传感器
11	开关式	机械开关类传感器,一般用于位置检测,检测开关的通、断来检测位置	节气门怠速开关 空调高压开关 刹车开关 强制降挡开关

注意:根据车型设计的不同,用于检测相同状态的传感器原理可能是不同的。比如同样用于检测"曲轴位置/发动机转速"的传感器,可能是磁电式、霍尔式、光电式中的一种;用于ABS轮速检测的传感器可能是磁电式,也可能是霍尔式。传感器具体类型应根据车型设计来定。

② 传感器引脚的类型

序号	引脚类型	说明
1	电源	针对有源传感器,该电源提供了该传感器的工作电源。比如节气门位置传感器的供电,凸轮轴位置传感器的供电,电子油门踏板传感器供电等 部分传感器无此引脚
2	搭铁	传感器的参考地线,用该引脚来做传感器信号的参考零电位 部分传感器无该引脚,如磁电式发动机转速传感器

续表

序号	引脚类型	说明
3	信号	传感器的信号输出管脚,可以是电源、搭铁、模拟量、频率信号有效,具体输出类型看传感器类型。部分传感器信号是转换后经过车载网络输出的,比如部分车型的ESP系统用的转向角、横摆率、偏转率传感器
4	屏蔽	该引脚是用于保护微小传感器信号免受外部电磁干扰而采用的电磁屏蔽措施,该措施有利于微小传感器信号的可靠传输,一般就近接入搭铁点。比如磁电式发动机转速传感器、爆震传感器的屏蔽引脚

③ 传感器信号的分类:

a. 按信号作用分为基本信号、调整信号和修正信号,如:

序号	控制目标	基本信号	调整信号	修正信号	备注
1	喷油脉宽控制	空气流量	节气门位置	氧传感器	
		进气压力	冷却液温度	蓄电池电压	
		发动机转速	点火开关	进气温度	
2	点火提前角控制	凸轮轴位置	冷却液温度	爆震	
		曲轴位置			

b. 按信号特征分为电压信号、电阻信号、频率信号、方波信号、脉冲信号、占空比信号、开关信号和串行序列信号等,如:

序号	信号特征	信号名称	备注
1	电压信号	节气门位置、锆式传感器、热膜空气流量计等	
2	电阻信号	冷却液温度、进气温度、钛式氧传感器等	
3	频率信号	发动机转速、轮速、车速和某些热丝式空气流量计等	
4	方波信号	凸轮轴位置、霍尔式曲轴位置、霍尔式转速/轮速等	
5	占空比信号	某些压力传感器输出	
6	开关信号	起动信号、制动信号、空调请求、怠速开关信号等	
7	序列信号	CAN总线、K线等解码器与ECU或各控制模块之间的数据通信等	

(3) 执行器

① 执行器的类型:

序号	类别	说明	执行器件
1	开关控制型	仅有开或关两种状态的执行元件	喷油器、点火线圈、继电器、点火放大器、进气歧管调节阀、凸轮轴调节阀等
2	开度控制型	需要有变化比例(%)的执行元件	怠速稳定电机(阀)、节气门电机、EGR阀、碳罐电磁阀、凸轮轴调节阀(VVT)、氧传感器加热器等

② 执行器驱动信号的类型与特征：

序号	信号类型	信号特征	主要应用
1	脉宽信号（高电平有效）		点火放大器
2	脉宽信号（低电平有效）		喷油器、继电器、可变进气路径控制等开关控制型执行器
3	占空比信号		怠速稳定控制、节气门位置控制、EGR阀控制、氧传感器加热控制、碳罐电磁阀控制、凸轮轴调节等开度控制型执行器

③ 执行器的控制机理及检测要点：

根据执行器工作要求的不同，执行器的控制电路可以设计成控制接地型或控制电源型，由于极性刚好相反，所以对它们的检测也有不同的数值特点。

下图左（图5-2）电路为控制电源接线方式，如压缩机电源控制；下图右（图5-3）电路为控制接地接线方式，如喷油器控制。

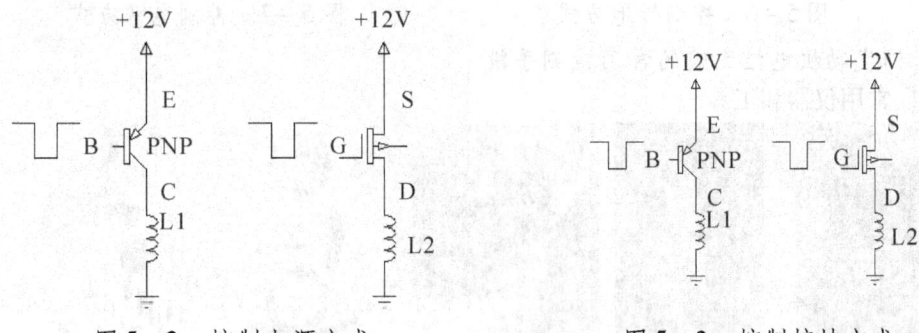

图5-2　控制电源方式　　　　　　　　图5-3　控制接地方式

观察下图左（图5-4），开度控制时，输出端口电压为0.3 V～12 V间的一个数值（注意这个值为万用表测试电压的特点，测试到的是平均电压，如用示波器测量，则实际情况是PWM波形的占空比的不同），其控制信号一般为正脉冲信号。

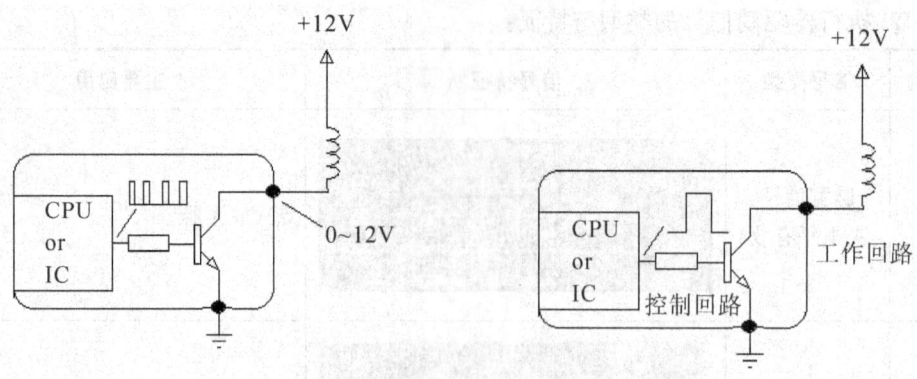

图 5-4 开度控制数值特性　　图 5-5 控制回路与负载回路

观察上图右(图5-5),控制信号回路和负载工作回路是两个电压范围完全不同的回路,前者5 V以内,后者可以是几伏到几百伏不等,视负载工作电压而定。负载若在高压环境下,一般都选用绝缘栅型场效应功率管,以减少对前面电路的影响。

观察下图左(图5-6),为控制接地形式的数值特点;下图右(图5-7)为控制电源形式的数值特点。

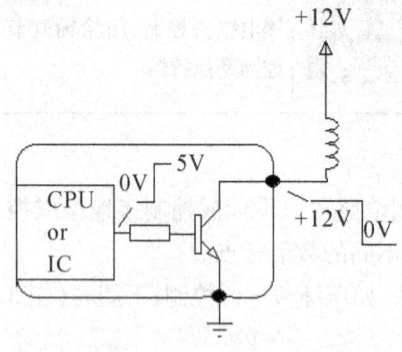
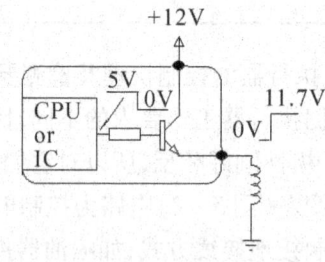

图 5-6 控制接地方式　　图 5-7 控制电源方式

(4)发动机电控系统的常用检测手段

① 常用仪器和工具

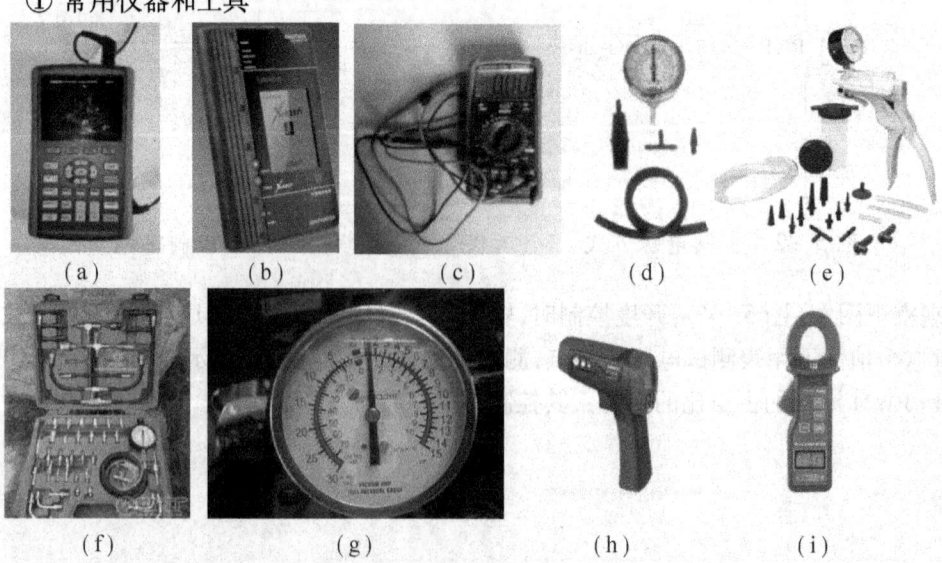

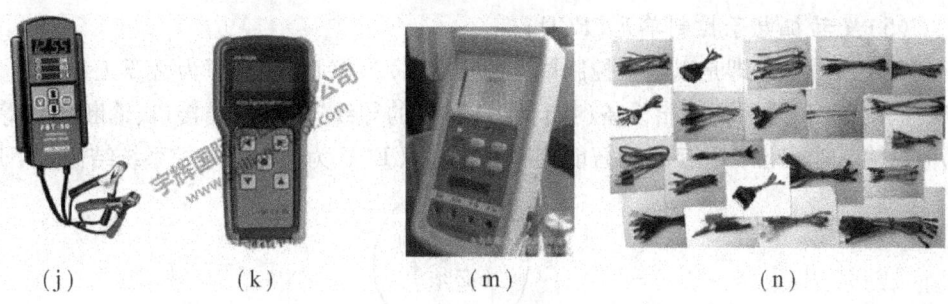

(j) (k) (m) (n)

图 5-8 常用仪器和工具

序号	工具名称	图标	主要作用
1	示波器	a	用于观测、存储和回放传感器输出信号与执行器驱动信号波形
2	解码器	b	用于与汽车各控制模块通讯;读取和清除故障代码;读取数据流;执行器驱动;数据总线分析等
3	万用表	c	用于电控线路的电压、器件性能、线路导通、方波信号频率与占空比等电气参数的测量
4	真空表	d	用于发动机进气歧管真空度的检测
5	手动真空泵	e	用于一些真空器件的检测,如 EGR 阀、制动总泵真空助力器、碳罐电磁阀等器件的性能检测
6	燃油压力表	g	用于管道燃油压力、燃油管道蓄压能力的检测
7	气缸压力表	f	用于气缸压缩性能检测
8	排气背压表	g	用于检测排气背压,快速判断排气管道的堵塞情况
9	红外测温仪	h	用于快速方便地检测汽车各部位的温度,如散热器上下水管、排气管、制动盘、空调管道与进出风口、轮胎等
10	直流钳形电流表	i	用于快速方便地检测起动机起动电流、发电机工作电流、各负载的工作电流等
11	蓄电池检测仪	j	用于检测蓄电池的起动能力、充电性能、使用寿命等
12	汽车信号发生器	k	用于产生汽车电控系统各种类型的传感器信号,在诊断过程中模拟传感器信号
13	汽车电控系统分析仪	m	用于汽车电控系统的综合分析,集测量、模拟、驱动三大功能于一体
14	汽车万用诊断线组	n	用于方便地在电控系统诊断过程中将信号引出

② 常用检测手段和分析方法

a. 电压检测

b. 导通性测试

c. 器件性能评估

d. 波形分析

e. 传感器信号的在线模拟

f. 执行器的在线驱动

g. 系统性能评估

(5) 发动机电子控制单元(ECU)

电控系统——即是以电子控制单元(即 ECU)为核心,以电源为必要工作条件,并外接输入设备(传感器)、输出设备(执行器)、必要的导线连接、总线接口、诊断接口等为外部信息输入输出设备和接口的智能控制系统。以 ECU 为核心的电控系统结构如下所示:

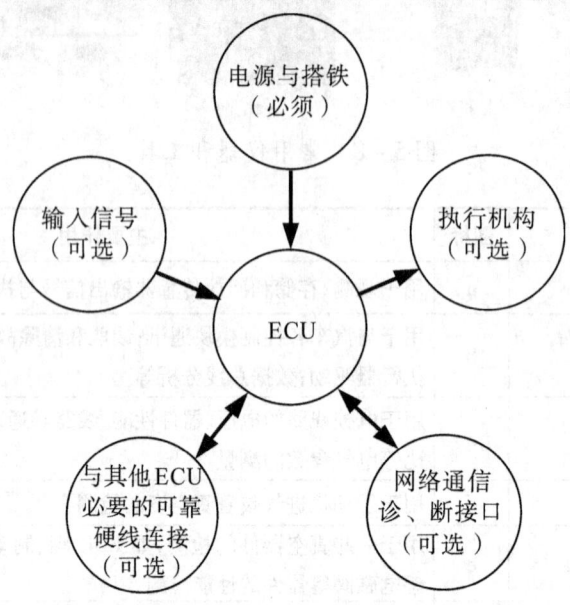

图 5-9 ECU 及电控系统结构

电子控制单元(即 ECU)是电控系统的核心。它对外部的输入信息进行处理,并根据已经设定好的运行策略(即程序)进行输出动作。电控系统特点如下:

① 输入信息包括:传感器信息、总线信息、电源信号、诊断信息等。
② 输出动作包括:执行器动作、总线信息、电源信号、诊断信息等。
③ 输入、输出的共同点:采用电信号。

一个电控系统要正常工作,首先必须要有足够的电能(工作电压正常);然后是必须要有足够准确的信息来源(传感器工作正常,传感器相关线束正常);接下来是正常的输出设备及连接设备的线束;所有的硬件及环境正常,程序的正确性是整个系统工作是否正常的关键。

(6) 发动机电控系统网络通信技术

随着车载电控系统的增加以及功能的提升,电控系统之间需要共享的信息、设备越来越多,由此产生了多个电脑之间进行快速、可靠、低成本的数据交换需求,从而产生了车载网络。车载网络从通俗意义上来讲,就是车载电脑之间用于"聊天"的网络,通过该网络,电脑之间将实现信息互通有无,资源共享等,从而减少不必要的设备冗余,节省成本和提高汽车的智能化水平。

总线是两个或两个以上 ECU 之间交换信息使用的通信通道。通过总线,可以实现 ECU 之间的输入、输出设备共享,从而减少输入、输出设备的使用,减少连接导线的数量。

通常所见的车载总线有以下类型:

① LIN 总线:单线形式,低速总线;一般为 9 600 bps 速率。一般用于小范围内的不

需要快速通信的网络,如车门控制、多功能方向盘按钮信息传输等。

② CAN 总线:通常为双绞线形式,高速、高实时性的总线,一般为 100～500 Kbps 总线速率。被广泛用于汽车动力系统、底盘系统、舒适系统等。新捷达汽车上用的是 500 Kbps 的高速 CAN 总线。

③ MOST 总线:光纤通信,高速传输,通常为 21 Mbps 以上,通常被用于车内娱乐系统的信息交互使用。如宝马汽车的数字娱乐系统中的通信总线。

④ FlexRay 总线:双线通信(双线、双通道冗余通信,双线上可以传输不同内容,也可以传输相同内容),超高速传输、超强的通信实时性,通常为 10 Mbps。通常被用于车内需要超高速、强实时性信息交互的控制系统使用。

(7) 车载自诊断系统

随着车载电控系统的增加,电控系统故障排查、尾气排放控制等需求的出现,为了方便与车辆维修、维护,快速判别出电控系统及相关机械的故障所在等,就出现了车载自诊断系统。随着电控技术的发展,车载自诊断系统出现了以下主要功能:

序号	功能	具体内容
1	故障码	在系统有程序判定的明显故障后,将会以代码形式将故障存储在 ECU 中,并被故障诊断仪等设备读取到,通过对故障代码的解析,得到具体的故障内容,有利于快速判断部分故障 故障码有偶发故障码、常态故障码。偶发故障码可以清除掉,常态故障码是不能被清除掉的。不管是偶尔故障码还是常态故障码,我们在车辆维修的时候都需要认真检查,分析其产生原因,对潜在的或已有的故障进行排除
2	数据流	数据流是系统运行的实时信息(如果电控系统存在故障,则数据流并不一定能准确反馈实时运行信息),这些信息反映车的运行状态,可以通过诊断仪等设备读取到。在通过故障码无法判断具体故障或无故障码的时候,通过对数据流的分析,可以辅助解决部分故障。比如温度传感器失准故障的判断
3	设备匹配	设备匹配主要是由于零配件的装配误差、防盗等原因,需要对设备进行软硬件匹配,从而使设备可以正常的工作。 设备匹配可以通过人工匹配或诊断工具匹配
4	执行器测试	执行器测试主要是检查执行器的好坏,通过操作诊断工具,可以使 ECU 输出控制相应的执行器,从而判断是 ECU 问题、线束问题、执行器问题
5	……	

这些功能的出现,大大的简化了汽车电控系统和相关机械故障的判断。

5.2　EA211 电控发动机技术特点

EA211 发动机是大众公司采用最新的模块化设计的发动机,具有以下结构特点:

(1) 四气门技术,独立点火线圈,火花塞居中。

(2) 滚子摇臂式气门传动机构。

(3) 两段式缸盖结构,凸轮轴在缸盖罩壳中。

(4)节温器控制的双循环冷却系统。
(5)缸盖横流冷却。

新捷达 EA211 采用"大陆公司"的发动机电控系统,该电控系统结构如下所示:

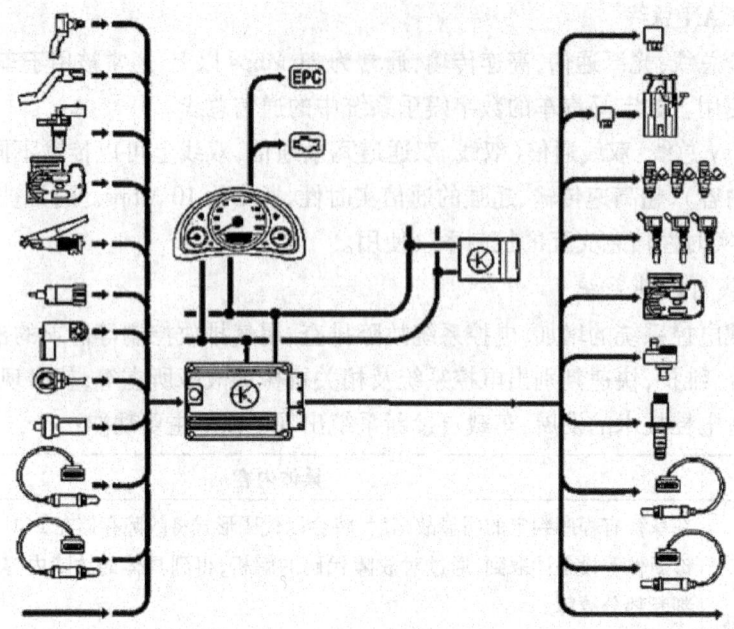

图 5-10　新捷达 EA211 发动机电控系统结构

5.2.1　燃油喷射系统

(1)电控燃油供给系统。
(2)电控燃油喷射系统。
(3)发动机特殊工况燃油控制过程。

5.2.2　进气控制系统

(1)空气供给系统

a. 16 气门技术——每个燃烧室有 4 个气门,即通过 4 气门技术,以最大程度地增加进气、排气的面积,使混合气混合更快更均匀,排放也更迅速更彻底,燃烧室空间得以更充分的利用。发动机的动力性、经济性将得到提高,废气排放尤其是 HC 将大大减少。

b. 采用可变通道进气管,即根据发动机的转速和负荷,通过开闭阀门改变进气管的通路,从而改变进气路径的长短。高转速时,进气通道变短,不仅可以减少流动损失,而且可以提高高速功率;低转速时,不仅使进气通道变长,而且可以提高进气流速,以提高低速转矩。

c. 可变凸轮轴通过改变进气门的开启和关闭时间,使发动机在高转速工况下获得尽可能高的功率,而在低转速情况下又可以极大地降低燃烧不平稳性,提高转矩。

(2)全电子节气门控制系统

a. 采用全电子节气门,实现 ECU 对节气门的完全控制,从而可以实现定速巡航、节油控制等；

b. 全电子式油门踏板，将用户的操作直接输入到 ECU，ECU 综合其他信息后根据程序输出更合理的控制信息；

c. 可变进气相位控制系统(1.6L)

可变进气相位系统可以实现进气的提前或滞后，从而实现发动机的快速升温和最大功率的提高。

5.2.3 点火控制系统

独立高压点火线圈。

5.2.4 排放控制系统

(1) 发动机内部集成的曲轴箱强制通风系统。
(2) 燃油蒸发控制系统。
(3) 三元催化净化装置。
(4) 氧传感器。
(5) 尾气催化净化器下游的氧传感器。

5.3 新捷达发动机电子控制实训台面板说明

5.3.1 实训台面板

实训台面板具体见附录。

5.3.2 说明

(1) J338 节气门控制部件

面板图示、电路图、实物图、安装位置如图 5-11 和附录图所示：

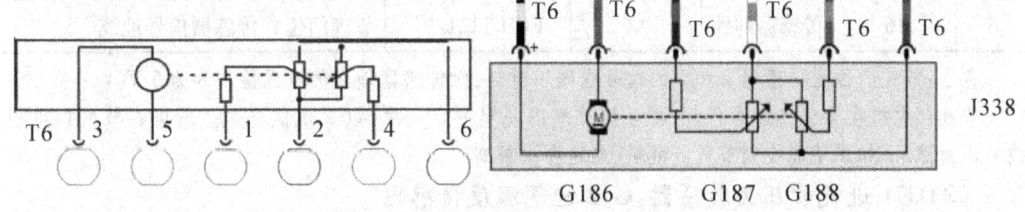

图 5-11 面板图示(左)、电路图(右)

57

图 5-12　实物图(左)、安装位置(右,在空气滤清器下方,进气管上)

● 内部器件:
a. G186 电控油门操纵机构的节气门驱动装置
b. G187 电控油门操纵机构的节气门驱动装置角度传感器 1
c. G188 电控油门操纵机构的节气门驱动装置角度传感器 2

● 引脚信息:

端子序号	电路接插件编号	端子定义	面板引出	端子与其他连接	信号特点
1	T6	位置信号1	√	ECU T121/90	全闭0.82 V、全开4.65 V
2	T6	5 V供电	√	ECU T121/89	节气门位置传感器+5 V供电
3	T6	电机控制1	√	ECU T121/119	节气门开度,与T6/5端子共同输出占空比信号控制节气门挡板运动方向
4	T6	位置信号2	√	ECU T121/92	全闭4.18 V、全开0.36 V
5	T6	电机控制2	√	ECU T121/121	节气门开度,与T6/3端子共同输出占空比信号控制节气门挡板运动方向
6	T6	传感器地线	√	ECU T121/91	节气门位置传感器信号地线

备注:节气门位置传感器 1 和 2 的信号在同一时刻,对传感器地线的电压值之和为 5 V。
节气门电机在常温怠速运行时,将会把节气门关闭一定角度,以实现低怠速。所以在节气门电机控制出故障后,如果不能控制节气门电机,怠速会比较高。

(2) G71 进气管压力传感器、G42 进气温度传感器
● 面板图示、电路图、实物图、安装位置:

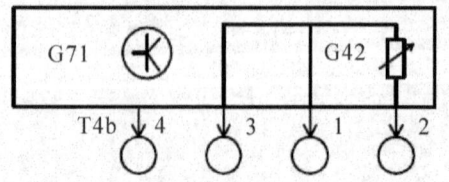 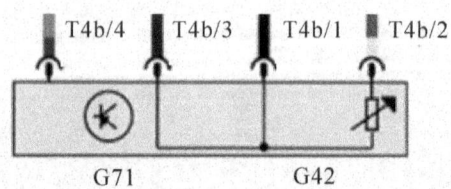

图 5-13　面板图示(左)、电路图(右)

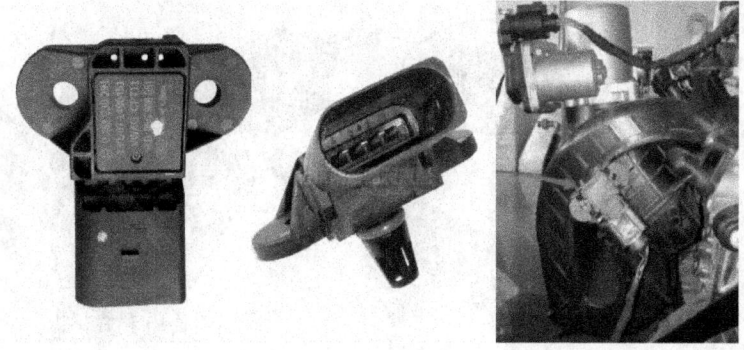

图 5-14 实物图(左、中)、安装位置(右,节气门后进气管上)

● 内部器件:
a. G71 进气管压力传感器
b. G42 进气温度传感器
● 引脚信息:

器件编号	端子序号	电路接插件编号	端子定义	面板引出	端子与其他连接	信号特点
G42	1	T4b	传感器接地(共用)	√	T121/107	搭铁信号,0 V
G42	2	T4b	进气温度传感器	√	T121/93	室温20℃时,电压约+3 V左右,温度变化电压变化
G71	3	T4b	5 V 供电	√	T121/96	传感器供电,+5 V 电压
G71	4	T4b	进气压力信号	√	T121/95	随着油门踏板操作,波形变化迅速

(3) G28 发动机转速传感器

● 面板图示、电路图、实物图、安装位置如图 5-15 和图 5-16 所示:

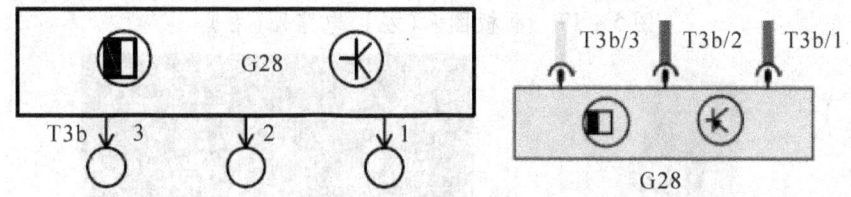

图 5-15 面板图示(左)、电路图(右)

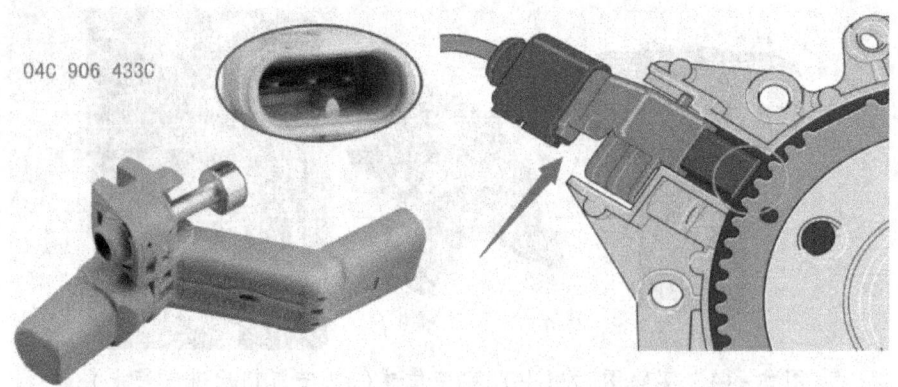

图5-16 实物图(左)、安装位置(右,在飞轮后,转速信号盘侧)

- 内部器件:霍尔传感器,开关型
- 引脚信息:

器件编号	端子序号	电路接插件编号	端子定义	面板引出	端子与其他连接	信号特点
G28	1	T3b	传感器+5V电源	√	T121/84	+5V电源,传感器供电
	2	T3b	脉冲信号输出	√	T121/106	方波脉冲输出,转速越高则波形越密集,有缺齿信号
	3	T3b	传感器地线	√	T121/99	传感器地线,0 V

(4)G40凸轮轴位置传感器

- 面板图示、电路图、实物图、安装位置如图5-17和图5-18所示:

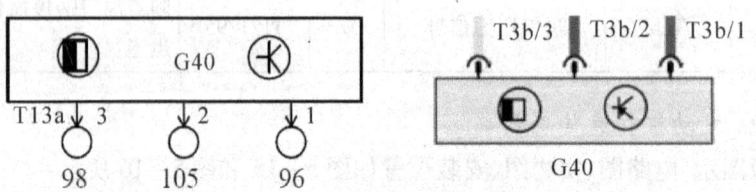

图5-17 面板图示(左)、电路图(右)

图5-18 实物图(左)、安装位置(右,在进气凸轮轴一侧)

- 内部器件：霍尔传感器，开关型
- 引脚信息：

器件编号	端子序号	电路接插件编号	端子定义	面板引出	端子与其他连接	信号特点
G40	1	T3a	5 V 供电	√	T121/96	+5 V 电源，传感器供电
	2	T3a	凸轮轴信号	√	T121/105	四个一组的方波脉冲输出，转速越高则波形越密集
	3	T3a	传感器接地	√	T121/98	传感器地线，0 V

（5）G62 冷却液温度传感器

- 面板图示、电路图、实物图如图 5-19 和图 5-20 所示：

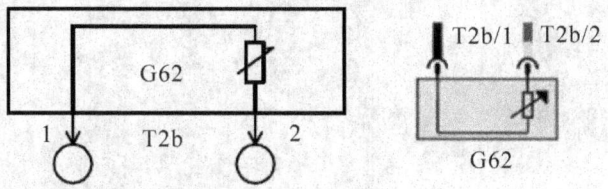

图 5-19　面板图示（左）、电路图（右）

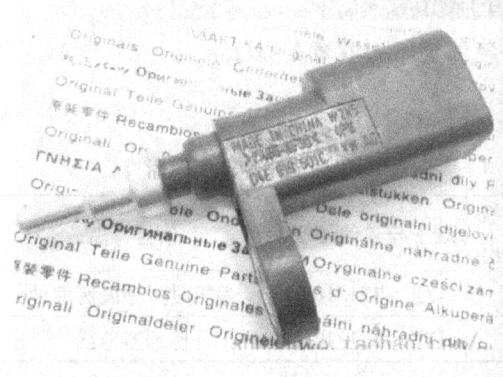

图 5-20　实物图（左）、安装位置（右，在节温器后，缸体上）

- 内部器件：负温度系数的热敏电阻
- 引脚信息：

器件编号	端子序号	电路接插件编号	端子定义	面板引出	端子与其他连接	信号特点
G62	1	T2b	发动机温度		ECU T121/104	随着温度升高电压降低
	2	T2b	传感器接地		ECU T121/83	传感器地线

(6) G61 爆震传感器
● 面板图示、电路图、实物图如图 5-21 和图 5-22 所示：

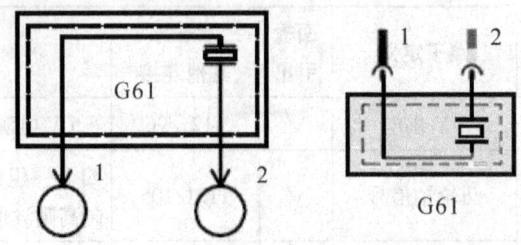

图 5-21 面板图示(左)、电路图(右)

图 5-22 实物图(左)安装位置(右,在气缸壁上)

● 内部器件:压电晶体传感器
● 引脚信息：

器件编号	端子序号	电路接插件编号	端子定义	面板引出	端子与其他连接	信号特点
G61	1		爆震信号	√	ECU T121/109	爆震时高频震荡信号
	2		传感器接地	√	ECU T121/101	传感器地线

(7) G39 氧传感器
● 面板图示、电路图、实物图、安装位置(三元催化器前)如图 5-23 和图 5-24 所示：

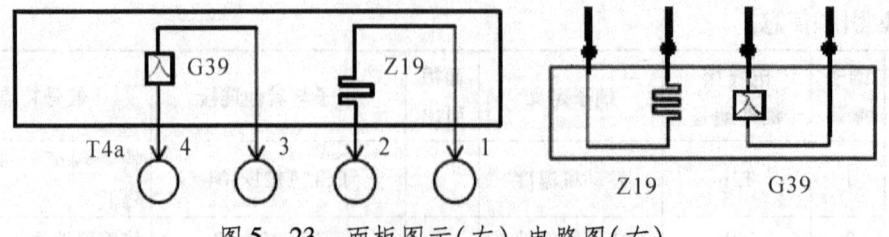

图 5-23 面板图示(左)、电路图(右)

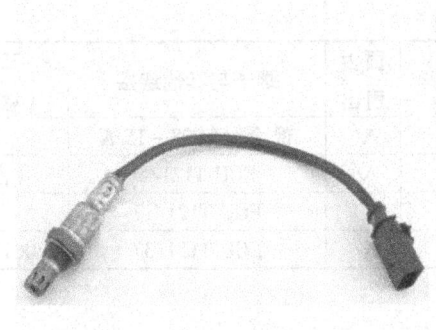

图 5-24　实物图(左)及安装位置(右,在三元催化器前)

- 内部器件:氧传感器,加热器
- 引脚信息:

器件编号	端子序号	电路接插件编号	端子定义	面板引出	端子与其他连接	工作电压(急速工况)
G39	1	T4/1	加热供电	√	保险丝 SC28-15A	14 V
	2	T4/2	加热控制	√	ECU T121/4	(占空比)
	3	T4/3	传感器信号 −	√	ECU T121/31	0 V
	4	T4/4	传感器信号 +	√	ECU T121/12	0.1~0.9 V

(8) G130 氧传感器

- 面板图示、电路图、实物图、安装位置(三元催化器前)如图 5-25 和图 5-26 所示:

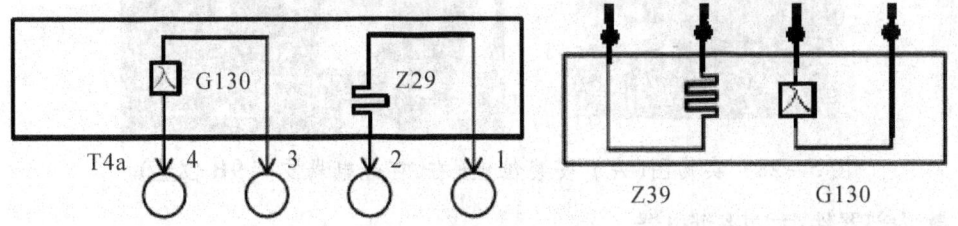

图 5-25　面板图示(左)、电路图(右)

图 5-26　实物图(左)安装位置(右,在三元催化器后)

- 内部器件:氧传感器,加热器
- 引脚信息:

器件编号	端子序号	电路接插件编号	端子定义	面板引出	端子与其他连接	工作电压(急速工况)
G130	1	T4/1	加热供电	√	保险丝 SC28 – 15 A	14 V
	2	T4/2	加热控制	√	ECU T121/5	(占空比)
	3	T4/3	传感器信号 –	√	ECU T121/17	0 V
	4	T4/4	传感器信号 +	√	ECU T121/37	0.1 ~ 0.9 V

(9) J17 燃油泵继电器

- 面板图示、电路图如图 5 – 27 和图 5 – 28 所示:

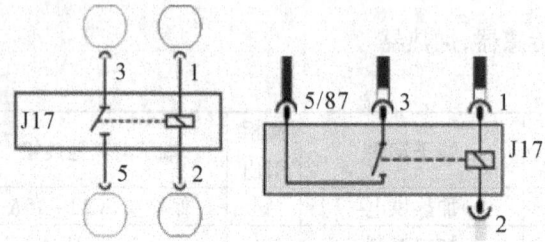

图 5 – 27　面板图示(左)、电路图(右)

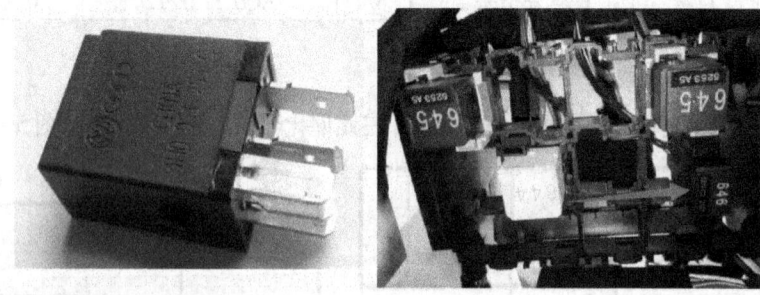

图 5 – 28　实物图(左) 安装位置(右,在继电器支架 9B 位置)

- 内部器件:大功率继电器
- 引脚信息:

器件编号	端子序号	电路接插件编号	端子定义	面板引出	端子与其他连接	工作电压(急速工况)
J17	1		继电器供电		ECU T121/73	+14 V
	2		接 J519 电脑控制信号	√	J519 T73a/52	钥匙上电瞬间有 3 秒钟 0 V;发动机运行时 0 V,其他时候 +12 V
	3		燃油泵供电	√	保险丝 SC4 15A	+14 V
	5		接燃油泵	√	接燃油泵	燃油泵工作时 +14 V

(10) N80 活性炭罐电磁阀

- 面板图示、电路图、实物图如图 5 – 29 和图 5 – 30 所示:

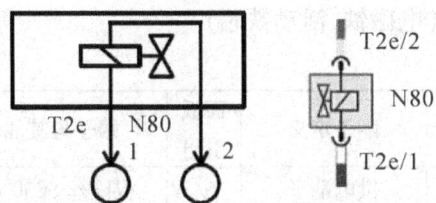

图 5-29 面板图示(左)、电路图(右)

图 5-30 实物图(左)安装位置(右,进气支管旁碳罐管路上)

- 内部器件:电磁阀(电磁铁,活动铁芯)
- 引脚信息:

器件编号	端子序号	电路接插件编号	端子定义	面板引出	端子与其他连接	工作电压(急速工况)
N80	1	T2d	供电端子	√	保险丝 SC30 10A	+14 V
	2	T2d	控制接地	√	ECU T121/111	(占空比)

(11) N205 凸轮轴调节阀(可变进气相位)

- 面板图示、电路图、实物图、安装位置如图 5-31 和图 5-32 所示:

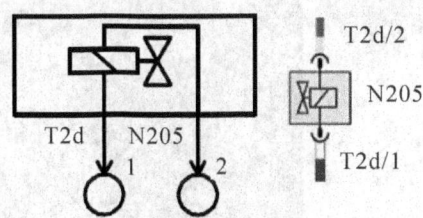

图 5-31 面板图示(左)、电路图(右)

图 5-32 实物图(左)、安装位置(右,在进气凸轮轴靠近正时皮带一侧)

65

● 内部器件:电磁阀(电磁铁,活动铁芯)
● 引脚信息:

器件编号	端子序号	电路接插件编号	端子定义	面板引出	端子与其他连接	工作电压(怠速工况)
N205	1		供电端子	√	保险丝 SC30-10 A	+14 V
	2		控制接地	√	ECU T121/115	(占空比)

(12)N30/N31/N32/N33 喷油器

● 面板图示、电路图、实物图、安装位置如图 5-33 至图 5-34 所示:

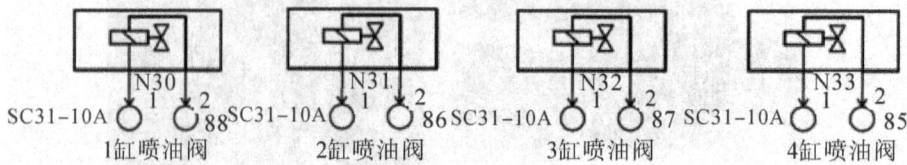

图 5-33 面板图示

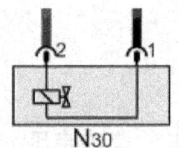 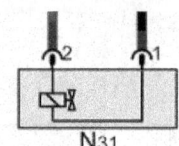 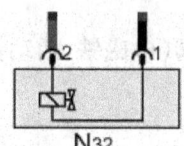 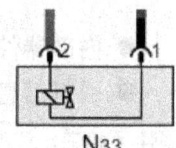

图 5-34 电路图

图 5-35 实物图(左)、安装位置(右,在进气歧管上,靠近气缸位置)

● 内部器件:电磁阀(电磁铁,活动铁芯)
● 引脚信息:

器件编号	端子序号	电路接插件编号	端子定义	面板引出	端子与其他连接	信号特点
N30	1		供电端子	√	保险丝 SC31-10A	+14 V
	2		控制接地	√	ECU T121/88	负脉宽信号,随转速等变化

续表

器件编号	端子序号	电路接插件编号	端子定义	面板引出	端子与其他连接	信号特点
N31	1		供电端子	√	保险丝 SC31-10A	+14 V
	2		控制接地	√	ECU T121/86	负脉宽信号,随转速等变化
N32	1		供电端子	√	保险丝 SC31-10A	+14 V
	2		控制接地	√	ECU T121/8	负脉宽信号,随转速等变化
N33	1		供电端子	√	保险丝 SC31-10A	+14 V
	2		控制接地	√	ECU T121/85	负脉宽信号,随转速等变化

(13) N70/N127/N291/N292 点火线圈

● 面板图示、电路图、实物图、安装位置如图 5-36 至图 5-37 所示：

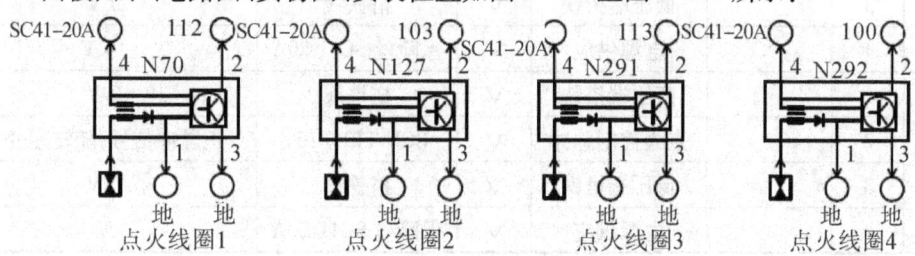

图 5-36 面板图示

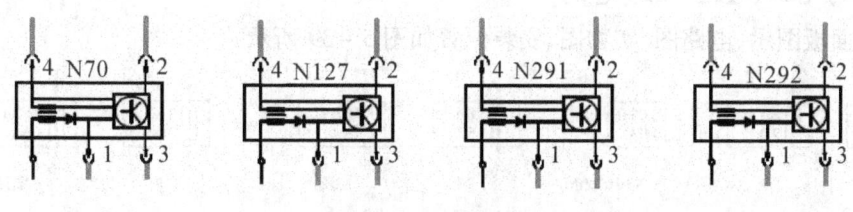

图 5-37 电路图

图 5-38 实物图(左) 安装位置(右,在发动机顶端,进、排气凸轮轴中间)

67

● 引脚信息:

器件编号	端子序号	电路接插件编号	端子定义	面板引出	端子与其他连接	信号特点
N70	1		高压端搭铁	√	搭铁线	0 V
	2		点火控制脉冲	√	ECU T121/112	正脉冲信号,随转速变化
	3		低压端搭铁	√	搭铁线	0 V
	4		电源供应	√	保险丝 SC41 20A	14 V
N127	1		高压端搭铁	√	搭铁线	0 V
	2		点火控制脉冲	√	ECU T121/103	正脉冲信号,随转速变化
	3		低压端搭铁	√	搭铁线	0 V
	4		电源供应	√	保险丝 SC41 20A	14 V
N291	1		高压端搭铁	√	搭铁线	0 V
	2		点火控制脉冲	√	ECU T121/113	正脉冲信号,随转速变化
	3		低压端搭铁	√	搭铁线	0 V
	4		电源供应	√	保险丝 SC41 20A	14 V
N292	1		高压端搭铁	√	搭铁线	0 V
	2		点火控制脉冲	√	ECU T121/100	正脉冲信号,随转速变化
	3		低压端搭铁	√	搭铁线	0 V
	4		电源供应	√	保险丝 SC41 20A	V

(14) 电源、接地、CAN 总线

● 面板图示、电路图、实物图、安装位置如图 5-39 所示:

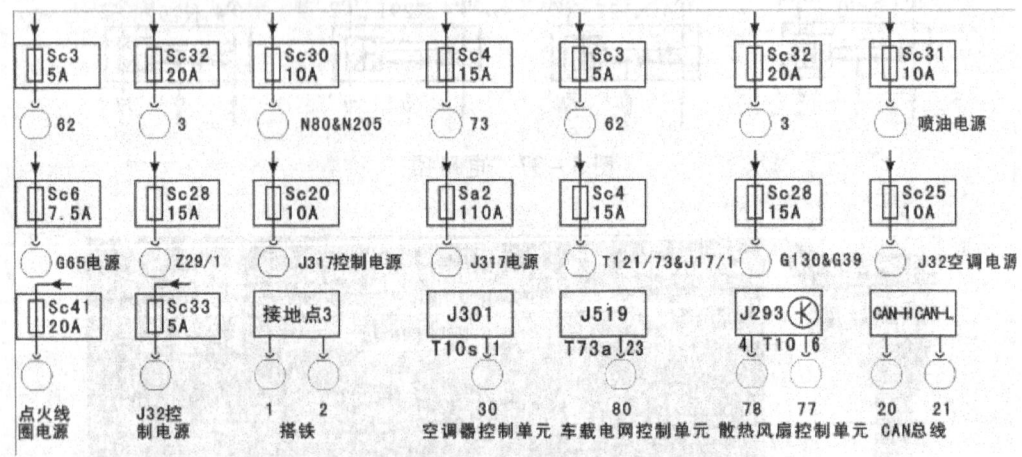

图 5-39 面板图示、电路图、实物图、安装位置

(15) 触摸控制屏

● 功能说明

a. 菜单显示

b. 万用表应用

c. 示波器应用

(16) 多功能显示屏

● 功能说明

a. 电路图展现

b. 电流走向动画显示

c. 相关资讯(实物图形、标准数据等)

d. 实训指导

e. 考核评价

(17) 发动机 ECU 插座模拟

● 面板图示、实物图、安装位置如图 5-40 至图 5-43 所示：

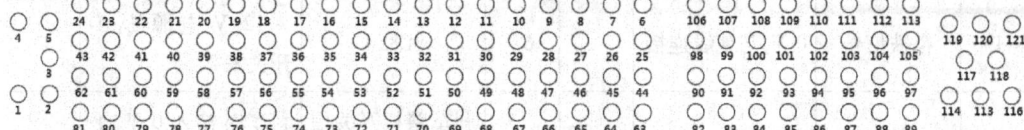

图 5-40　面板图示

图 5-41　实物图，安装于发动机舱左侧

图 5-42　电脑端口

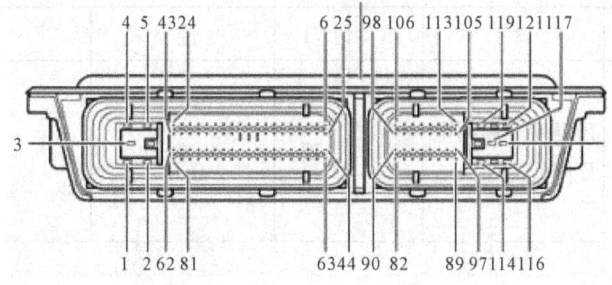

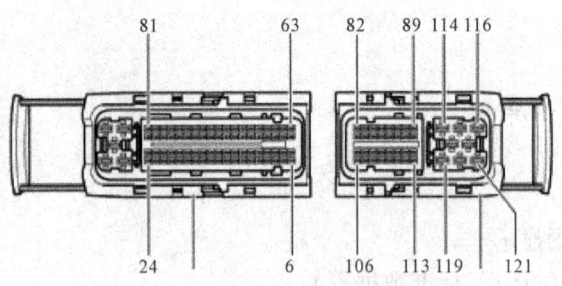

图 5-43 插头、插座针脚序号

● 端口说明

端口编号	端口定义	信号特征	面板引出	端口编号	端口定义	信号特征	面板引出
1	搭铁信号	0 V,与地线连接		62	SC35A	+12 V 电源/从 D 开关来	
2	搭铁信号	0 V,与地线连接		63	刹车踏板开关信号输入 T4f/1	刹车时输入 0 V,平时为 +12 V 高电平	
3	SC32 20A	+12 V 电源		64	电子油门踏板位置传感器 2 信号输出 T16q/6	急速 0.35 V、全加速 1.97 V	
4	前氧传感器加热控制 T4a/2	低电平有效脉冲信号,PWM 固定频率,不同占空比		65*	离合器踏板开关 T4d/3	高电平有效	
5	后氧传感器加热控制 T4b/2	低电平有效脉冲信号,PWM 固定频率,不同占空比		66	诊断接口 T16/7	K 线,平时高电平	
6	空			67	空		
7	空			68	空		
8	空			69	定速巡航开关	高电平有效	
9	空			70	空		
10	空			71	空		
11*	蒸发器出口温度传感器信号输出,第 1 脚	随温度升高而电压降低		72	空		

续表

端口编号	端口定义	信号特征	面板引出	端口编号	端口定义	信号特征	面板引出
12	前氧传感器信号+，T4a/4（之前标记错误成了-）	根据转速变化会有频率变化的波形输出，转速越快，频率越快		73	油泵继电器电源输入 J17 第1针脚，一直为正极	正极,驱动油泵继电器工作。一直是正极	
13	发电机	+12V 电源		74	空		
14	空			75	空		
15	空			76*	空调继电器控制	低电平有效	
16	空			77	散热风扇控制器 J293 档位控制 T10/6	根据挡位输出控制信号，高电平挡位有效 高速挡时高电平（之前是低电平有效）	
17	后氧传感器信号-，T4b/3	0 V		78	散热风扇控制器 J293 档位控制 T10/4	根据挡位输出控制信号，高电平挡位有效 低速挡时高电平（之前是低电平有效）	
18	电子油门踏板传感器 1 电源 T16q2（之前是地线）	+5 V		79*	蒸发器出口温度传感器信号地，第2脚	0 V	
19	电子油门踏板传感器 2 电源 T16q/1（之前是地线）	+5 V		80	J519 T73a/52	允许启动开始是高电平，启动后变成低电平（之前是高电平有效）	
20	驱动 CAN 总线 CAN-H	驱动 CAN-H 特征脉冲信号		81	高压传感器 T3/2 压力信号	脉冲信号,占空比根据压力大小反馈	
21	驱动 CAN 总线 CAN-L	驱动 CAN-L 特征脉冲信号		82	空		
22	空			83	冷却液温度传感器地线 T2b/2	0 V	
23	30 电源继电器控制	低电平有效		84	转速传感器电源 T3b/1	+5 V	

续表

端口编号	端口定义	信号特征	面板引出	端口编号	端口定义	信号特征	面板引出
24	空			85	第四缸喷油嘴N33驱动输出第2针脚	低电平脉冲有效,频率随转速变化	
25	空			86	第二缸喷油嘴N31驱动输出第2针脚	低电平脉冲有效,频率随转速变化	
26	空			87	第三缸喷油嘴N32驱动输出第2针脚	低电平脉冲有效,频率随转速变化	
27	空			88	第一缸喷油嘴N30驱动输出第2针脚	低电平脉冲有效,频率随转速变化	
28	空			89	节气门位置传感器+5V电源	+5 V电源	
29	空			90	节气门位置传感器1 T6/1	随着节气门开度变大,电压从小到大变化 全闭0.82 V、全开4.65 V	
30*	手动空调T10s/1压缩机控制请求	高电平有效（之前是低电平）		91	节气门位置传感器地线	对搭铁0 V	
31	前氧传感器信号-,T4a/3	0 V		92	节气门位置传感器1 T6/4	随着节气门开度变大,电压从大到小变化 全闭4.18 V、全开0.36 V	
32	空			93	进气温度传感器信号 T4b/4	有随着进气温度变化而变化的电压信号	
33	空			94			
34	空			95	进气压力传感器信号 T4b/4	有随着进气压力变化而变化的电压信号	
35	空			96	霍尔传感器电源+5 V T3a/1	+5 V	
36	空			97	空		

续表

端口编号	端口定义	信号特征	面板引出	端口编号	端口定义	信号特征	面板引出
37	后氧传感器信号+,T4b/4(再标记时不小心标记成了-)	发动机运转平稳时电压几乎无变化;在发动机急减速时会有大的电平变化		98	霍尔传感器信号地 T3a/3	0 V	
38	空			99	转速传感器地线 T3b/3	0 V	
39	空			100	第四缸点火信号	随转速变化频率的正脉冲信号	
40	空			101	爆震传感器信号地线第2针脚	0 V	
41	空			102			
42	空			103	第二缸点火信号	随转速变化频率的正脉冲信号	
43	空			104	冷却液温度传感器地线 T2b/1	室温下3.3 V左右,温度越高电压越低	
44	空			105	霍尔传感器信号输出 T3a/2	方波脉冲频率随转速升高而升高	
45	电子油门踏板位置传感器2地线 T16q/5(之前是电源线)	0 V		106	转速传感器信号线 T3b/2	随转速增大而频率增大的脉冲信号,有缺齿	
46	空			107	进气温度、压力传感器信号地 T4b/1	0 V	
47	空			108	空		
48	空			109	爆震传感器信号输出 第1针脚	震荡脉冲输出,出现频率随转速增大而升高;发动机运行越粗暴,幅度越高	
49	空			110	空		
50	电子油门踏板位置传感器1地线 T16q/3(之前是电源线)	0 V		111	碳罐电磁阀 T2e/2控制输出	为高电平,或固定频率的低电平PWM信号	

续表

端口编号	端口定义	信号特征	面板引出	端口编号	端口定义	信号特征	面板引出
51	电子油门踏板位置传感器1信号输出 T16q/4	怠速0.7 V、全加速3.99 V		112	第一缸点火信号（之前是写的第二缸）	随转速变化频率的正脉冲信号	
52				113	第三缸点火信号（之前写的第二缸）	随转速变化频率的正脉冲信号	
53	刹车踏板开关输入,T4f/3	刹车时入+12 V高电平,平时为0 V		114	空		
54	空			115	凸轮轴调节阀T2d/2 控制输出	固定频率的低电平PWM信号	
55	空			116	空		
56	空			117	空		
57	空			118	空		
58	空			119	节气门电机控制输出 G186 T6/3	根据节气门开度需求占空比输出或低电平 踩油门时该管脚为正脉冲	
59	空			120	空		
60	空			121	节气门电机控制输出 G186 T6/5	根据节气门开度需求占空比输出或低电平,不踩油门时该管脚为正脉冲	
61	空						

备注:带"＊"号管脚标示为低配版本车型所用管脚,车型配置为手动变速器、手动空调。

6 自动变速器

6.1 自动变速器控制系统综述

6.1.1 自动变速器系统的组成及控制模式

(1) 自动变速器电控系统的基本组成
① 多功能开关(档位信号输入)
② 电磁阀(油路控制等)
③ 齿轮油温度传感器
④ 变速箱输入转速传感器
⑤ 变速箱输出转速传感器
⑥ 选挡杆挡位 P 锁止开关
⑦ 点火钥匙拔出锁止电磁铁
⑧ 换挡杆锁电磁铁
⑨ 换挡杆档位指示照明灯
⑩ 自动变速器 ECU

(2) 自动变速器电控系统的控制模式

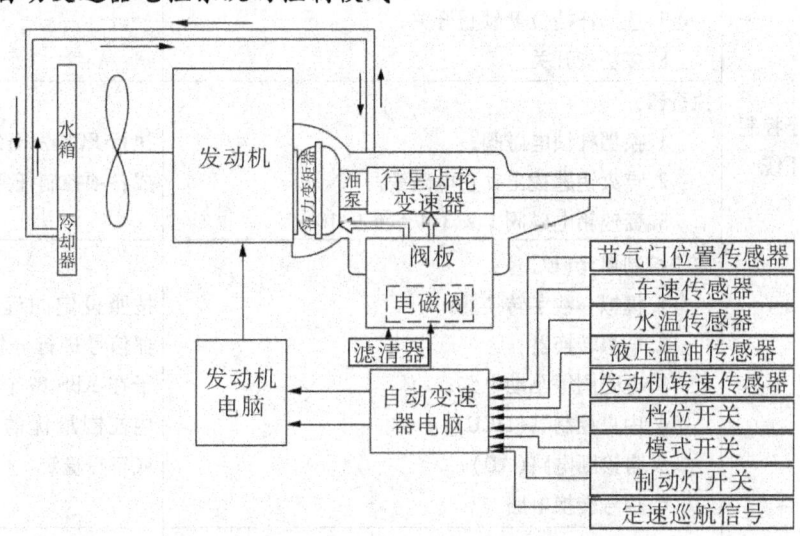

图 6-1　电控自动变速器的基本控制原理

(3) 电控自动变速器有四个核心的传感器

节气门位置传感器(用于反馈发动机负荷)、发动机转速传感器和变速器输入、输出轴转速传感器(用于反馈实际执行效果):

① 节气门位置传感器可以向自动变速器电子控制装置(TCU)提供发动机的负荷信号,在部分车型中,该传感器的信息是被发动机 ECU 采集后,以网络信号的形式传递给 TCU 的;

② 装在自动变速器输入轴和输出轴上的转速传感器向 TCU 传递车速信号及传动比信号;

③ 发动机转速信号传感器信号在发动机 ECU 采集后通过网络信号传递给 TCU,并以此判断出变速器换挡需求;

④ TCU 根据这四个核心传感器来判断出需要的换挡动作,并控制相应的电磁阀工作,通过电磁阀控制的液压大小、方向等实现变速器齿轮机构中的离合器和制动器动作,从而实现换挡。

(4) 自动变速器的各个电磁阀、电磁铁

自动变速器在使用过程中,自动变速器 ECU 和相关单元将会对自动变速器相关的电磁阀、电磁铁进行控制,进行相应的换挡开关锁止操作、油压调节、油路方向控制等操作。

电磁阀和电磁铁的具体工作状况视当时车辆的工作状况决定。

(5) 自动变速器电控系统的控制内容

序号	系统名称	系统组成	控制目标
1	电子控制系统	**传感器:** 1. 发动机转速传感器(发动机 ECU,CAN 信号); 2. 节气门位置传感器(发动机 ECU,CAN 信号); 3. 冷却液温度传感器(发动机 ECU,CAN 信号); 4. 齿轮油温度传感器; 5. 变速箱输入转速传感器; 6. 变速箱输出转速传感器; 7. 选挡杆挡位 P 锁止开关; 8. 多功能开关	将四个车轮、车身、司机的各种状态信息,由非电量信号转变为电信号输入给 ECU
		执行器: 1. 换挡杆锁电磁阀; 2. 点火钥匙拔出锁止电磁铁; 3. 变速箱电磁阀 1、2、3、4、5、6、9、10	执行 ECU 发出的指令,完成各项控制任务
		电子控制单元(ECU): 1. 模拟→数字转换器; 2. 电源转换器; 3. 电磁阀等驱动电路; 4. 中央控制器(MCU); 5. 自诊断电路(AD); 6. 信号转换电路	按照设定的程序对传感器信号进行分析计算,用于在 ABS 整个工作范围内控制最优的刹车制动或车身稳定
		自诊断系统	

备注:电控系统的工作流程大致如下所示。

电控系统供电,并自诊断,然后进入工作模式→传感器的信号通过线束传输到 ECU→MCU 根据已有的程序/软件处理处理信号→执行信号通过线束将信号传输给执行器执行

循环工作,中间有自诊断操作、与其他 ECU 的通信操作等。

6.1.2 传感器

(1)传感器的类型

序号	类型	结构原理	电控中的应用
1	磁感应式	传感器由线圈和磁铁组成,类似于我们交流发电机原理,轮速信号盘随着车轮转动而切割 ABS 转速传感器的磁力线,从而产生感应电动势;随着车速的变化,感应电动势出现频率和幅度的变化	转速传感器(常用,但不是新捷达轿车采用的类型)
2	霍尔效应式	用于转速信号采集等,霍尔传感器在转速传感器有两线式和三线式霍尔传感器 两线式霍尔传感器以变化的电流作为输出信号,只需要两根线(其中一根为参考电压)即可根据磁场变化输出变化的电流信号,从而得到变化的电压信号 三线式霍尔传感器则是我们常见的霍尔传感器,需要供电电源和地线,并从信号线输出变化的电压信号	两线式霍尔转速传感器 三线式霍尔转速传感器
3	开关式	多功能开关是由多个开关组成,在操作挡位时,这些开关组合成一个序列的输出,将用户所需挡位信号传输给 ECU;换挡杆挡位 P 锁止开关则是一个独立的开关,在操作换挡杆离开 P 挡时,需要按下该开关	多功能开关 换挡杆挡位 P 锁止开关
4	热电阻式	热电阻式传感器一般用于温度传感器使用,在汽车上常见的温度传感器为负温度系数的温度传感器,也就是传感器的电阻会随着温度的升高而减小	齿轮油温度传感器

(2)传感器接脚的类型

序号	引脚类型	说明
1	电源	用于工作电源供应(有源传感器)、参考电压提供(无源传感器)
2	搭铁	用于工作电源接地或信号接地
3	信号	传感器的输出信号,根据传感器类型,输出信号有不同
4	屏蔽	用于信号传输过程中对电磁干扰的屏蔽,屏蔽外界的电子干扰或避免对外界形成电磁干扰

(3)传感器信号的分类

按信号特征分为:电压信号、电阻信号、频率信号、方波信号、脉冲信号、占空比信号、

开关信号和串行序列信号等。如:

序号	信号特征	信号名称	备注
1	电压信号	偏转率传感器、纵向加速度传感器、横向加速度传感器等	
2	频率信号	转速传感器等	
3	开关信号	刹车开关等,多功能开关选挡杆挡位 P 锁止开关(输入到发动机电脑)	
4	序列信号	CAN 总线、K 线等解码器与 ECU 或各控制模块之间的数据通信等	

变速箱输入、输出转速传感器信号波形示例:

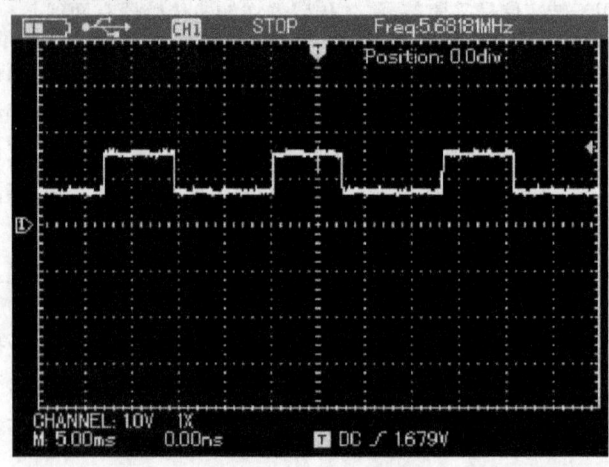

图 6-2 转速传感器波形示例

6.1.3 执行器概述

执行器的类型:

序号	类别	说明	执行器件
1	开关控制型	仅有开或关两种状态的执行元件	电磁铁 开关型电磁阀
2	PWM 控制型	可以通过 PWM 信号实现动作的连续可调	比例电磁阀 节气门电机

执行器驱动信号的类型与特征(无,因为 ABS 的执行器都在总成内部)。

6.1.4 自动变速器电控系统的常用检测手段

(1)常用仪器和工具

a

b

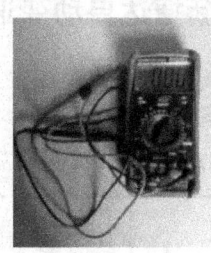
c

图 6-3 常用仪器和工具

图 6-3 说明：

序号	工具名称	图标	主要作用
1	示波器	a	用于观测、存储和回放传感器输出信号与执行器驱动信号波形
2	解码器	b	用于与汽车各控制模块通讯；读取和清除故障代码；读取数据流；执行器驱动；数据总线分析等
3	万用表	c	用于电控线路的电压、器件性能、线路导通、方波信号频率与占空比等电气参数的测量

(2)常用检测手段和分析方法

① 电压检测。
② 导通性测试。
④ 器件性能评估。
⑤ 波形分析。
⑥ 传感器信号的在线模拟。
⑦ 执行器的在线驱动。
⑧ 系统性能评估。

6.2 2013 新捷达自动变速器技术特点

6.2.1 自动变速器电控系统

霍尔式转速传感器有以下特点：

(1)变速箱输入转速传感器、变速箱输出转速传感器采用的是两线式电流型霍尔转速传感器；

(2)该传感器采用了电流型的两线式霍尔传感器，根据磁场的变化输出两种不同的电流，不同的电流与 ECU 内部电阻分压得到不同的电压，从而产生方波信号；

(3)霍尔式转速传感器对低转速时的信号响应比传统磁电式转速传感器更好，更能够准确反应低转速时的转速情况。

变速箱的油路控制采用 2 个开关型电磁阀，6 个比例电磁阀，准确反馈用户操作挡位的多功能开关;节气门位置传感器信息来自 CAN 总线信号(由发动机电脑发出);刹车开关信号来自 CAN 总线信号(由发动机电脑发出)。

6.2.2 新捷达自动变速器电子控制实训台面板说明

(1)实训台面板说明

① G93 齿轮油温度传感器

● 面板图示、电路图及实物如图 6-4 所示:

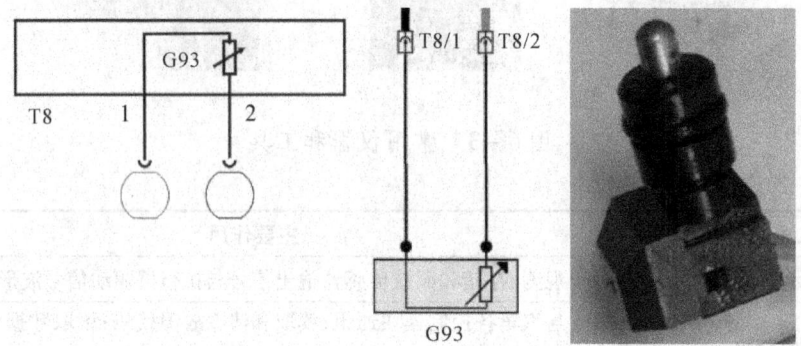

图 6-4 面板图(左)、电路图(中)、实物图(右)

● 内部结构:热敏电阻
● 引脚信息:

器件编号	端子序号	电路接插件编号	端子定义	面板引出	端子与其他连接	工作电压（信号特点）
G93	1	T8	传感器地线	√	自动变速器 T52/45	0 V
	2	T8	齿轮油温度信号	√	自动变速器 T52/45	随温度变化而变化,温度升高,电压降低,0～+5 V 范围

② G182 变速箱输入转速传感器

● 面板图示、电路图及实物如图 6-5 和图 6-6 所示:

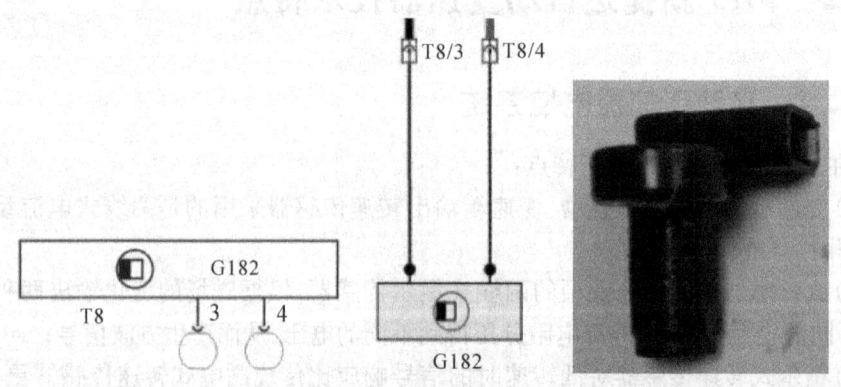

图 6-5 面板图(左)、电路图(中)、实物图(右)

- 内部结构:两线电流型霍尔传感器
- 引脚信息:

器件编号	端子序号	电路接插件编号	端子定义	面板引出	端子与其他连接	工作电压（信号特点）
G182	3	T8	转速输出	√	自动变速器 T52/51	随变速箱输入转速变化而变化,转速大,波形密集
	4	T8	电源	√	自动变速器 T52/39	+12V

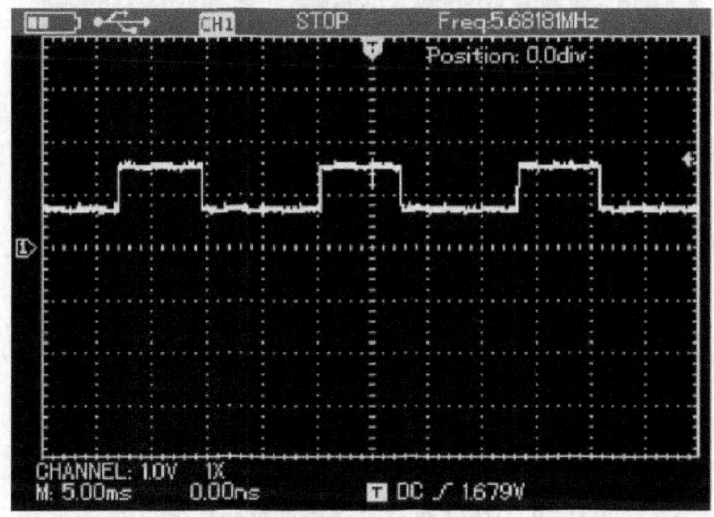

图 6-6 G182 输入轴转速传感器波形示例

③ G195 变速箱输出转速传感器
- 面板图示、电路图及实物如图 6-7 和图 6-8 所示：

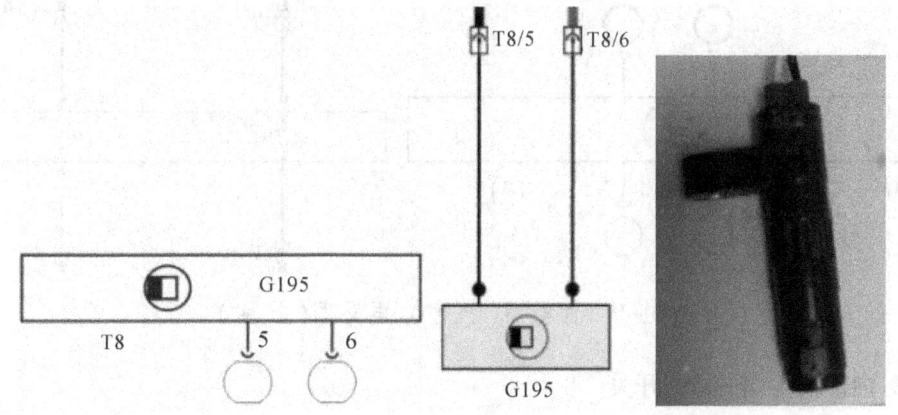

图 6-7 面板图(左)、电路图(中)、实物图(右)

- 内部结构:两线电流型霍尔传感器

● 引脚信息：

器件编号	端子序号	电路接插件编号	端子定义	面板引出	端子与其他连接	工作电压（信号特点）
G195	5	T8	转速输出	√	自动变速器 T52/38	随变速箱输出转速变化而变化，转速大，波形密集
	6	T8	电源	√	自动变速器 T52/50	+12 V

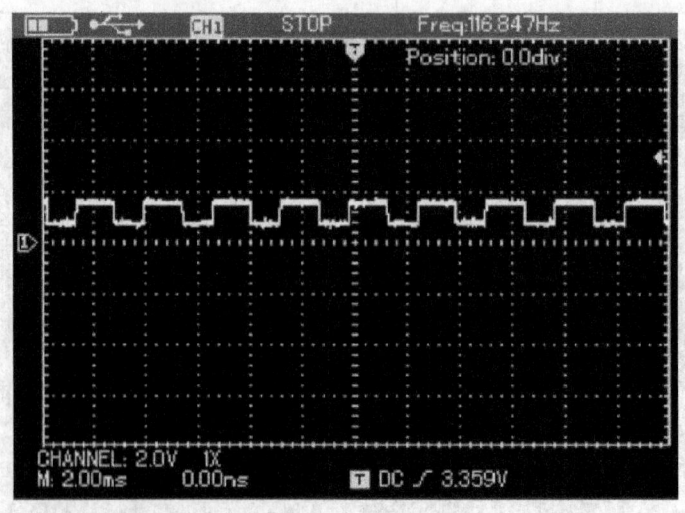

图 6-8　G195 输入轴转速传感器波形示例

④ N110 换挡杆锁电磁铁，F319 选挡杆挡位 P 锁止开关
● 面板图示、电路图及实物如图 6-9 所示：

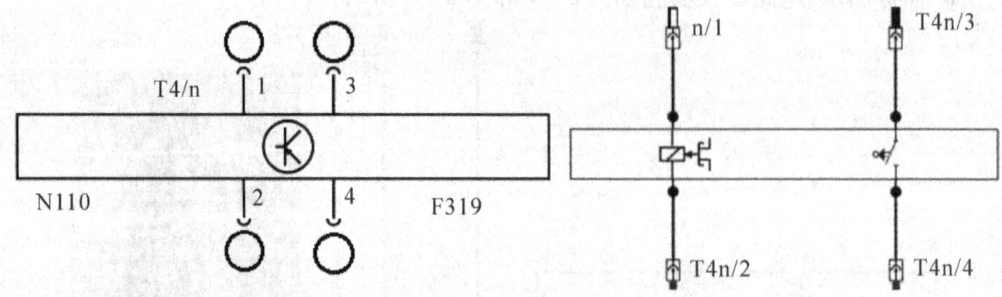

图 6-9　面板图（上左）、电路图（上右）

● 内部结构：电磁铁，开关
● 引脚信息：

器件编号	端子序号	电路接插件编号	端子定义	面板引出	端子与其他连接	工作电压（信号特点）
N110	1	T4n	控制信号	√	自动变速器 T52/29	在刹车踏板踩下时，输出高电平 +12 V；平时为低电平
	2	T4n	搭铁 GND	√	无	搭铁 GND
F319	3	T4n	电源信号 SC20 10 A	√	电源信号 SC20 10A	钥匙插入到 ON 后有电源供应 +12 V，在按下挡位 P 锁止开关时接地，锁止电磁铁工作
	4	T4n	搭铁 GND	√	无	搭铁 GND

⑤ N376 点火钥匙拔出锁止电磁铁
● 面板图示、电路图及实物如图 6-10 所示：

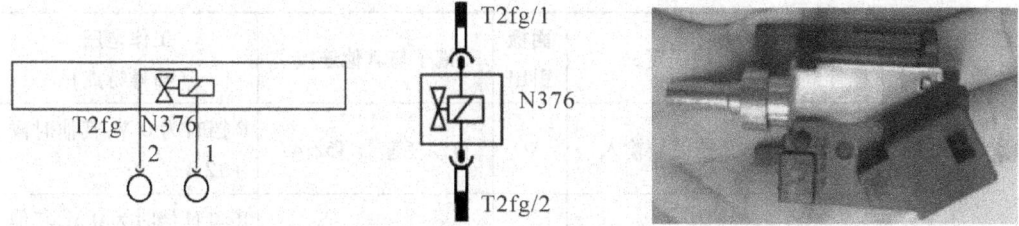

图 6-10　面板图（左）、电路图（中）、实物图（右）

● 内部结构：电磁铁
● 引脚信息：

器件编号	端子序号	电路接插件编号	端子定义	面板引出	端子与其他连接	工作电压（信号特点）
N376	1	T2fg	电源 SC20 10A	√	保险丝 SC20 10A	钥匙插入后有电源供应，+12V
	2	T2fg	控制端，接地有效	√	搭铁	钥匙 ON，换挡杆 P 按钮有效时动作，按下为 GND，平时为 +12V

⑥ F125 多功能开关
● 面板图示、电路图及实物如图 6-11 所示：

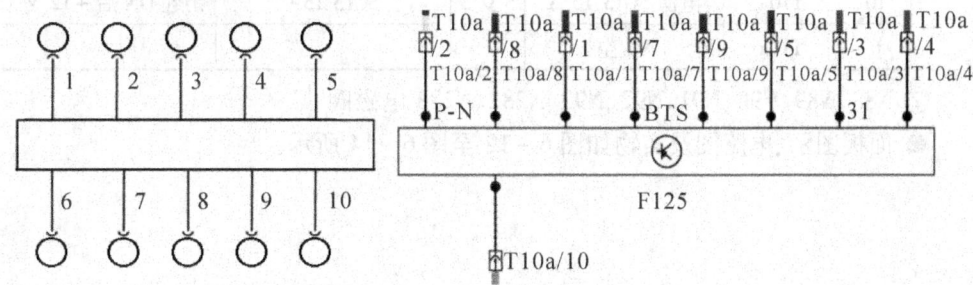

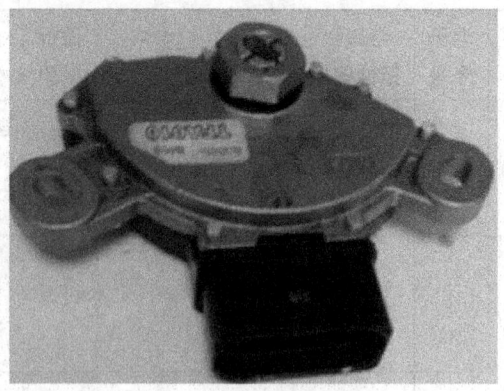

图 6-11　面板图(上左)、电路图(上右)、实物图(下)

- 内部结构：组合开关
- 引脚信息：

器件编号	端子序号	电路接插件编号	端子定义	面板引出	端子与其他连接	工作电压（信号特点）
F125	1	T10a	P挡信号输入	√	自动变速器 T52/47	P挡时为0 V，其他时候+12 V
	2	T10a	P-N挡允许控制	√	电网 J519 T73b/55	P和N挡为0 V，其他时候为+12 V
	3	T10a	搭铁	√	自动变速器 T52/1	搭铁信号
	4	T10a	搭铁	√	自动变速器 T52/2	搭铁信号
	5	T10a	D挡信号输入	√	自动变速器 T52/22	D挡时为0 V，其他时候+12 V
	7	T10a	S挡信号输入	√	自动变速器 T52/10	S挡时为0 V，其他时候+12 V
	8	T10a	R挡信号输入	√	自动变速器 T52/21	R挡时为0 V，其他时候+12 V
	9	T10a	N挡信号输入	√	自动变速器 T52/36	N挡时为0 V，其他时候+12 V
	10	T10a	电源 SC13 15 A	√	SC13 15A	钥匙ON后+12 V
	6	T10a	NC 空			

⑦ N88、N89、N90、N91、N92、N93、N282、N283 电磁阀
- 面板图示、电路图及实物如图 6-12 至图 6-14 所示：

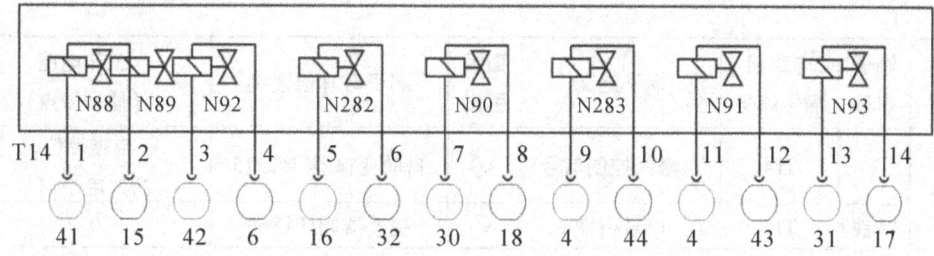

图 6-12 面板图示

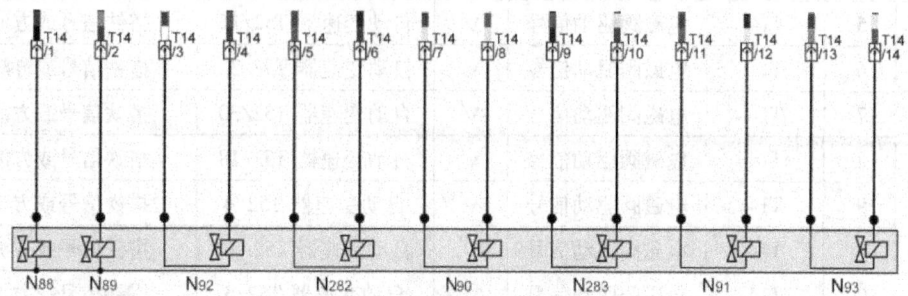

图 6-13 电路图

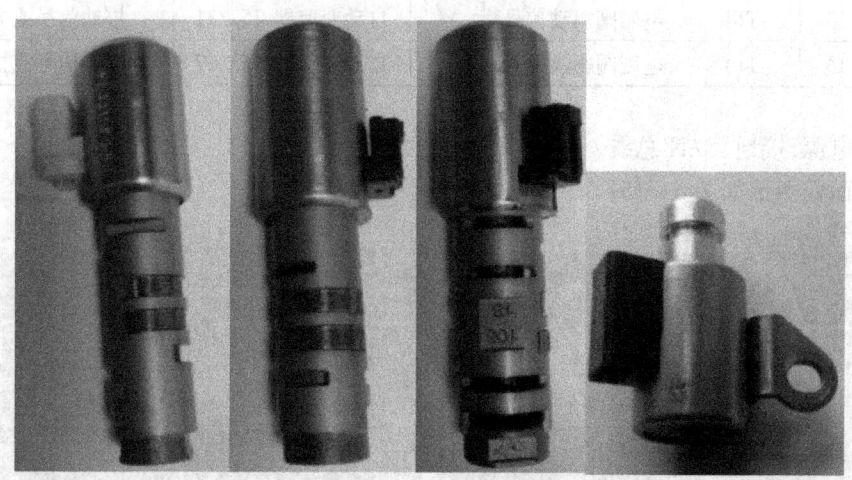

图 6-14 实物图(列举)

- 内部结构:电磁阀
- 引脚信息:

器件编号	端子序号	电路接插件编号	端子定义	面板引出	端子与其他连接	工作电压（信号特点）
N88	1	T14	电磁阀控制信号	√	自动变速器 T52/41	根据挡位，高低电平信号
	搭铁	T14	信号搭铁	√	变速器阀体搭铁	0 V

续表

器件编号	端子序号	电路接插件编号	端子定义	面板引出	端子与其他连接	工作电压（信号特点）
N89	2	T14	电磁阀控制信号	√	自动变速器 T52/15	根据挡位，高低电平信号
	搭铁	T14	信号搭铁	√	变速器阀体搭铁	0 V
N92	3	T14	电磁阀驱动信号	√	自动变速器 T52/42	搭铁信号或方波
	4	T14	电磁阀驱动信号	√	自动变速器 T52/6	搭铁信号或方波
N282	5	T14	电磁阀驱动信号	√	自动变速器 T52/16	搭铁信号或方波
	6	T14	电磁阀驱动信号	√	自动变速器 T52/32	搭铁信号或方波
N90	7	T14	电磁阀驱动信号	√	自动变速器 T52/30	搭铁信号或方波
	8	T14	电磁阀驱动信号	√	自动变速器 T52/18	搭铁信号或方波
N283	9	T14	电磁阀驱动信号	√	自动变速器 T52/4	搭铁信号或方波
	10	T14	电磁阀驱动信号	√	自动变速器 T52/44	搭铁信号或方波
N91	11	T14	电磁阀驱动信号	√	自动变速器 T52/5	搭铁信号或方波
	12	T14	电磁阀驱动信号	√	自动变速器 T52/43	搭铁信号或方波
N93	13	T14	电磁阀驱动信号	√	自动变速器 T52/31	搭铁信号或方波
	14	T14	电磁阀驱动信号	√	自动变速器 T52/17	搭铁信号或方波

⑧ 电源、接地、CAN 总线
● 面板图示如图 6 – 15：

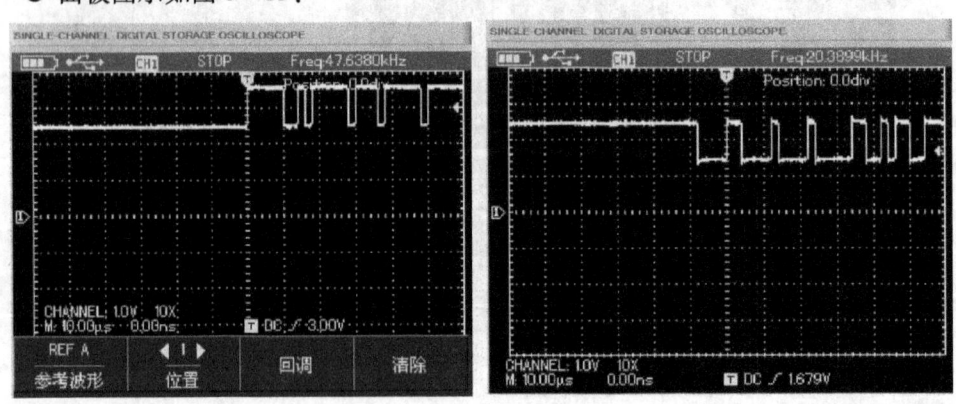

图 6 – 15　面板图示

● 端子说明：
a. 保险丝：在车钥匙打开后，SA4、SB6、SB4、SC9 都有相应的电源供应；
b. 搭铁点：ECU 与车身的地线连接点，信号的参考地线位置；
c. CAN – L、CAN – H：是自动变速器 ECU 与外部通信的 CAN 总线通信线，有相应的 CAN 总线波形和电压。变速器 ECU 所在的 CAN 网络的 CAN 总线通信波形大致如图 6 – 16 所示：

6 自动变速器

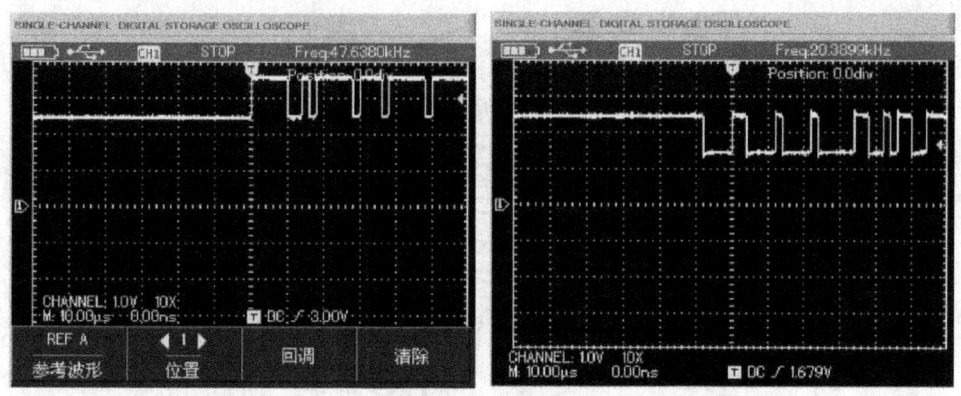

图6-16 CAN总线波形:CAN-H波形(左)、CA-L波形(右)

⑨ 触摸控制屏
● 功能说明:
a. 功能菜单显示
b. 动画展示选择
c. 电路图浏览选择

⑩ 多功能显示屏
● 功能说明:
a. 电路图展现
b. 电流、信号走向动画显示
c. 相关资讯(实物图形、标准数据等)
d. 考核评价

⑪ ABS ECU 插座模拟
● 面板图示及实物管脚分布如图6-17和图6-18所示:

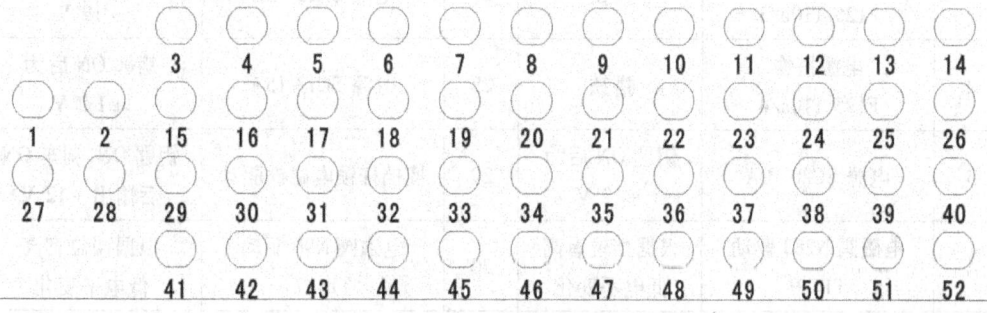

图6-17 面板图示

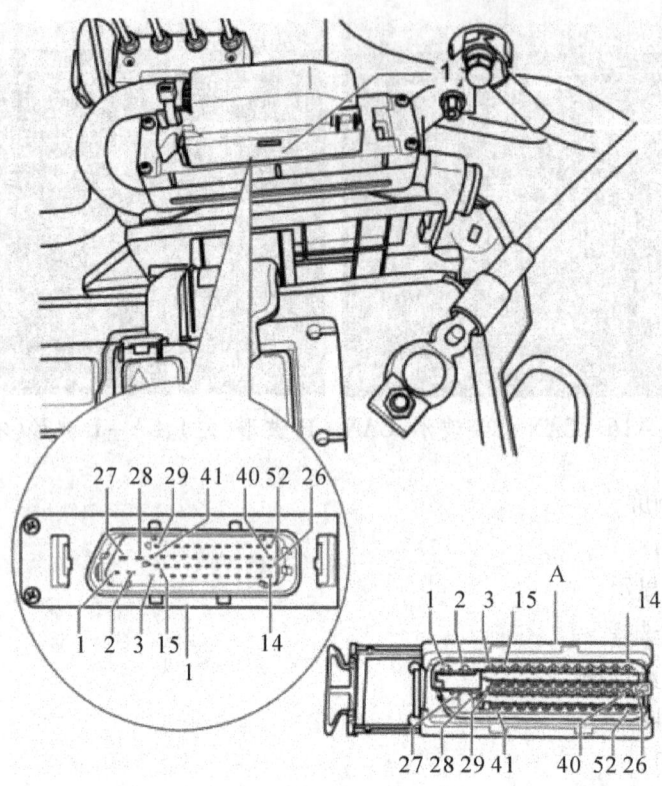

图6-18 ECU位置及插头引脚示意图（外接线束）

● 端口说明：

端口编号	端口定义	信号特征	端口编号	端口定义	信号特征
1	电源搭铁 F125 T10a/3	搭铁	27	电源 SC13 15A	钥匙 ON 后为 +12V
2	电源搭铁 F125 T10a/4	搭铁	28	电源 SC13 15A	钥匙 ON 后为 +12V
3	电源 SC20 10A	钥匙 ON 后为 +12V	29	换挡杆锁电磁铁驱动	钥匙 ON，刹车 ON 后输出 +12V
4	电磁阀 N283 驱动 T14/9	根据挡位有高低电平变化	30	电磁阀 N90 驱动 T14/7	根据挡位有高低电平变化
5	电磁阀 N91 驱动 T14/11	根据挡位有高低电平变化	31	电磁阀 N93 驱动 T14/13	根据挡位有高低电平变化
6	电磁阀 N92 驱动 T14/4	根据挡位有高低电平变化	32	电磁阀 N282 驱动 T14/6	根据挡位有高低电平变化
7	空		33	空	
8	齿轮油温度传感器信号线 G93 T8/2	0~+5V，随着温度升高而降低	34	CAN 总线 CAN-L	符合 CAN 总线 CAN-L 信号波形

续表

端口编号	端口定义	信号特征	端口编号	端口定义	信号特征
9	诊断线 K 线	平时为 +12V,在有诊断仪接入读取信息时有方波信号	35	空	
10	多功能开关状态 F125 T10a/7	S 挡时为 0V, 其他时候 +12V	36	多功能开关状态 F125 T10a/9	N 挡时为 0 V, 其他时候 +12 V
11	空		37	空	
12	空		38	变速箱输入轴转速传感器 G195 信号 T8/5	方波波形,随输出转速升高频率升高
13	空		39	变速箱输入轴转速传感器 G182 电源 T8/4	+12 V
14	空		40	空	
15	电磁阀 N89 驱动 T14/2	根据挡位有高低电平变化	41	电磁阀 N88 驱动 T14/1	根据挡位有高低电平变化
16	电磁阀 N282 驱动 T14/5	根据挡位有高低电平变化	42	电磁阀 N92 驱动 T14/3	根据挡位有高低电平变化
17	电磁阀 N93 驱动 T14/14	根据挡位有高低电平变化	43	电磁阀 N91 驱动 T14/12	根据挡位有高低电平变化
18	电磁阀 N90 驱动 T14/8	根据挡位有高低电平变化	44	电磁阀 N283 驱动 T14/10	根据挡位有高低电平变化
19	空		45	齿轮油温度传感器地线 G93 T8/1	0 V
20	空		46	CAN 总线 CAN – H	符合 CAN 总线 CAN – H 信号波形
21	多功能开关状态 F125 T10a/8	R 挡时为 0 V, 其他时候 +12 V	47	多功能开关状态 F125 T10a/1	P 挡时为 0 V, 其他时候 +12 V
22	多功能开关状态 F125 T10a/5	D 挡时为 0 V, 其他时候 +12 V	48	空	
23	空		49	空	
24	空		50	变速箱输出轴转速传感器 G195 电源 T8/6	+12 V
25	空		51	变速箱输入轴转速传感器 G182 信号 T8/3	方波波形,随输入转速升高频率升高
26	空		52	故障告警仪表 ECU T32/10	低电平有效

自动变速器控制系统实训记录

ECU端口编号	端口定义	信号特征 电压/波形 所处工况	ECU端口编号	端口定义	信号特征 电压/波形 所处工况

记录说明：1. 记录每个ECU针脚的定义，记录电源、地线针脚的对地电压；

2. 记录和绘制传感器波形，并记录测量时的工况。

6-20 波形示例 1

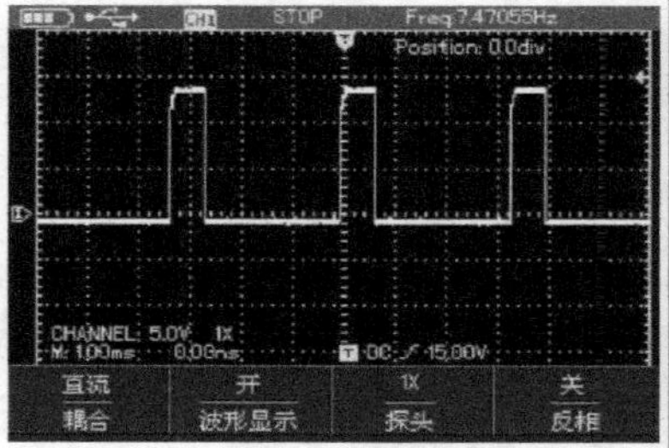

T52/4 波形
(运行中占空比有变化)

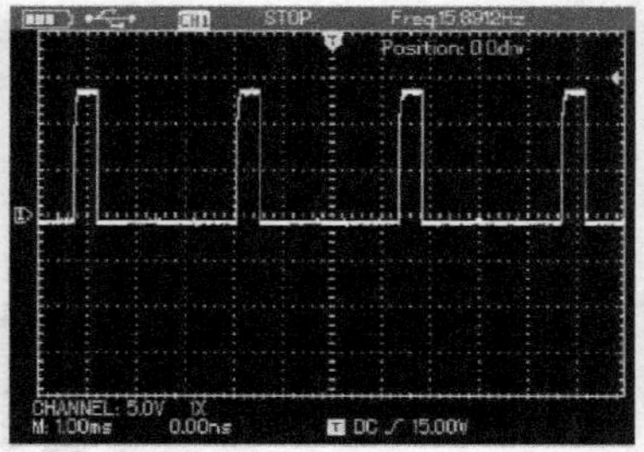

T52/5 波形
(运行中占空比变化不大)

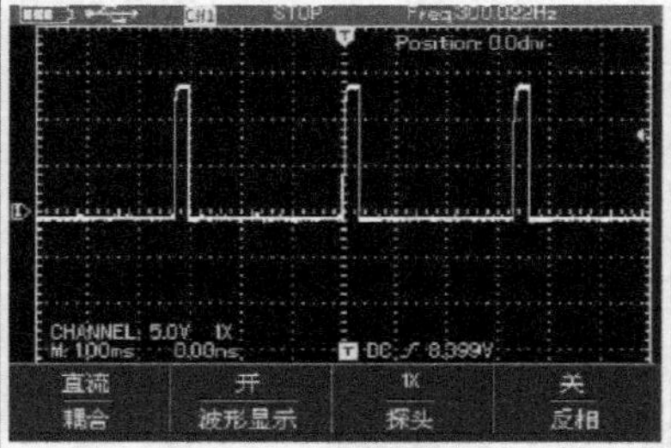

T52/16 波形
(运行中占空比有变化)

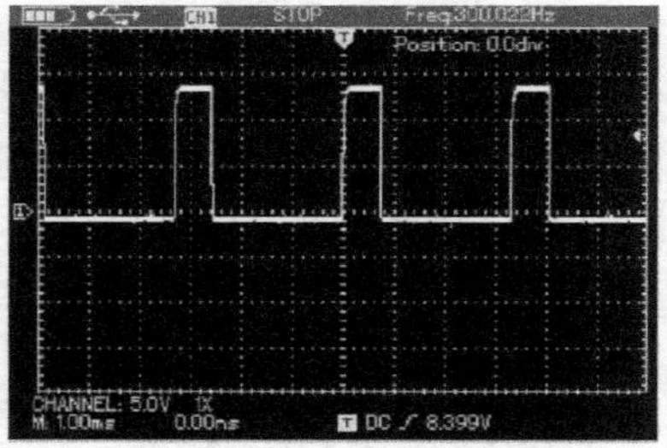

T52/30 波形
(运行中占空比有变化)

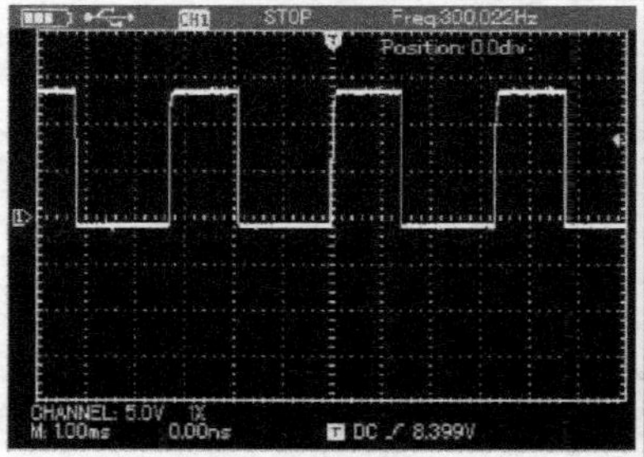

T52/31 波形
(运行中占空比有变化)

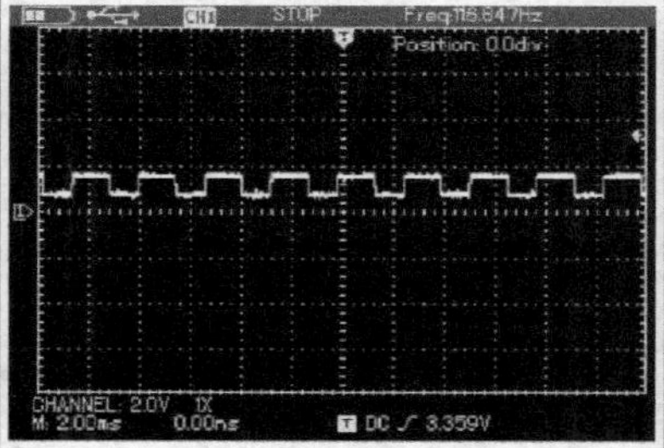

T52/51 波形
(输出转速增加,波形变密集)

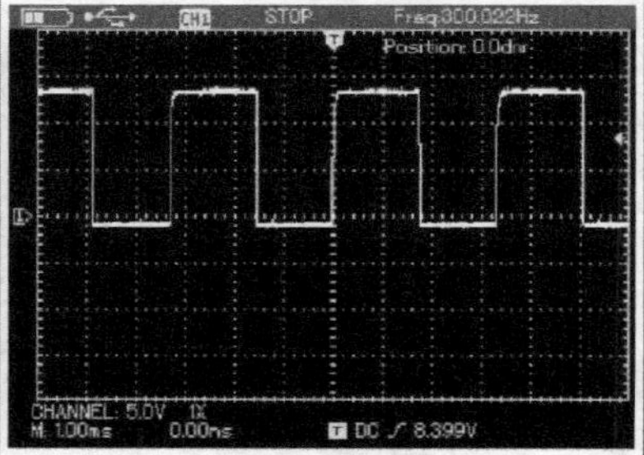

T52/42 波形
(运行中占空比有变化)

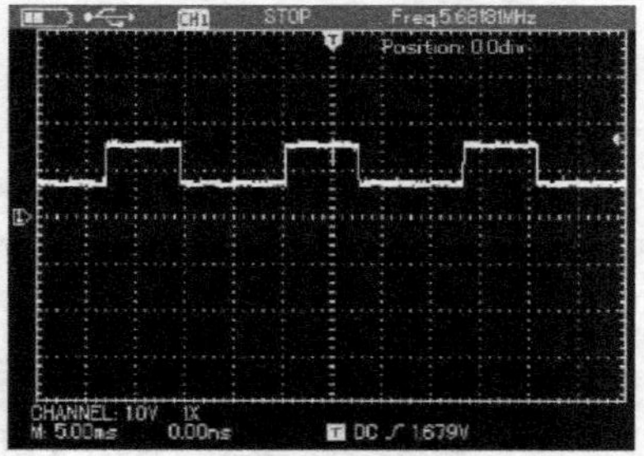

T52/38 波形
(输入转速增加,波形变密集)

变速器其他电磁阀相关引脚信号情况

序号	引脚		变化情况	序号	引脚		变化情况
1	T52/6	N92	几乎一直是低电平	5	T52/32	N282	几乎一直低电平
2	T52/15	N89	P,R,N,1,4,5,6 挡低电平,其他高电平	6	T52/41	N88	P,N,1 挡为低电平,其他为高电平
3	T52/17	N93	几乎一直是低电平	7	T52/43	N91	几乎一直低电平
4	T52/18	N90	几乎一直低电平	8	T52/44	N283	几乎一直是低电平

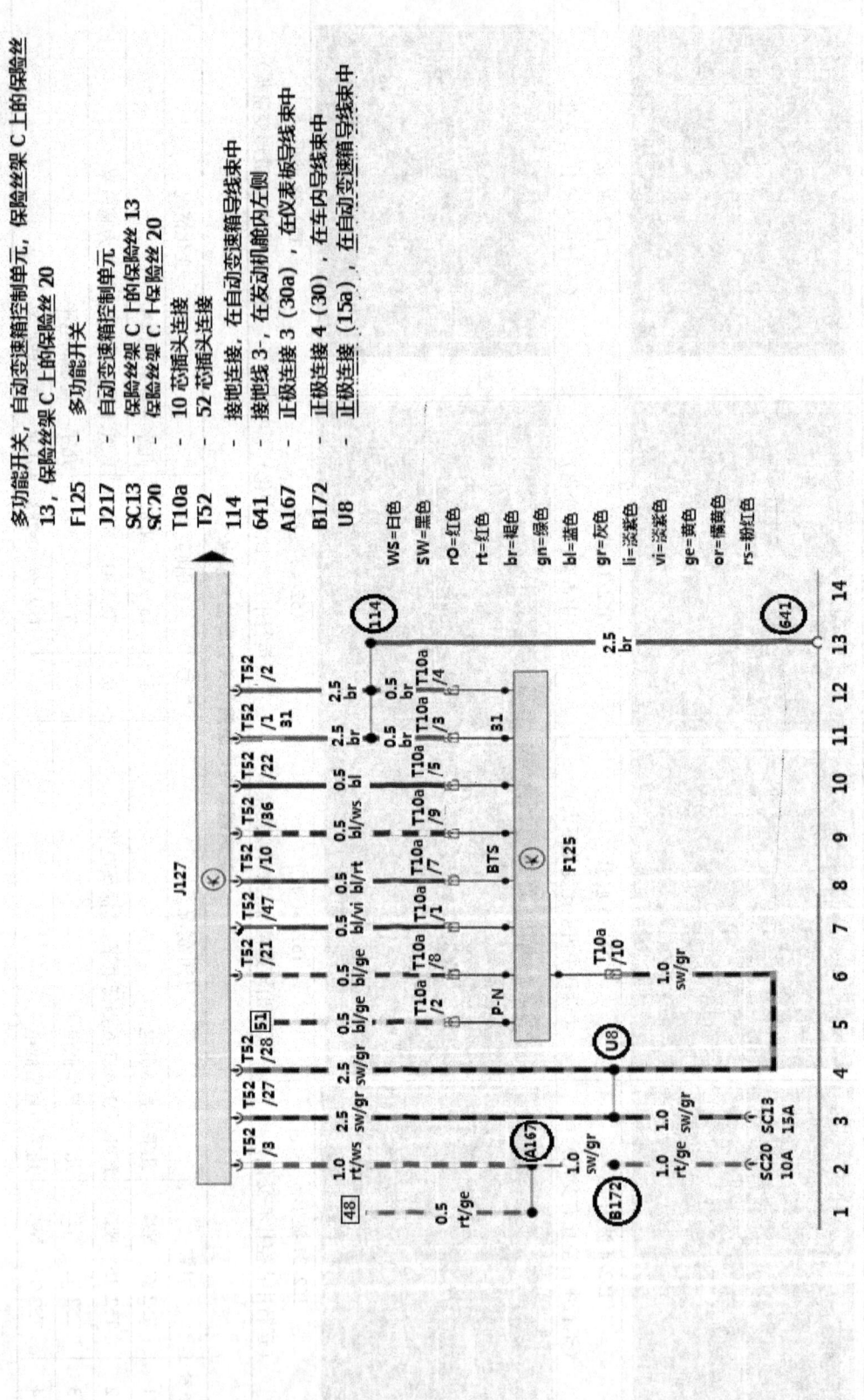

6 自动变速器

自动变速箱控制单元，电磁阀1，电磁阀2，电磁阀3，电磁阀4，电磁阀5，电磁阀6，电磁阀9，电磁阀10

- J217 — 自动变速箱控制单元
- N88 — 电磁阀1
- N89 — 电磁阀2
- N90 — 电磁阀3
- N91 — 电磁阀4
- N92 — 电磁阀5
- N93 — 电磁阀6
- N282 — 电磁阀9
- N283 — 电磁阀10
- T14 — 14芯插头连接
- T52 — 52芯插头连接

ws=白色
sw=黑色
ro=红色
rt=红色
br=棕色
gn=绿色
bl=蓝色
gr=灰色
li=深紫色
vi=深紫色
ge=黄色
or=播黄色
rs=粉红色

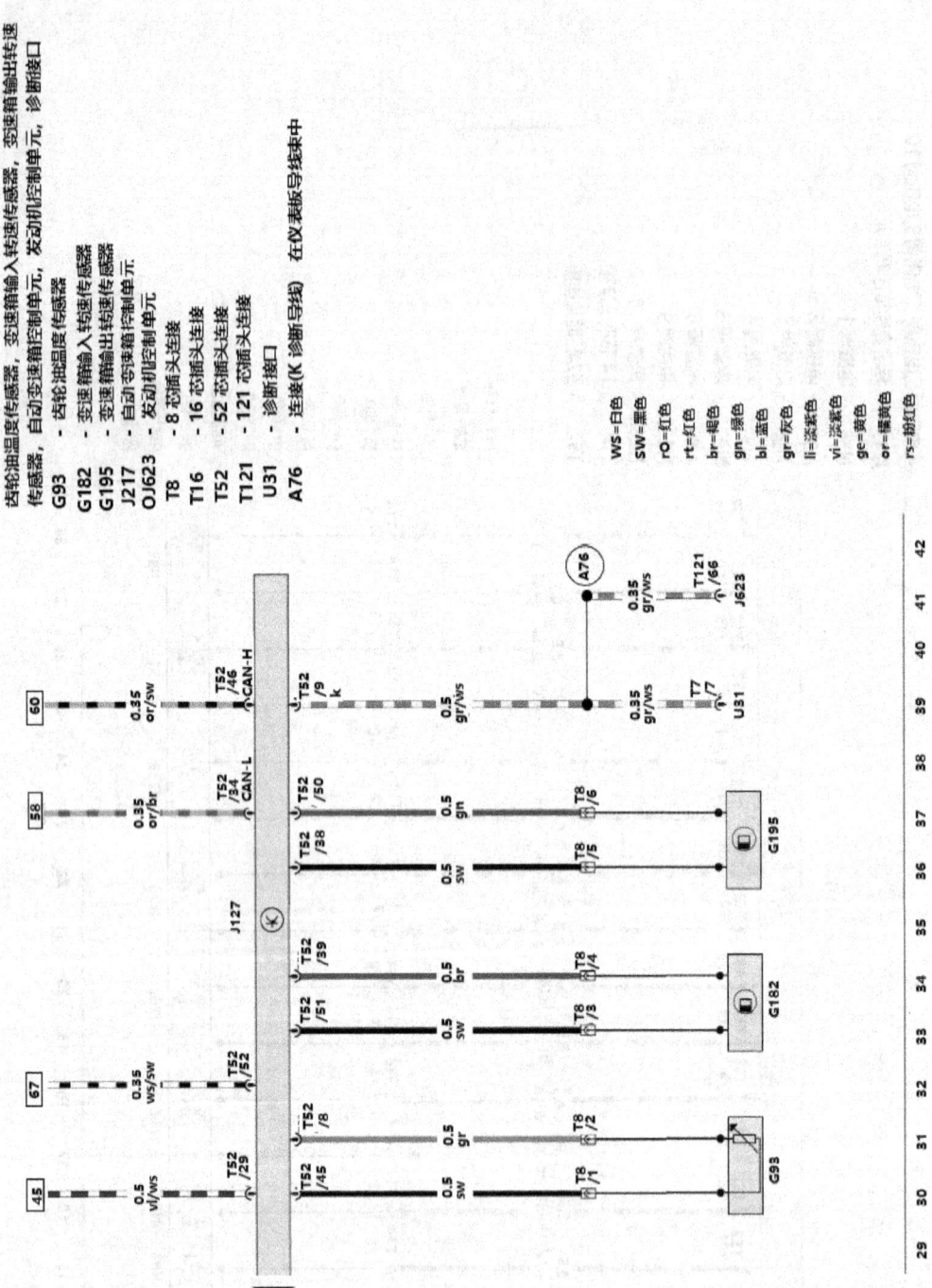

6 自动变速器

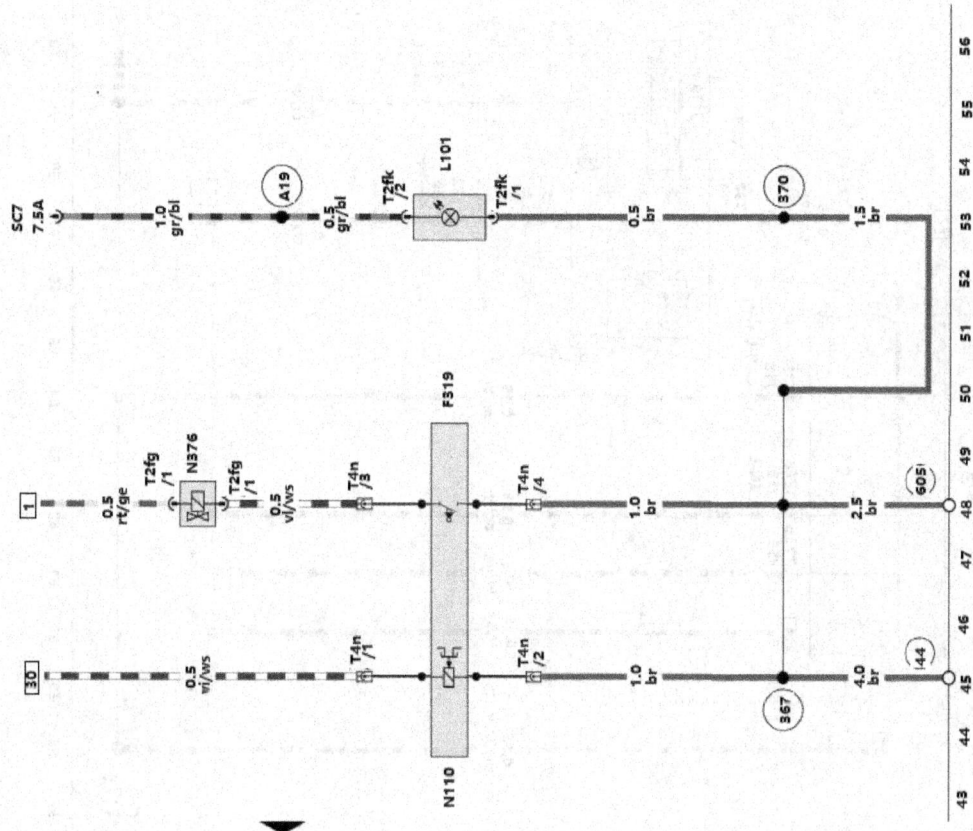

95

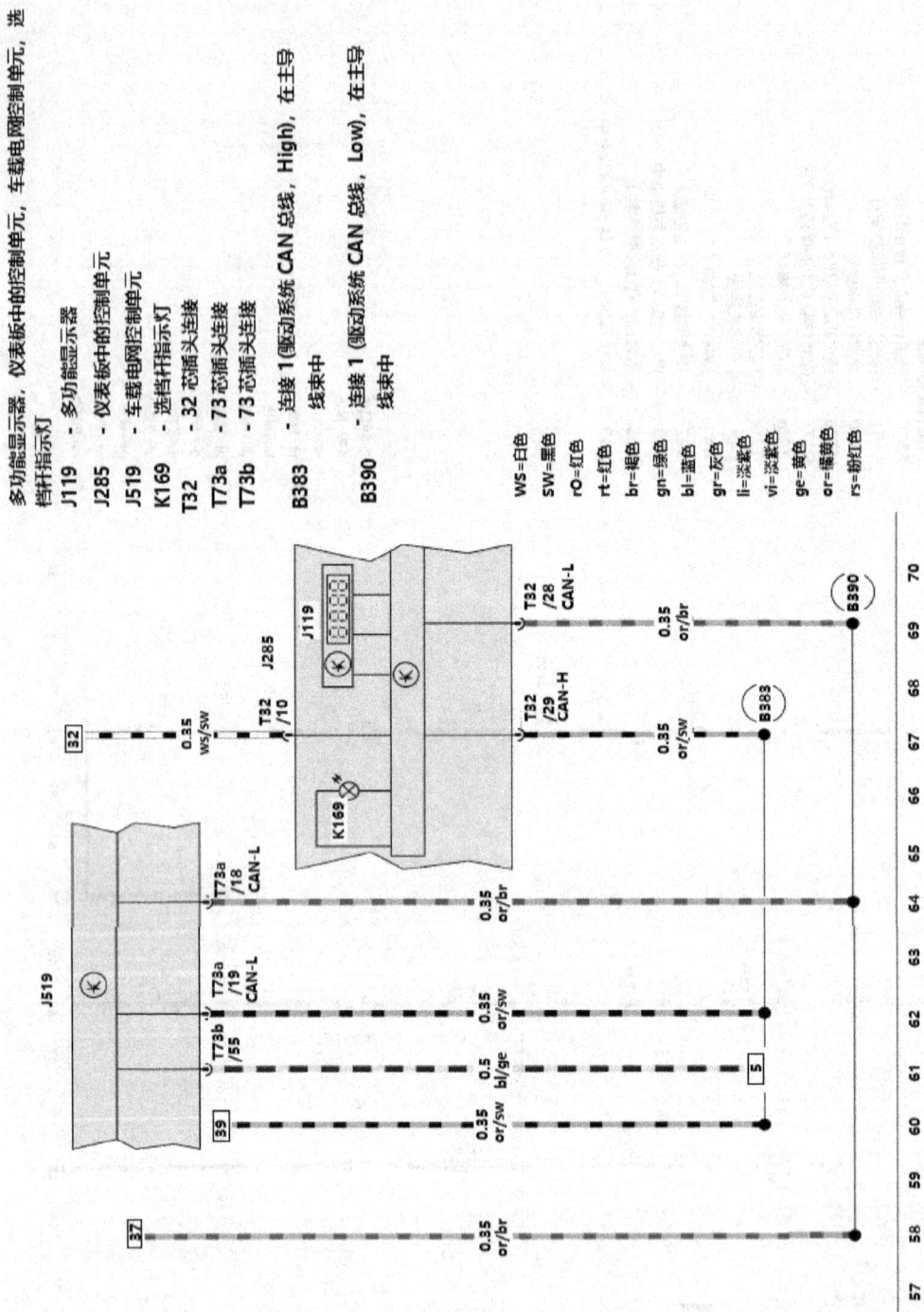

7 帕萨特自动空调系统实训台

7.1 简介

本空调实训台是采用大众公司生产的帕萨特领驭自动空调,这是为适应汽车教学需求而研制的。该实训台由电动机做动力源,热源采用电加热热水器,帕萨特领驭自动空调操作显示面板及电脑柜、可移动机架、冷凝器,干燥瓶,高压管,膨胀阀,蒸发箱,加液口,开关电源并配置原车空调电脑、传感器等。具有结构紧凑、操作方便、安全可靠、教学直观的优点,同时,具有空调系统运转及显示、温度显示、故障设置、传感器信号模拟等多项功能。

7.2 技术性能

- 可移动机架　　　　　　　1 500 mm×1 000 mm×1 820 mm
- 冷凝器,蒸发箱总成　　　　134 a
- 压缩机,高压管　　　　　　134 a
- 制冷剂　134a　　　　　　　900 g
- 加热液容量　　　　　　　　8 L
- 主工作电源　　　　　　　　AC 380 V
- 制冷工作电流　　　　　　　AC 6 A
- 制热工作电流　　　　　　　AC 5 A
- 总电流　　　　　　　　　　AC 12 A
- 工作电压　　　　　　　　　DC 12 V
- 工作电流　　　　　　　　　29 A
- 设备重量　　　　　　　　　150 kg

7.3 使用前的准备工作

(1)实训台应安装在具有 AC 380 V 电源装置的场所,并置有消防器材备用。
(2)安装场地应平整结实。

(3)使用滚轮移动台架后,应将万向轮刹住以免滑移。

(4)演示场所禁止吸烟和明火作业。

故障分析功能:本实训台操作显示面板上安装了与原机电脑数量相同的端子引出口,可方便地通过端子引出口上的裸露部分进行电压和电阻的测量,以便获取各种参数值进行有故障码的故障分析。测量电压操作:发动机运转时无须拔下端子引出口的插头,直接用高阻抗万用表接触引出口的裸露部分即可测量各部位间的电压。测量电阻操作:关闭点火开关后,无须拔下端子引出口的插头,直接用高阻抗万用表接触引出口的裸露部分即可测量传感器、执行器等各部位的电阻。

7.4 故障设置功能

本示教台采用了智能故障设置器,故障设置既方便又隐蔽。具体设置及使用功能如下:

(1)故障设备面板

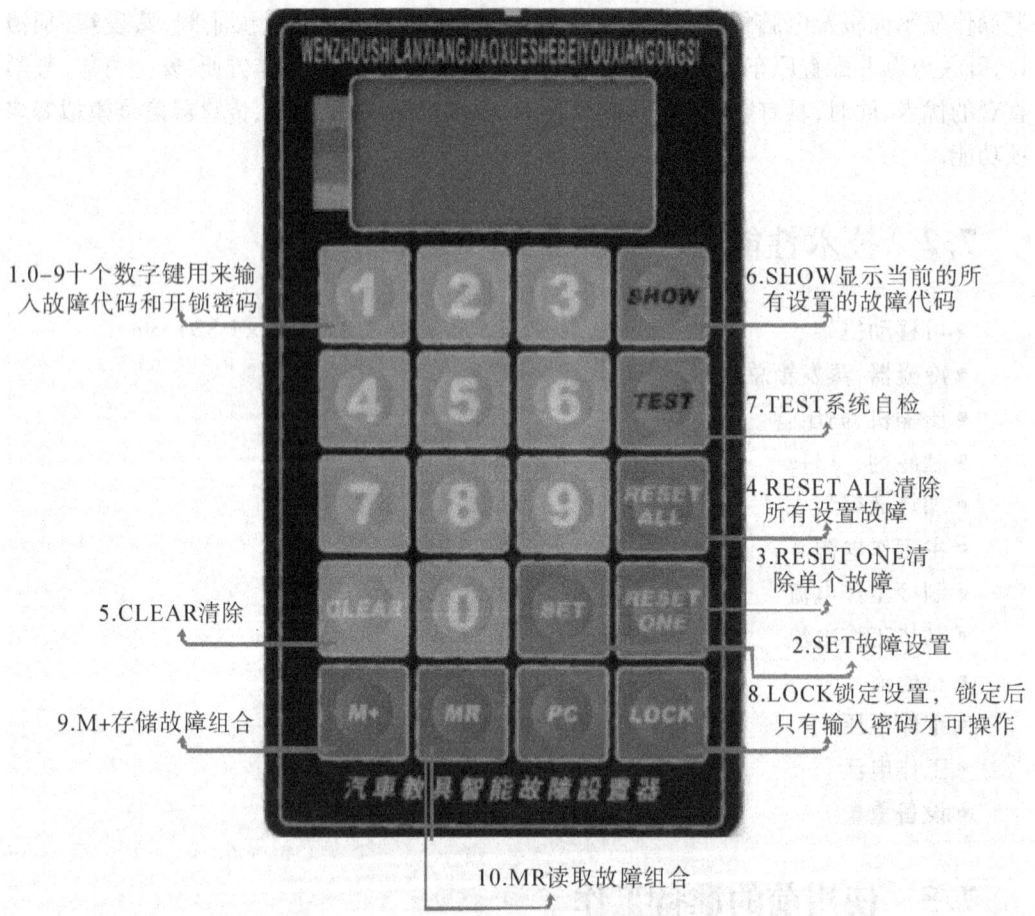

(2)使用说明

① 基本设置

开机后,三位数码管最左边显示的数字表示当前设置故障的数目,右边两位即可利用 0~9 键输入两位故障代码,不满两位的前面加零,先输十位,后输个位,本系统包括 8 个故障,因此最大输入的故障代码号为 08,输入数字错误可通过 CLEAR 键修改,输入两位数字后,按 SET 键即可设置。

数字对应的故障,不能重复设置相同的故障代码,按 RESET ONE 键即可清除对应的故障。注意只可清除已经设置的故障代码,按 RESET ALL 键可清除全部已设置的故障。

② 显示当前所有设置的故障

按 SHOW 键可显示当前所有的故障,显示时,最右边数码管小数点点亮,表示进入显示状态,系统依次显示所有的故障代码,三位数码管最左边一位表示当前的故障的序号,右边两位表示故障代码。

③ 存储当前故障组合

在已设置故障的情况下,输入要存储的位置号码,按 M + 键即可将当前故障组合存储到相应的组中,掉电信息不丢失,系统最多存储 15 组数据。

④ 读取已保存故障组合

输入要读取的已保存数据的组号,按 MR 键即可提取已存储的故障组合。

⑤ 锁定

在正常工作状态下,按 LOCK 键,系统进入锁定状态下,显示 LOC,系统进入锁定无法设置,只有输入正确密码,再按 LOCK 键解除方可使用。教师设置故障后,利用此功能可防止学生查看故障代码和改动设置,系统的初始密码为 88。

⑥ 更改锁定密码

首先输入当前的密码,按 LOCK 键,密码正确则最左面数显示" - ",此时输入新密码,再次按下 LOCK 键即可完成设置。

⑦ 使用 PC 机控制

正常工作状态下,按 PC 键进入 PC 机控制联机状态,这时可利用专用数据线连接 PC 机,利用软件更加方便的设备故障,退出 PC 状态可利用软件脱机或重新关闭开启电源。

⑧ 系统自检

在正常工作状态下,按 TEST 键,可测试系统的控制和显示是否正常,系统将检测数码管各个字段,蜂鸣器及各故障设置点是否正常工作。

⑨ 故障设置名称

序号	故障名称	故障原因现象
1	温度风门电机故障	
2	除霜电机故障	
3	中央电机故障	
4	送风电机故障	
5	新鲜空气温度传感器故障	
6	环境温度传感器故障	
7	中央通风温度传感器故障	

续表

序号	故障名称	故障原因现象
8	温度电机2故障	
9	中央风门电位计故障	
10	除霜电位计故障	
11	蒸发箱温度传感器	
12	送风电位计故障	
13	阳光温度传感器故障	
14	压力开关1故障	
15	鼓风机1故障	
16	鼓风机6故障	

注：本机不提倡短路设置故障，如果采用了短路设置方式，则对有可能发生的元器件损坏，厂家不承担赔偿责任。

7.5　传感器信号模拟与检测功能

电压检测。将显示面板上的电压检测开关拨向检测档位置，取专用连接线一根，一头插在电压检测插孔中，另一头插入需检测电压的端子引出口中，打开点火开关或启动发动机，开启自动空调，此时电压显示表就会显示其当前检测电压值。操作时请注意以下事项：

（1）空调运转前应察看冷却液、制冷剂是否满足要求，若不足时应进行补充后再运转空调。

（2）每运转一个月应观察冷却液、制冷剂、鼓风机。

（3）运转中应随时检查电机传动皮带，发现问题请及时更换，以免发生意外、水、电气的泄露和机体异响；出现故障应立即停机检修，高速运转严禁将手伸进传动部位。

（4）操作时应注意与旋转件、高温件保持一定距离，以免发生事故。

（5）操作时应遵循电控系统要求，严禁运行中拔接插头；测量时务必使用高阻抗电表。

（6）本机应在教学前应让电加热器开始工作。

（7）不使用本实训台时，务必断开380 V电源接线。

（8）移动台架应尽量推动机架主体（尽可能不要推动不锈钢防护栏）。

（9）要注意观察制冷剂压力，如果不足请添加，严禁在缺氟状态下运转。

（10）如果发生难以处理的问题，需通知经销商或生产厂家。

7.6 帕萨特轿车空调系统的检修

7.6.1 空调系统装置的维修

7.6.1.1 概述

上海帕萨特 B5 空调系统的管路系统中灌有制冷剂 R134 a,在制冷剂 R134 a 的高压容器上的标签以及工厂的铭牌上均标有所使用的制冷剂的厂家。在发动机舱装前盖锁的横梁标牌上,可以看出所用的是什么型号制冷剂及其灌装量。

在维修及使用空调系统时要注意:如果必须将循环制冷剂放空,须由专业人员处理。

在已经灌装制冷剂的空调装置的汽车上,不允许进行电焊、硬钎焊或软钎焊作业。在修补油漆时,最高的允许温度为 80℃。这是因为电焊所产生的紫外线会使制冷剂分解,而高温会使空调装置中产生很高的压力从而将过压放泄阀打开。

(1) 空调压缩机冷冻润滑油规格

压缩机冷冻润滑油规格,如表 7-1 所示。

表 7-1 空调压缩机冷冻润滑规格

压缩机	制造厂家	型号	容量(ml)
7SB-	DENSO	G 052 300 A2	250
DCW-17D	ZEXEL	G 052 154 A2 或 G 052 200 A2	

(2) 空调压缩机制冷剂规格

空调压缩机采用 R134a 制冷剂,其规格如表 7-2 所示。

表 7-2 空调压缩机制冷剂规格

压缩机	制造厂家	容量(ml)
7SB-16;DCW-17D	DENSO;ZEXEL	650±50

(3) 空调系统冷冻润滑油分布

空调系统冷冻润滑油分布,如表 7-3 所示。

表 7-3 空调系统冷冻润滑油分布

空调部件	占总容量的比例	空调部件	占总容量的比例
压缩机	约 50%	储液干燥器	约 10%
冷凝器	约 10%	抽吸软管	约 10%
蒸发器	约 20%		

7.6.1.2 手动调节的空调装置的结构

空调和暖风装置的如图 7-1 所示。

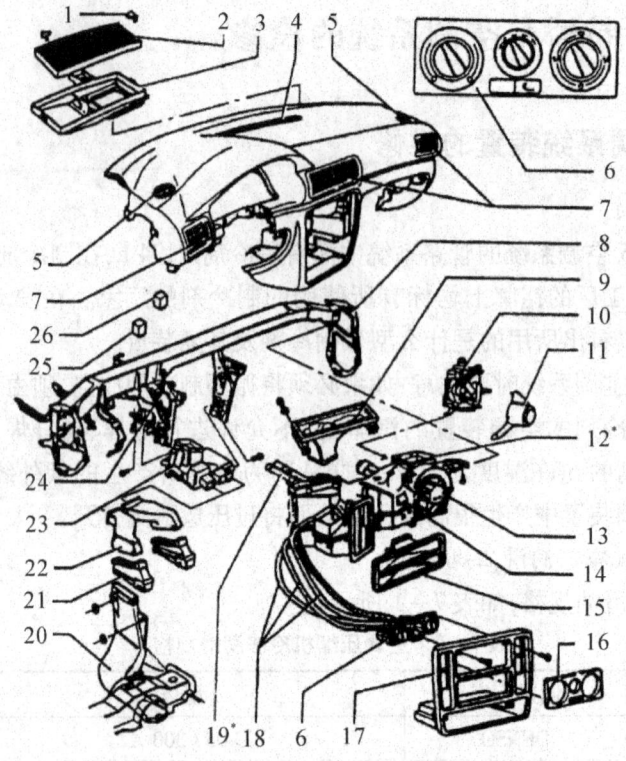

图7-1 空调和暖风装置

1.夹子;2.灰尘和花粉滤清器;3.抽吸接头;4.除霜器喷嘴;5.针对侧窗玻璃的出风口;
6.暖风和空调的调节(空调开关E35,新鲜空气鼓风机开关E9,新鲜空气和循环空气开关E184);7.出风口;
8.仪表板横梁;9.除霜器中间件;10.新鲜空气和循环空气活门的伺服电机V154;11.水漏斗;
12.空调装置和暖风装置*;13.新鲜空气鼓风机V2;14.带有过热保险丝的新鲜空气鼓风机串联电阻N24;
15.中间件;16.调节装置饰板;17.中部饰板;18.接索;19.热交换器*;20.左前通道;21.下面的连接件;
22.上面的连接件;23.脚部空间出风口;24.仪表板横梁和边梁的紧固螺栓;25.继电器;26.空调控制单元J301
说明:带有*号的零部件只能在专业维修中心站内进行修理,因为制冷剂须抽出来。

(1)附加电阻N24

如图7-2所示。拆卸副驾驶员侧杂物盒,拔出插接器,并将箭头所指螺栓拧出。附加电阻1和空气通道之间的接触面在安装前用AMV 176 000 05进行密封。

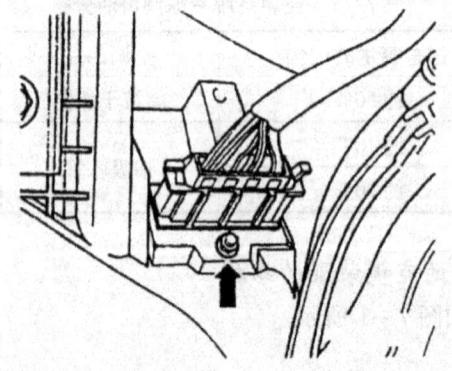

图7-2 更换附加电阻

(2)新鲜空气鼓风机 V2

如图 7-3 所示。拆卸时先拆卸副驾驶员侧的杂物盒,拔下插接件 1,拧出箭头所指的 3 个螺栓,并向下拔出新鲜空气鼓风机 2。

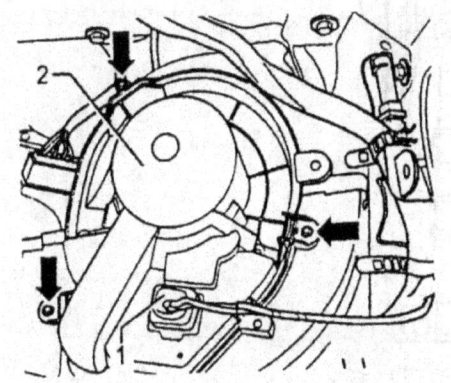 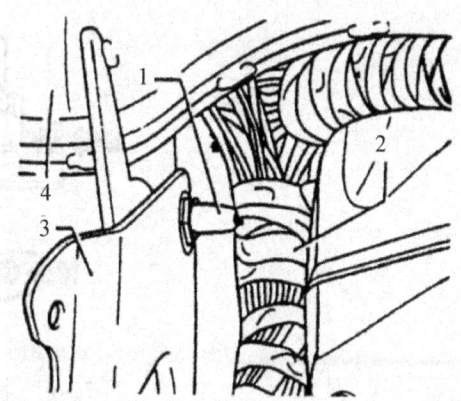

图 7-3 新鲜空气鼓风机 V2　　　　图 7-4 紧固螺钉的安装
1.插接件;2.鼓风机　　　　　　1.护帽;2.线束;3.左边梁;4.横梁

(3)紧固螺钉

在仪表板横梁和左边梁上的安装,如图 7-4 所示,为防止仪表板上的线束 2 受到损伤,必须注意在仪表板横梁 4 的上部紧固螺栓上以及左边梁 3 上,必须装上护帽 1。

7.6.1.3 手动调节的空调装置的维修

(1)水漏斗的拆卸和安装

拆下仪表板,把仪表板横梁从横壁上松开。为了便于进行其他工作,必须在其他安装工的帮助下将蒸发器的壳体和分配器箱抬下。如图 7-5 所示,拧下六角螺母 1 (2.5 mm),从横壁上取下水漏斗 2。在安装时请注意,放水阀 3 上的密封唇(须涂油),能将水漏斗 2 上出口的外圈完全包封。

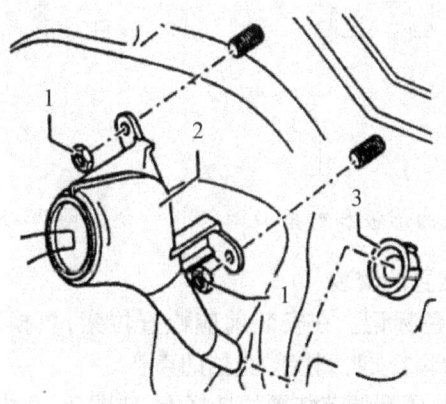

图 7-5 拆卸水漏斗
1.六角螺母;2.水漏斗;3.放水阀

(2)新鲜空气、循环空气活门伺服电机 V154 的拆装

把副驾驶员侧的杂物盒拆下来。用副驾驶员侧位于蒸发器壳体和分配器箱后面的一面镜子进行观察。旋出箭头(图 7-6 所示)的紧固螺钉(TORX T15)。取出新鲜空气

和循环空气活门的杠杆。拔出插接,向下拉出伺服电机。

安装时根据伺服电机的位置,用手动的方式使新鲜空气、循环空气活门的杠杆到位。

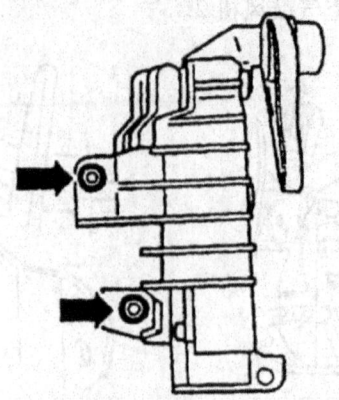

图7-6 拆卸空气活门杠杆

(3)暖风和空调调节装置的拆装

Ⅰ.暖风和空调调节装置的拆卸

① 如图7-7所示,将暖风的饰板及衬板用螺丝刀在箭头所指的定位处小心地撬起。

② 如图7-8所示,旋出箭头所指的螺钉。

③ 卸下中央的饰板。

④ 将调节装置连同拉索从仪表板上拔出来。

⑤ 从调节装置上卸下拉索。

⑥ 拔出插接。

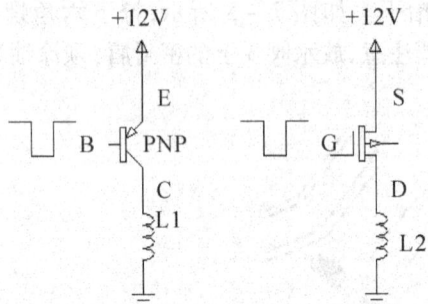
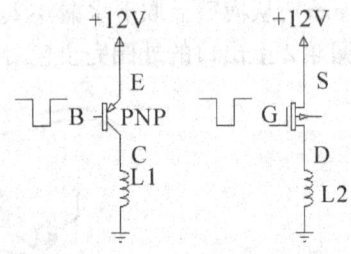

图7-7 拆卸暖风的饰板和衬里　　　图7-8 拆卸中央饰板

Ⅱ.暖风和空调调节装置的安装

拉索护套的端部有颜色标记。在安装前应检查拉索,更换不灵活或受到损伤的拉索。所有的活门在旋转钮部件须听到接触止挡的声音。

① 在拉索的端部绕圈,压到调节装置的杠杆上,如图7-9中箭头所示。

② 如图7-10所示,将脚部空间除霜器活门拉索或者中央活门1的拉索压到定位器2上面,直到卡紧为止。脚部空间/除霜器活门拉索的标记为白色。中央活门拉索的标记为黑色。

③ 如图7-11所示,将温度活门拉索1装到定位器中,如箭头B所示。

④ 温度活门拉索1旋转,直到在空气分配器壳体2中卡住,如箭头A所示。温度活门拉索的标记为红色。

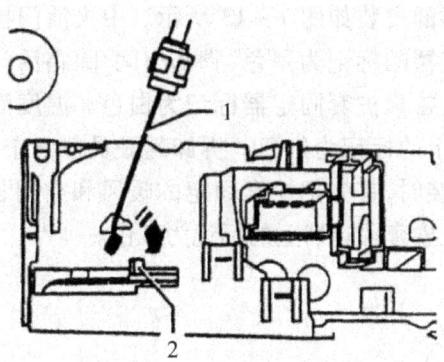

图 7-9 安装拉索

1. 拉索；2. 杠杆

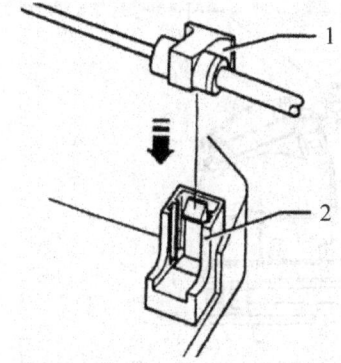

图 7-10 除霜器活门拉索的安装标记

1. 中央活门；2. 定位器

图 7-11 安装温度活门拉索

1. 活门拉索；2. 分配器壳体

(4) 暖风和空调的调节装置的装配

暖风和空调的调节装置的拆卸与装配如图 7-12 所示。

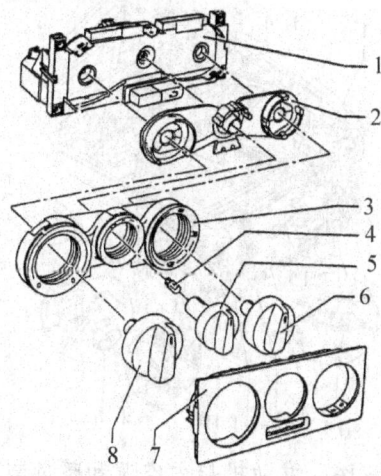

图 7-12 暖风和空调的调节装置

1. 暖风和空调的调节装置(带有空调装置的开关 E35，新鲜空气鼓风机的开关 E9，新鲜空气鼓风机和循环空气的开关 E184)；
2. 滤色器；3. 饰板；4. 新鲜空气调节装置照明灯 L16(12V/1.2W)；5. 旋钮(鼓风机转速用)；
6. 旋钮(用于空气分配器)；7. 饰板；8. 旋钮(用于内部温度)

105

暖风和空调装置拉索的安装如图7-13所示。中央活门拉索从空气分配器旋钮到中央活门。拉索护套固定器的标记为黑色,脚部空间/除霜活门拉索从空气分配器旋钮到脚部空间/除霜器活门,拉索护套固定器标记为白色。温度活门拉索从温度旋钮到温度活门,拉索护套固定器上的标记为红色。拆卸驾驶员侧方杂物盒时,撬出暖风和空调装置上的拉索;在进行安装时,首先把拉索固定的暖风和空调装置上。温度活门拉索从温度旋钮到温度活门在拉索套固定器上的标记为红色。

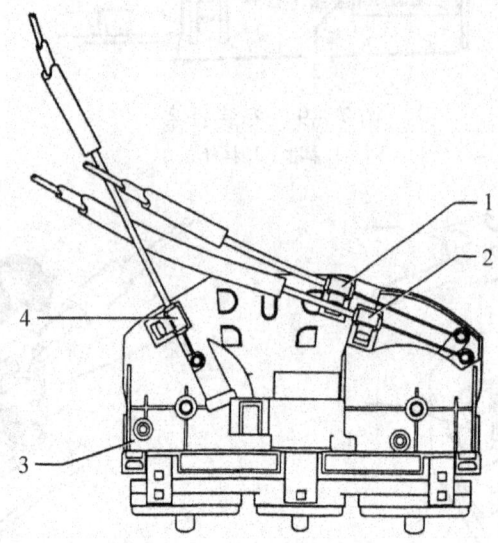

图7-13 暖风和空调拉索的安装
1.中央活门拉索;2.脚部空间/除霜器活门拉索;3.暖风和空调的调节装置;4.温度活门拉索

(5)空调和暖风装置(发动机舱)的维修

发动机舱内空调和暖风装置如图7-14所示。

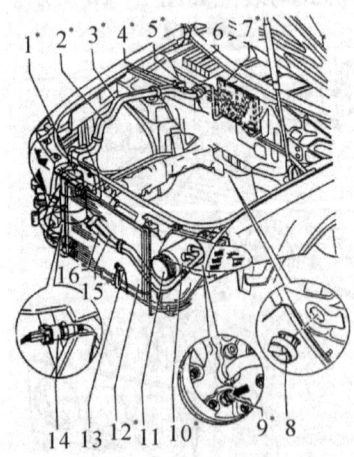

图7-14 发动机舱内空调和暖风装置
1.收集容器;2.制冷剂管(在蒸发器和搜集容器之间);3.制冷剂软管;4.抽吸和灌注阀(低压侧);
5.抽吸和灌注阀(高压侧);6.灰尘和花粉滤清器;7.蒸发器(在客厢中);8.放水阀;9.过压放泄阀;10.压缩机;
11.电磁离合器;12.冷凝器;13.外界温度开关F38;14.空调装置压力开关F129(拧紧力矩8 N·m);
15.制冷剂软管(在压缩机和搜集容器之间);16.制冷剂软管(在压缩机和冷凝器之间)

检查放水阀如图7-15所示。拧出催化转换器防护屏上的紧固螺母,取下催化转换器的防护屏。为确保放水阀功能完好,放水阀不允许粘住,放水阀活门上的孔必须向下。右侧催化转换器防护屏板在放水阀处不允许变形或损伤。

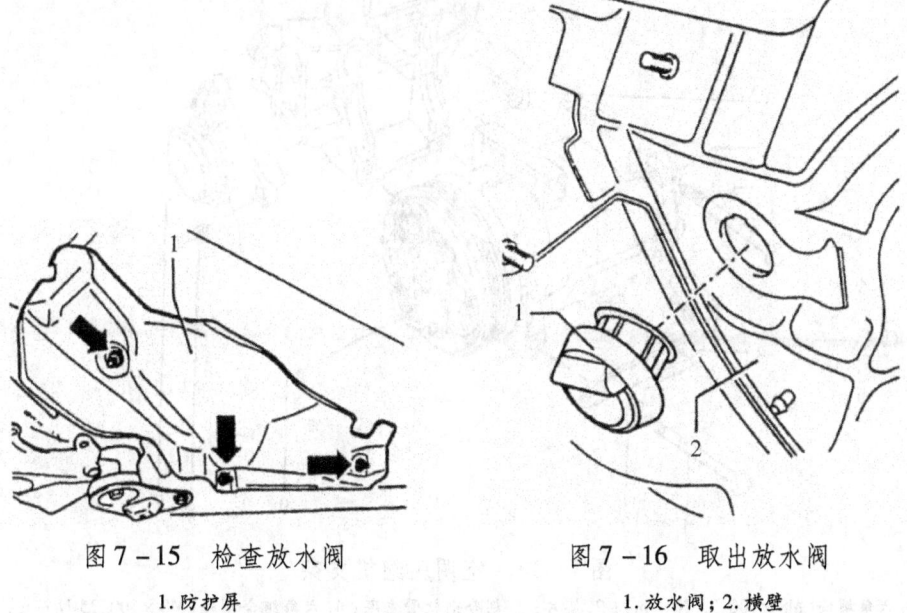

图7-15 检查放水阀　　　　　图7-16 取出放水阀
1.防护屏　　　　　　　　　　1.放水阀；2.横壁

如图7-16所示,从横壁2上取下放水阀1,放水阀的密封唇必须将放水漏斗的出口包严。

更换空调装置压力开关F129如图7-17所示。拆卸右侧的前照灯,拧出锁载体5和挡盖6之间的螺栓,如箭头所指(在挡盖6下面),拔下插接件1。为避免在松卸和紧固时损坏冷凝器接头4,必须用适当的工具旋紧六角螺母3,拧下空调装置2的压力开关。

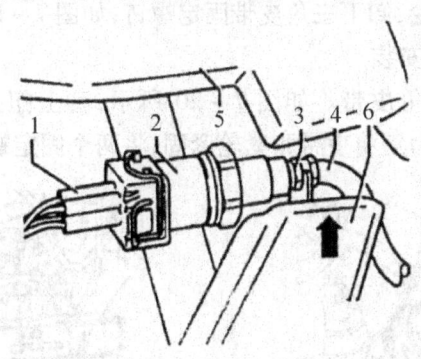

图7-17 空调装置压力开关
1.插接件；2.空调装置压力开关F129(8 N·m)；3.六角螺母；4.冷凝器接头；5.前盖锁载体；6.挡盖

(6)空调压缩机支架的拆卸和安装
① 空调压缩机支架的拆卸
空调压缩机支架的拆装方法如图7-18所示。拆卸时不必打开制冷剂管路,就可拆卸和安装压缩机支架及其所属的零部件。

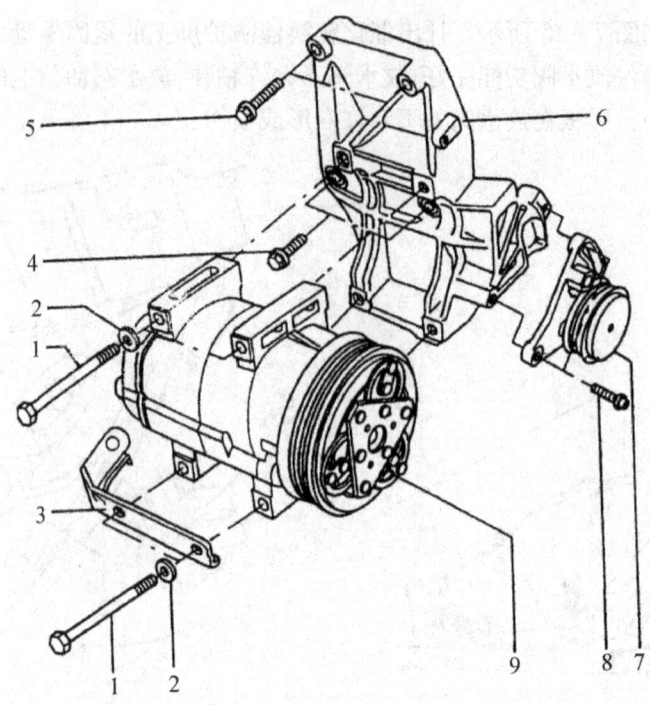

图 7-18 空调压缩机支架

1.六角螺栓(M8×100,25 N·m);2.垫片;3.制冷剂软管支架;4.六角组合螺栓(M8×100,25 N·m);
5.六角组合螺栓(M8×100,25 N·m);6.压缩机支架;7.张紧轮(用于三角皮带);
8.内六角组合螺钉(20 N·m);9.压缩机(带有电磁离合器 N25)

卸下三角皮带,将紧固螺栓拧出来,从支架上取下压缩机,并用适当的办法把它固定在车身上(例如用电焊丝)。从气缸体上拧下压缩机支架。

向前拉锁载体。在拆下三角皮带之前,须作好运转方向的记号,以便于安装。松开空调压缩机三角皮带张紧轮,卸下三角皮带固定螺钉,如图 7-19 所示。

② 空调压缩机支架的安装

套上空调压缩机的三角皮带。如图 7-20 所示,套上扭力扳手 V.A.G1331(5~50 N·m),用 25 N·m 的力矩将皮带张紧轮紧固,将两个固定螺钉用 20 N·m 拧紧。

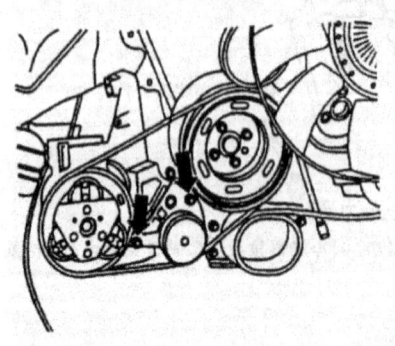

图 7-19 拆卸空调压缩机张紧轮

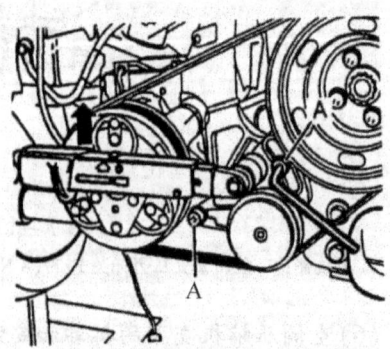

图 7-20 空调压缩机张紧轮

(7) 电磁离合器 N25 的修理

维修电磁离合器所需的专用工具有双孔螺母扳手 3212 和电磁离合脱卸器 V. A. G1719、V. A. G1719/1、V. A. G1719/2,如图 7-21 所示。另外还有 V. A. G1331 扭力扳手(5~50 N·m)、常见的双臂脱卸器(例如 KUKKO20-10,带钩,100 mm 深)和塞规等。

在对电磁离合器进行修理时,不必将制冷剂循环打开。只有在特殊的情况下,才可在压缩机不卸下来的情况下对电磁离合器进行修理工作。如果必须将压缩机卸下来,制冷剂须用 V. A. G1885 抽吸出来。在电磁线圈中装有过热保险丝,一旦电磁离合器过热,过热保险丝可立即切断电磁线圈,例如压缩不灵活时,可进行此操作。

电磁离合器 N25 的结构如图 7-22 所示。

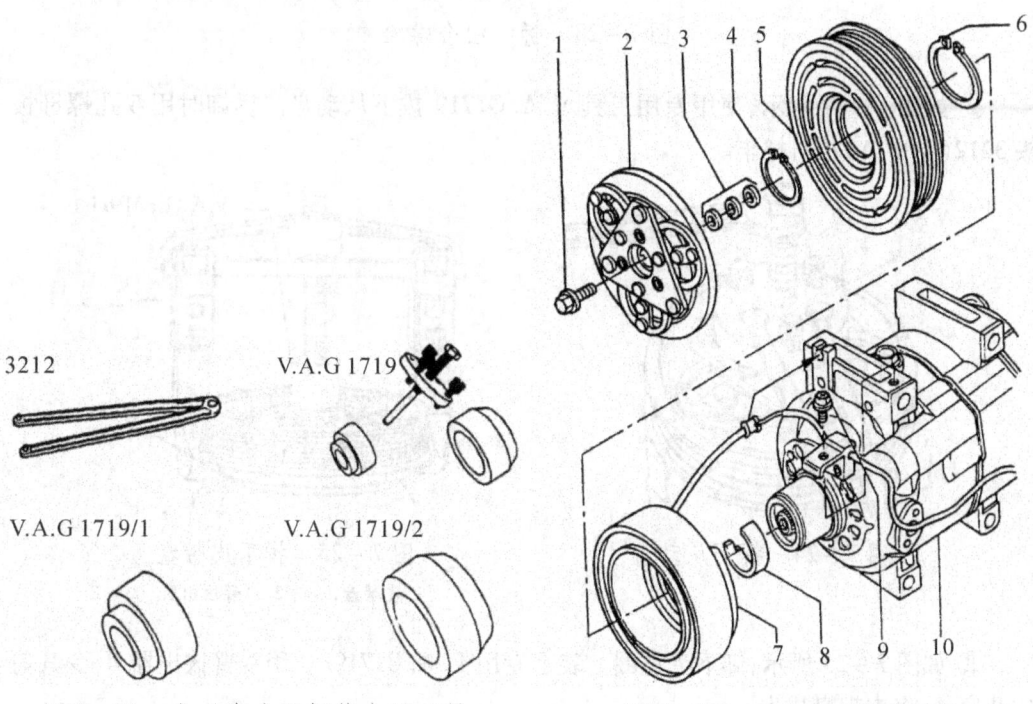

图 7-21 电磁离合器拆装专用工具　　图 7-22 电磁离合器的结构

1.六角组合螺钉(15 N·m);2.离合器从动盘;3.间隔片(调整离合器从动盘到皮带盘之间的间隙);4.卡圈(平的一面朝向压缩机);5.皮带盘;6.挡圈(平的一面朝向压缩机);7.电磁线圈;8.毛毡圈;9.螺;10.压缩机

电磁离合器 N25 的拆装步骤和方法如下:

① 如图 7-23 所示,拧出六角组合螺栓,六角组合螺栓拧紧力矩为 15 N·m。拆卸时可采用双孔螺母 3212(图中 A)相对把牢,插销的直径为 4 mm。

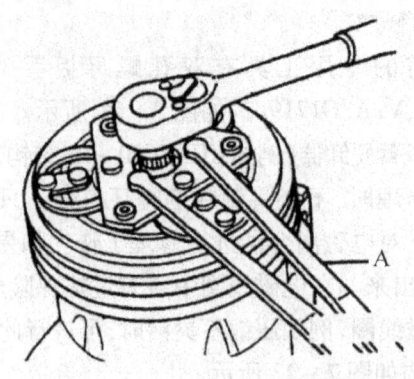

图 7-23 拆装组合螺栓

② 如图 7-24 所示，使用专用工具 V.A.G1719 拔下从动盘。拆卸时用双孔螺母板头 3212（图中 A）相对把牢。

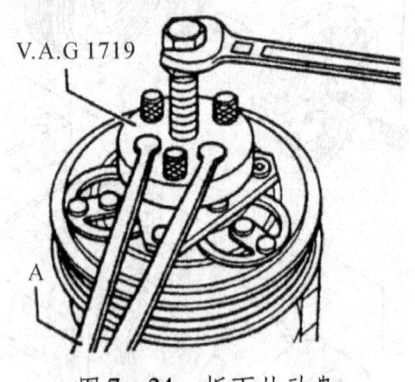

图 7-24 拆下从动盘

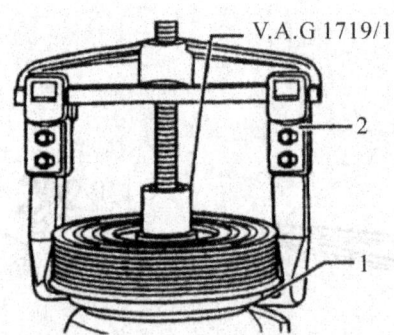

图 7-25 拔下皮带盘
1.皮带盘凸肩；2.双臂拔出器

③ 如图 7-25 所示，卸下毛毡圈。装上专用 V.A.G1719/1，用双臂拔出器 B，令其勾住凸肩 A，将皮带盘拔出。

④ 装上皮带盘。如图 7-26 所示，用专用工具 V.A.G1719/2 和塑料榔头将皮带盘装上（敲上去）。

⑤ 装上电磁线圈。如图 7-27 所示，将电磁线圈套到压缩机上。将定位销插到孔 A 中。

⑥ 检查间隙尺寸。如图 7-28 所示用塞规进行检查，在整个圆周上，间隙尺寸必须处在给定的公差范围内（0.3～0.6 mm）。如果间隙尺寸超出公差范围，卸下从动盘，用增减间隔片来调整间隙尺寸。

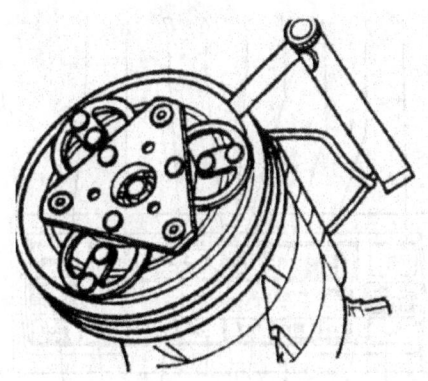

图 7-26 安装皮带盘

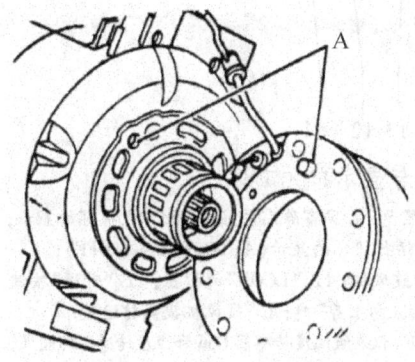

图 7-27 安装电磁线圈

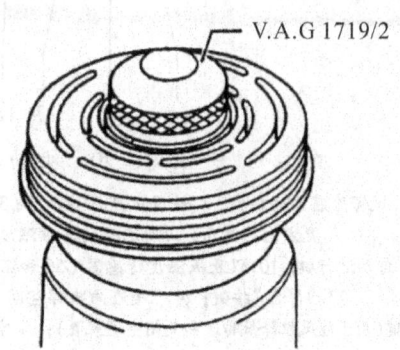

图 7-28 检查间隙尺寸

7.6.1.4 自动调节的空调装置的维修

在仪表板上,按键"AUTO"("自动调节"),一切原有的与自动调节工况不符的调定参数全部复原。在 ECON 工况,仅压缩机被关闭,暖风和通风仍保持由控制单元控制。在熄火之前被自动调节所控制的,所选择的功能可持久存储。只有"循环空气工况"将在熄火 20 min 后被擦去。在点火开关接通之后,如果所有的标志在自动空调操作与显示单元 E87 的显示区中闪烁,就说明该装置中存在故障。在此情况下,先查询故障代码并排除故障。

(1) 自动空调操作与显示单元 E87 的功能

自动空调操作单元 E87 的功能如图 7-29 所示。如果行车的速度低于 15 km/h,制冷剂的温度又高于 70℃,所显示的值就不再变化。此时所显示的不是实际测量的外界温度,而是由于发动机的残余热,造成低速下测得的外界温度失真。在自动运行时,不论实际转速如何,其挡位显示器总是显示中间一档。

(2) 自动空调装置(车厢内)

车厢内自动空调装置结构如图 7-30 所示。

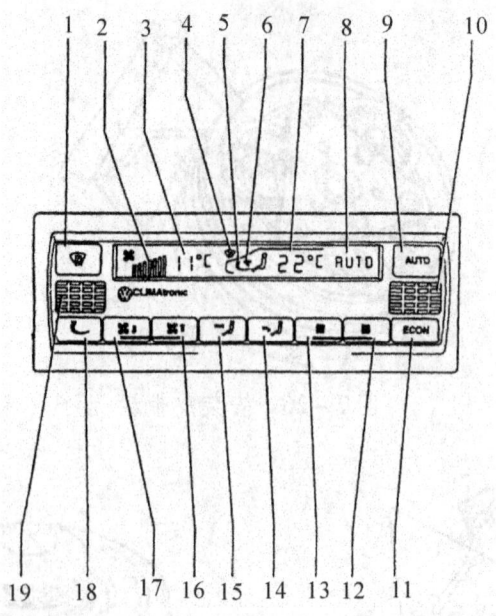

图 7-29　自动空调操作与显示单元 E87

1.风窗除霜器的按键；2.鼓风机挡位显示器；3.外界温度显示；4.风窗除霜的显示；5.空气循环的显示；
6.气流方向的显示；7.所选择的车厢温度的显示；8.运行状态的显示(AUTO,ECON 或 OFF)；
9.自动运行键；10.仪表板温度传感器 G56 和温度传感器的鼓风机；11."ECON"的按钮；12."升温"按键；
13."降温"按键；14."气流向脚部空间"键；15."气流向上身"键；16.鼓风机提高转速键；
17.按键(用于鼓风机降低转速和关闭空调装置)；18.空气循环键；19.仪表板温度传感器 G56 和温度传感器的鼓风机 V42

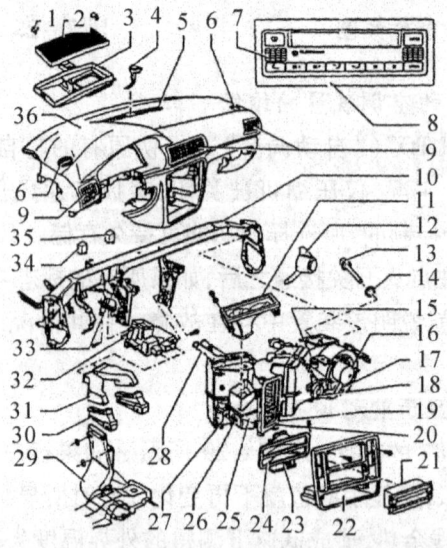

图 7-30　乘员车厢自动空调零件图

1.夹子；2.灰尘和花粉滤清器；3.抽吸接套；4.阳光入射光电传感器 G107；5.除霜器喷嘴；6.针对侧窗玻璃的出风口；
7.仪表板温度传感器 G56 及带有针对温度传感器的鼓风机 V42；8.操作和显示单元 E87；9.出风口；10.仪表板横梁；
11.除霜器中间件；12.放水漏斗；13.新鲜空气吸气道温度传感器 G89；14.密封圈；15.风滞压力活门伺服电机 V71；
16.新鲜空气鼓风机 V2；17.鼓风机控制单元 J126；18.杂物箱冷却出风口；19.温度活门伺服电机 V68；
20.中央活门的伺服电机 V70；21.空调的控制单元 J255；22.中央饰板；23.中央出风温度传感器 G191；24.中间件；
25.分配箱和蒸发器壳体；26.脚部空间出风温度传感器 G192；27.脚部空间活门/除霜器活门的伺服电机 V85；
28.热交换器*；29.左后通道；30.下部连接件；31.上部连接件；32.脚部空间出风口；
33.仪表板横梁和左边侧梁的紧固螺栓；34.继电器；35.电磁离合器继电器；36.仪表板

Ⅰ. 脚部空间出风温度传感器 G192 的拆卸和安装（如图 7-31 所示）

① 脚部空间出风温度传感器 G192 的拆卸。拆卸驾驶员侧杂物箱，拔去脚部空间出风温度传感器 G192 的插头。将脚部空间出风温度传感器 2 扭转 90°后从壳体 1 中拔出来。

② 脚部空间出风温度传感器 G192 安装时应在橡胶密封圈上涂机油。

Ⅱ. 杂物箱冷却出风口的拆卸和安装（如图 7-32 所示）

① 杂物箱冷却出风口的拆卸。卸去副驾驶员侧杂物盒，拧出紧固螺栓 5。将出风口 4 从分配器箱和蒸发器壳体 2 的导向夹板中拔出来。拔掉冷风软管 1。

② 杂物箱冷却出风口的安装。密封圈 3 如果损伤就需要更换。在安装时应注意让定位钩进入分配器箱和蒸发器壳体上的导向夹板中（图中箭头所示）。

Ⅲ. 中央出风口温度传感器 G191 的拆卸（如图 7-33 所示）

拆卸收音机，拆卸控制单元 J255，拆卸中央饰板。拔下中央出风口温度传感器 G191 上的插头 2。将中央出风口温度传感器 1 旋转 90°（见箭头），并从壳体 3 中拔出。

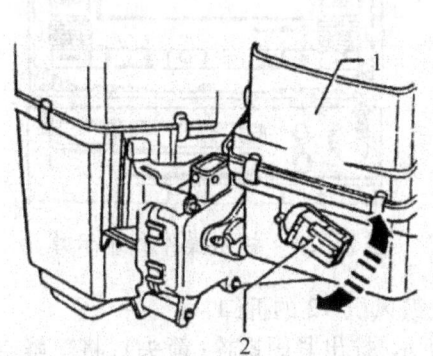

图 7-31　拆装脚部出风温度传感器
1. 壳体；2. 出风温度传感器

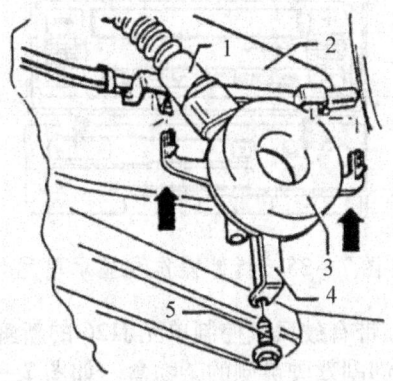

图 7-32　拆装杂物箱冷却出风口
1. 冷风软管；2. 蒸发器壳体；3. 密封圈；
4. 出风口；5. 紧固螺栓

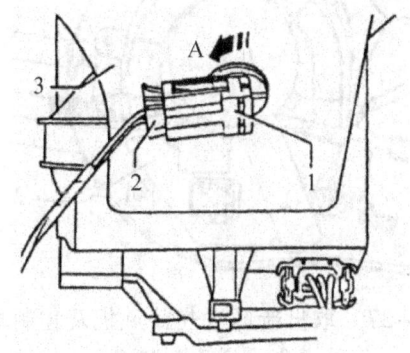

图 7-33　拆卸中央出风口温度传感器
1. 中央出风口温度传感器；2. 插头；3. 壳体

Ⅳ. 阳光入射光电传感器 G107 的拆卸

如图 7-34 所示，用螺丝刀从侧面将阳光入射传感器 1 撬出来。

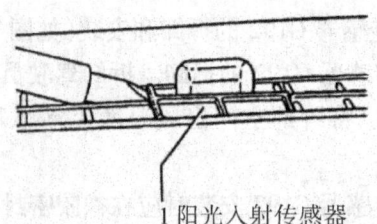

图 7-34　拆阳光入射光电传感器
1—阳光入射传感器

Ⅴ. 带有控制单元 J255 的操作和显示单元 E87 的拆卸和安装

如图 7-35 所示，将操作和显示单元用螺丝刀及垫块撬出来。如图 7-36 所示，从面板上拧出箭头所指的螺栓，将操作和显示单元连同控制单元向前拔。去除插接件的保险并将其拔下，将操作的显示单元连同控制单元拔出来。

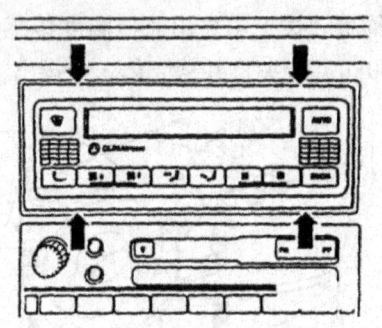 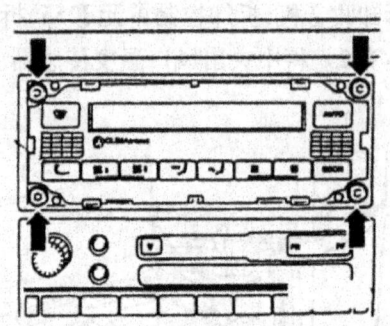

图 7-35　拆卸操作和显示单元　　　图 7-36　拔出操作和显示单元

Ⅵ. 带有鼓风机控制单元 J126 的新鲜空气鼓风机 V2 的拆卸

拆卸副驾驶员侧的杂物盒。如图 7-37 所示，拧出紧固螺栓（箭头），将新鲜空气鼓风机连同鼓风机控制单元 2 从壳体 1 中取出。

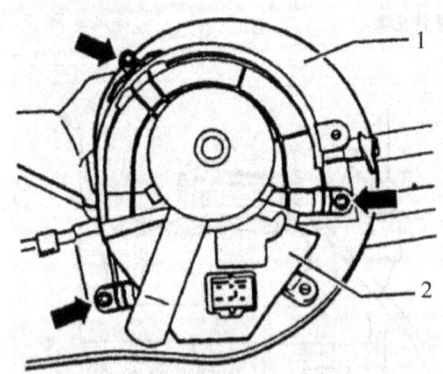

图 7-37　取出新鲜空气鼓风机及控制单元
1. 壳体；2. 鼓风机控制单元

将鼓风机控制单元 J126 从新空气鼓风机 V2 上取下来。如图 7-38 所示，拧出图中箭头所示紧固螺栓。如图 7-39 所示，抓紧控制单元 3 并向前取出箭头 B。拔下插接件 1。如图 7-40 所示，将新鲜空气鼓风机连同鼓风机控制单元 2 放到壳体 1 中并将螺栓拧紧（箭头所指）。

在安装鼓风机控制单元 J126 时，请注意以下两点：① 为了保持新鲜空气鼓风机叶轮 2 与壳体 4 之间有一定空隙，沿图 7-39 中箭头 A 的方向，将两个零件小心地拉开。② 将控制单元 3 放到壳体 4 中并将螺栓拧紧。

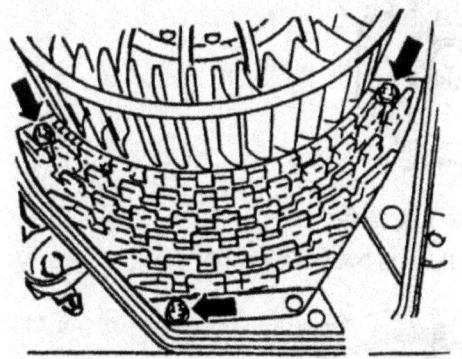

图 7-38　拆卸鼓风机紧固螺栓

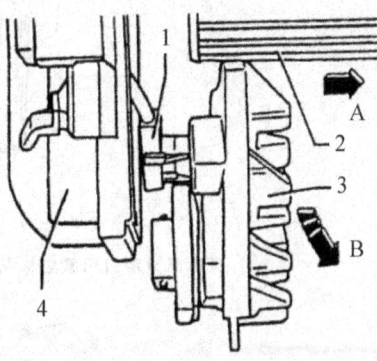

图 7-39　拆卸鼓风机控制单元

1.插接件；2.叶轮；3.控制单元；4.壳体

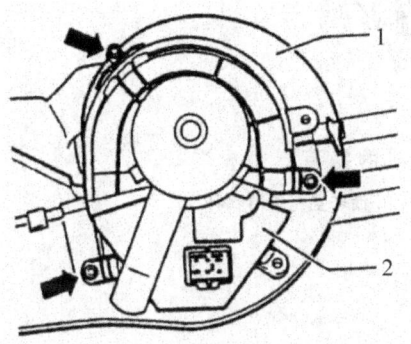

图 7-40　安装鼓风机控制单元

1.伺服电机；2、3.杠杆

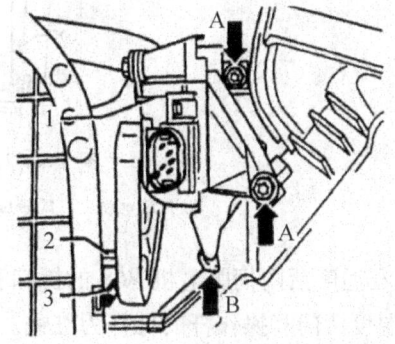

图 7-41　拔出伺服电机

1.壳体；2.控制单元

Ⅶ. 空调调节伺服电机的更换

① 风滞压力活门伺服电机 V71 的拆卸的安装

a. 拆卸：卸下仪表板。将仪表板横梁从横壁上脱开。将分配器箱和蒸发器壳体抬起来，用一面镜子在副驾驶员侧分配器箱和蒸发器壳体后面照着。如图 7-41 所示，将紧固螺栓（TORX T15）拧出来（箭头 A 所指），拔掉插接件，向下拔出伺服电机。b. 安装和调整：在安装伺服电机时，注意杠杆与承装盘之间配合关系要正确。如图 7-42 所示，插上插接件。如图 7-43 所示，将伺服电机 1 装到箭头 B 所指的导轨中。根据伺服电机的位置状态，须用手动方式，使风滞压力活门和循环空气活门的杠杆到位。把活动的杠杆 2 和 3 装到承装盘的导轨中，然后用 V.A.G1551 进行初始设置 04 功能。

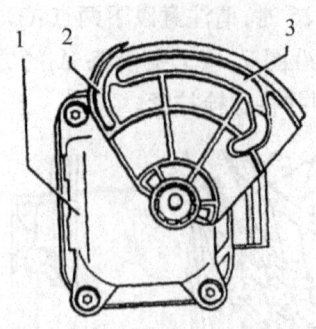

图 7-42 插上插接件

1.风滞压力活门伺服电机V71；2.塑料杠杆的导轨；3.金属杠杆的导轨

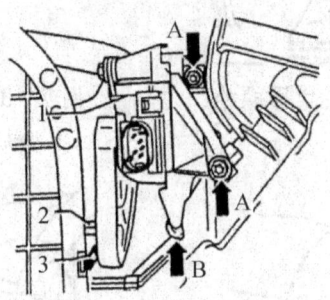

图 7-43 伺服电机的安装

1.伺服电机；2.风滞压力活门杠杆；3.循环空气活门杠杆

② 温度活门伺服电机 V68 的拆卸和安装

温度活门和操作杆的杠杆为红色。

a. 拆卸：拆卸仪表板以及灰尘和花粉滤清器。将仪表板横梁从横壁上脱开，并将分配器箱和蒸发器壳体抬起来。拆卸脚部空间出风口和中央活门伺服电机。

如图 7-44 所示，拧出箭头 A 所指的紧固螺栓（TORX T15）。用一把螺丝刀将操纵杆 1 小心地从杠杆上（箭头 B）撬下来。旋转操纵杆 1（箭头 C），并把它从伺服电机 2 上取下来，拔去插接件，取出伺服电机。

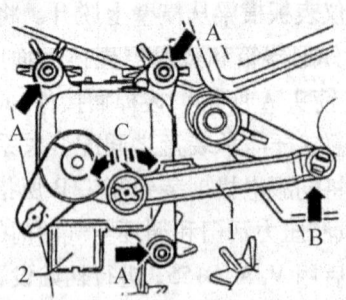

图 7-44 拆卸活门伺服电机

1.操纵杆；2.伺服电机

b. 安装和调整：用 V. A. G1551 进行初始设置功能。

③ 中央活门伺服电机 V70 拆卸和安装

中央活门和操作杆为蓝色。

a. 拆卸：拆卸仪表板，将仪表板横梁从横壁上脱开。将分配器箱和蒸发器壳体抬起来。拆卸脚部空间出风口，如图7-45所示，拧出箭头A所指的紧固螺栓（TORX T15），用一把螺丝刀小心地将操纵杆2从杠杆上（箭头B）撬出来。旋转操纵杆2（箭头C），并把它从伺服电机1上取下，拔去插接件，取出伺服电机。

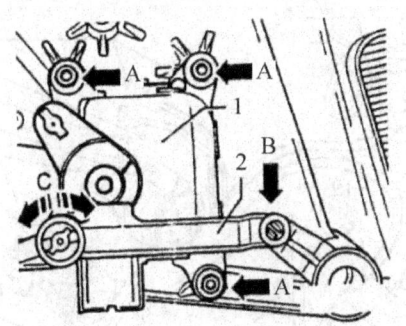

图7-45　拆卸中央活门伺服电机

1.伺服电机；2.操纵杆

b. 安装和调整：用V.A.G1551进行04-基本设置功能。

④ 脚部空间活门和除霜器活门伺服电机V85的拆卸和安装

a. 拆卸：拆卸仪表板，将仪表板横梁从横壁上脱开。将分配器箱和蒸发器壳体抬起来。如图7-46所示，拧出箭头A所指的紧固螺栓（TORX T15），从壳体上取下伺服电机3。如图7-47所示，拔掉插接件1，旋转操作杆2从而取下伺服电机3。

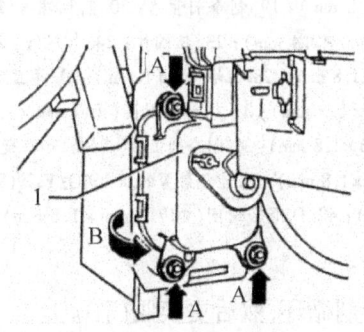 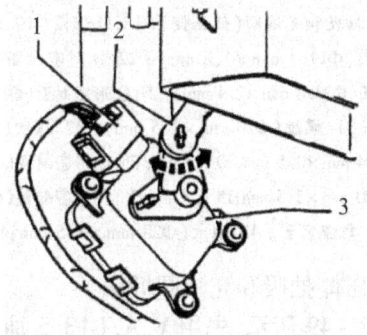

图7-46　拆卸伺服电机　　　图7-47　取出伺服电机

1.伺服电机　　　　　1.插接件；2.操作杆；3.伺服电机

b. 安装和调整：用V.A.G1551进行04-初始设置功能。

7.6.1.5　制冷剂循环的维修

(1) 制冷剂循环组件的维修

制冷剂循环管路的所有拆开的零部件，为防止潮气进入，须有适当的塞堵封闭。制冷剂循环用的O形密封圈是黑色的或彩色的。

制冷剂循环组件结构如图7-48所示。

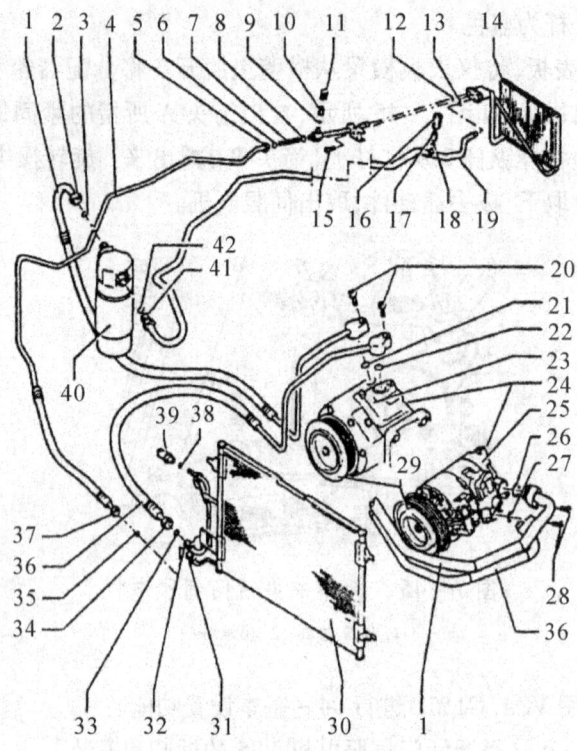

图7-48 制冷剂循环组件零件图

1.制冷剂软管(在压缩机和集流容器之间);2.螺纹($\Phi 28\times 1.5$ mm,40 N·m);3. O形密封圈($\Phi 17.2$ mm×1.8 mm);4.制冷剂软管(在蒸发器和冷凝器之间);5.螺纹($\Phi 20$ mm×1.5 mm,15 N·m);6. O形密封圈($\Phi 10.8$ mm×1.8 mm);7.节流阀;8. O形密封圈($\Phi 7.5$ mm×1.5 mm);9. O形密封圈($\Phi 10.8$ mm×1.8 mm);10.抽吸和充液阀(高压侧);11.护帽;12. O形密封圈($\Phi 10.8$ mm×1.8 mm);13. O形密封圈($\Phi 17.2$ mm×1.8 mm);14.蒸发器;15.内六角螺栓(10 N·m);16.护帽;17.抽吸和充液阀(低压侧);18. O形密封圈($\Phi 7.6$ mm×1.8 mm);19.制冷剂管路;20.圆柱螺栓(25 N·m);21. O形密封圈($\Phi 11.1$ mm×1.8 mm);22. O形密封圈($\Phi 23.8$ mm×2.4 mm);23.压缩机;24.卸压阀;25.压缩机;26. O形密封圈($\Phi 23.8$ mm×2.4 mm);27. O形密封圈($\Phi 11.1$ mm×1.8 mm);28.柱螺栓(25 N·m);29.电磁离合器N25;30.冷凝器;31.螺纹($\Phi 20$ mm×1.5 mm);32.螺纹($\Phi 24$ mm×1.5 mm);33. O形密封圈($\Phi 14$ mm×1.8 mm);34.螺纹($\Phi 24$ mm×1.5 mm,30 N·m);35. O形密封圈($\Phi 10.8$ mm×1.8 mm);36.制冷剂软管(压缩机和冷凝器之间);37.螺纹($\Phi 20$ mm×1.5 mm,15 N·m);38. O形密封圈($\Phi 7.6$ mm×1.8 mm);39.空调装置的压力开关F129(8 N·m);40.集流容器;41.螺纹($\Phi 28$ mm×1.5 mm,40 N·m);42. O形密封圈($\Phi 17.2$ mm×1.8 mm)

① 低压侧抽吸和充液阀拆卸

如图7-49所示,先用V.A.G1885抽气制冷剂循环,然后更换阀门3。

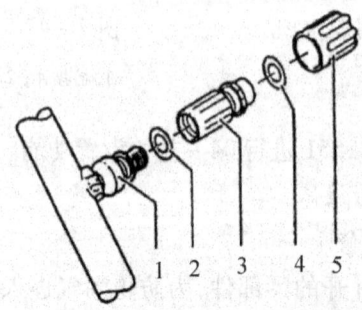

图7-49 低压侧抽吸和充液阀的拆卸

1.带有外螺纹和O形圈槽的管座;2、4. O形密封圈($\Phi 7.6$ mm×1.8 mm);3.抽吸和充液阀;5.帽

② 高压侧抽吸和充液阀的拆卸

如图 7-50 所示,制冷剂用 V. A. G1885 抽吸,然后更换阀门 3。

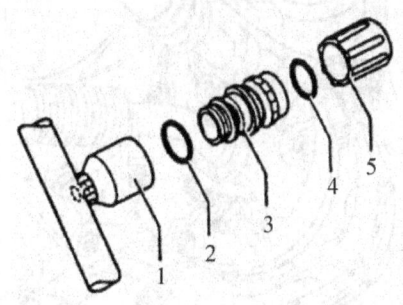

图 7-50 高压侧抽吸和充液阀的拆卸

1. 带有内螺纹的管座;2、4. O 密封圈(Φ10.8 mm×1.8 mm);3. 抽吸充液阀(带有槽和内螺纹);5. 帽

③ 集流容器的功能

为了使压缩机仅仅吸取气态的制冷剂,因此从蒸发器出来的蒸气和气体的混合物由集流容器收集,蒸汽变为气态的制冷剂。因为没有机油吸出孔,在循环中跟着一起流动的制冷剂机油不会留在于集流容器中,如图 7-51 所示。

制冷剂循环管路每打开一次都须更换集流容器。临到安装时才将塞堵 A 和 B 取下,因为在不封闭的集流容器中,干燥袋会很快因饱和吸湿而失去作用。在安装时进入制冷剂循环管路的湿气,由容器中的干燥袋捕集。

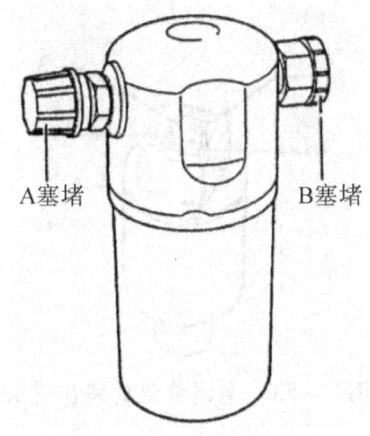

图 7-51 集流容器

(2) 压缩机上卸压阀的检查

压缩机上卸压阀是为了保护制冷剂循环管路免受过高的压力。

检查方法如图 7-52 所示。

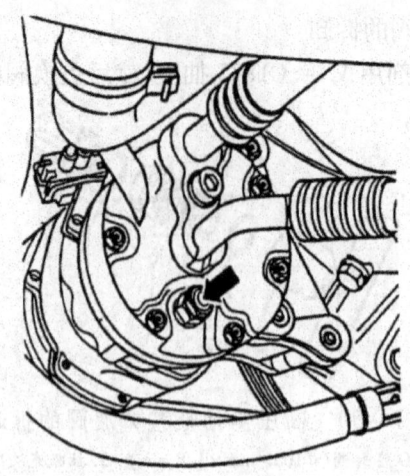

图7-52　检查压缩机上的卸压阀

(3) 空调装置的按压开关的检查

将按压开关拆下来,可以不把制冷剂从制冷剂循环管路中抽吸出来,目视检查O形密封圈(Φ10.8 mm×1.8 mm)应处在槽中。

如图7-53所示,在插座中1和2之间的开关件中,当制冷剂循环压力太高时或者当制冷剂循环的充液量不足时,它可使电磁离合器N25关闭;3和4之间的开关件,在制冷剂循环中压力升高时使得冷凝器风扇V7进入高一挡的运转挡位(通过冷凝器风扇的控制单元J293)。

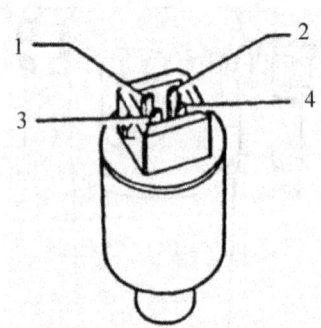

图7-53　空调装置的按压开关

(4) 在空调装置压力开关F129上进行空调性能的评价

为了评价空调装置性能好坏,在空调装置安装的条件下进行下例试验:

① 检验空调装置的充液状态,如果压力太低空调装置会被关掉(例如制冷剂泄漏)。

② 检验风扇的开关,如果制冷剂循环管路压力太高的话(过压),冷凝器风扇V7的运转挡位会被提高一挡。

③ 检验空调装置的关闭,当压力太高时(例如当发动机冷却不足即发动机温度太高时),空调装置被关闭。

7.6.1.6　节流阀的拆卸和安装

(1) 拆卸

① 将制冷剂用V.A.G1885抽吸。

② 如图7-54所示,旋松A螺纹,拧紧力矩15 N·m。

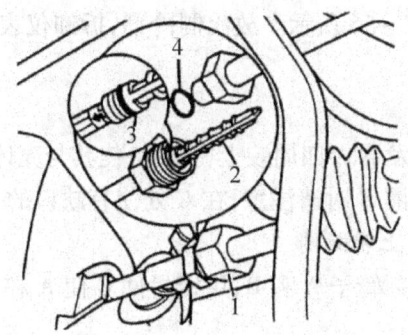

图7-54 拆卸节流阀

1.螺母;2.节流阀;3.O形密封圈(Φ7.5 mm×1.5 mm);4.O形密封圈(Φ10.8 mm×1.8 mm)

③ 断开制冷剂的管路。
④ 用一把尖嘴钳从制冷剂管路中取出节流阀B。
⑤ 封闭打开的接头。

(2)安装

① 将节流阀装到制冷剂管路的正确位置中。节流阀上的箭头表示流向。
② 没有应力的将制冷剂管路装上。

(3)节流阀的功能

节流阀就是颈瓶口,它阻碍流通,从而将制冷剂回路分为高压和低压两部分。在节流阀之前,高压下制冷剂温度高;在节流阀之后,低压下的制冷剂温度低。在节流阀,有一滤网用来挡住脏物,在节流阀之后也有一个网,使制冷剂在进入蒸发器之前先分散。

7.6.1.7 冷凝器的拆卸和安装

冷凝器的结构如图7-55所示。先用V.A.G1885将制冷剂抽吸出来,脱开冷凝器上的制冷剂管并将其封闭,拆去保险杠。

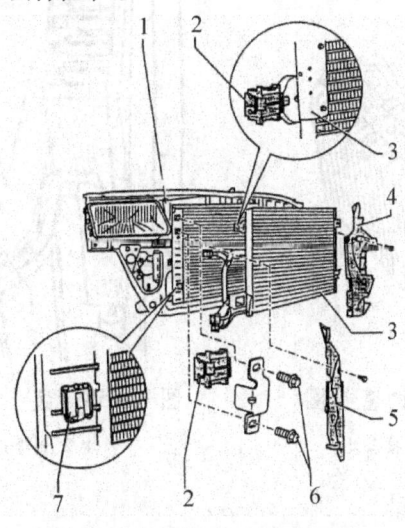

图7-55 冷凝器的结构图

1.锁载体;2.橡胶管口上部;3.冷凝器;4.左侧导风件;5.右侧导风件;6.六角组合螺栓(8N·m);7.橡胶管口下部

7.6.1.8 蒸发器壳体的拆卸和装配

蒸发器壳体结构如图7-56所示。放出制冷剂,拆卸仪表板,松开仪表板横梁,拆除暖风和空调装置。

(1)装上蒸发器的密封圈

如图7-57所示,在蒸发器A四周装上密封B,使其与壳体之间密封。为使冷凝水能顺利地流下来,在安装密封圈B时请注意,在C处使有缺口的一面朝着蒸发器。

(2)蒸发器的接头处装上密封圈

如图7-58所示,制冷剂管子A和B,用密封件C使A和B与两个半壳之间密封。

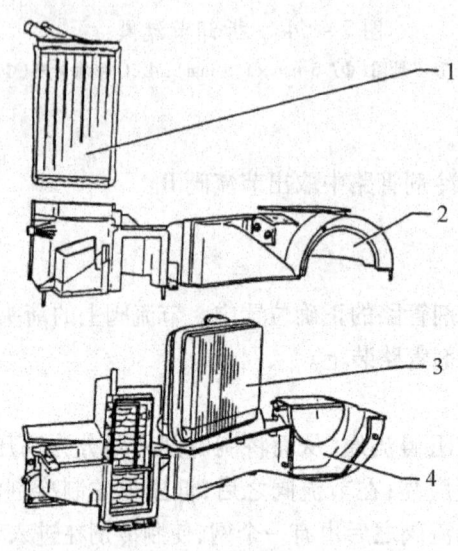

图7-56 蒸发器壳体

1.热交换器;2.壳体上部(带有新鲜空气和循环空气活门);3.蒸发器;4.壳体下部

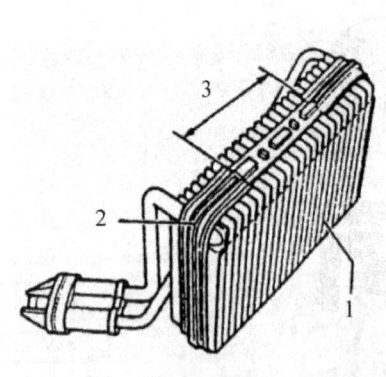

7-57 装上蒸发器的密封圈

1.蒸发器;2.密封圈;3.接合处

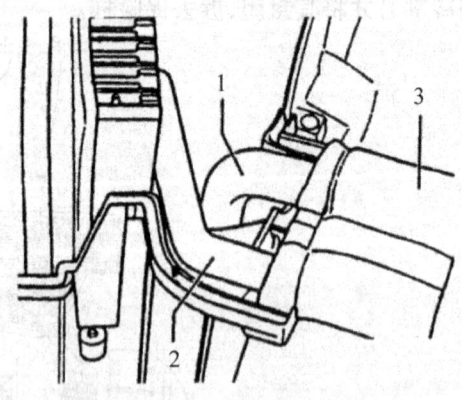

图7-58 装上蒸发器接头处密封圈

1、2.制冷剂管子;3.密封圈

7.6.2 暖风装置的维修

7.6.2.1 暖风装置的结构

在所有电气设备进行修理工作之前,先调取收音机的防盗密码,然后将蓄电池的接地线断开。在重新接上蓄电池的时候要对汽车的电气设备(收音机、时针、电动摇窗机)进行检验。

暖风装置的结构如图 7-59 所示。

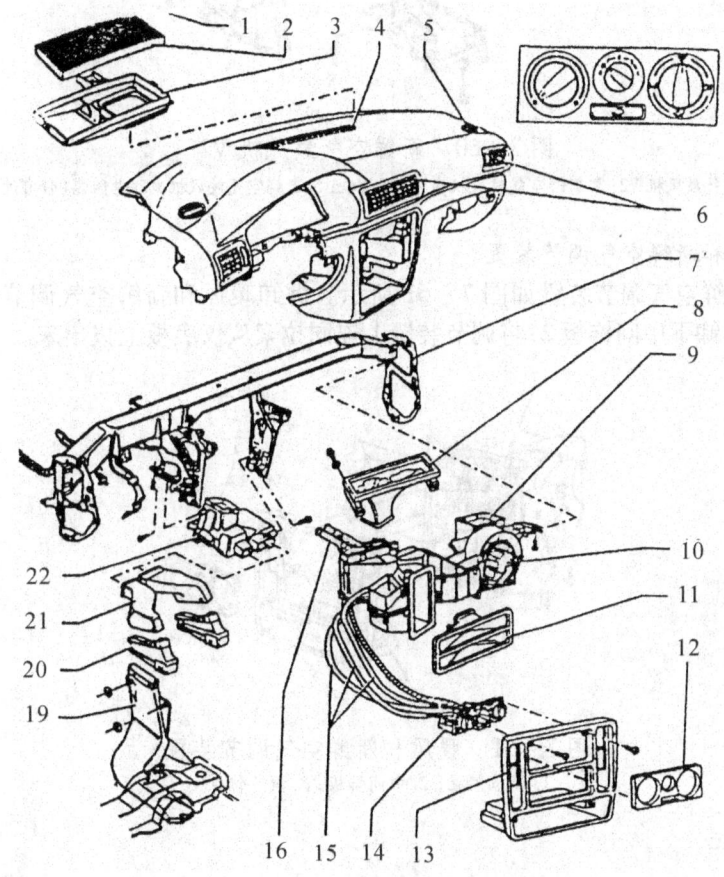

图 7-59　暖风装置零件图

1.夹子；2.灰尘和花粉滤清器；3.吸气罩；4.除霜喷嘴；5.侧窗出风口；6.出风口；7.仪表板横梁；8.除霜器中间件；9.暖风装置；10.新鲜空气鼓风机 V2；11.中间件；12.调节饰板；13.中间饰板；14.暖风和新鲜空气的调节；15.拉索；16.热交换器；17.后座左侧通道；18.下方的连接件；19.上方的连接件；20.脚部空间出风口

(1) 新鲜空气鼓风机

新鲜空气鼓风机 V2 如图 7-60 所示,拆卸新鲜空气鼓风机时,先拆卸副驾驶侧的杂物盒,然后拆下鼓风机。

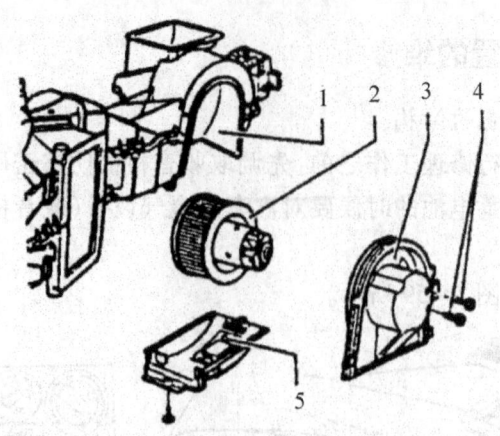

图 7-60　新鲜空气鼓风机 V2

1.暖风机；2.新鲜空气鼓风机 V2；3.新鲜空气鼓风机壳体；4.螺栓；5.新鲜空气鼓风机串联电阻器（带有过热保险丝）N24。

（2）暖风和新鲜空气调节装置

暖风和新鲜空气调节装置如图 7-61 所示。拆卸暖风和新鲜空气调节装置推下暖风调节饰板 3；卸下中间饰板 2；将调节装置 1 连同拉索从仪表板上拔出来。

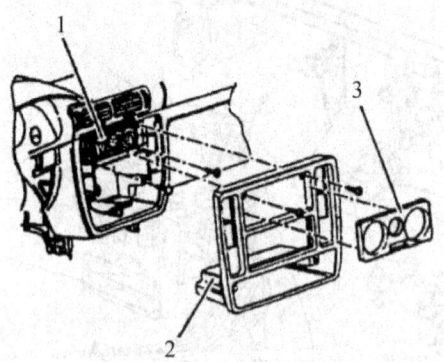

图 7-61　暖风和新鲜空气调节装置

1.调节装置；2.中间饰板；3.调节饰板

（3）出风口

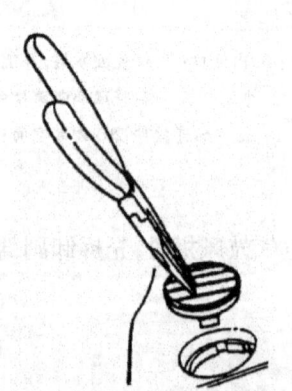

图 7-62　拆卸对侧窗边的出风口

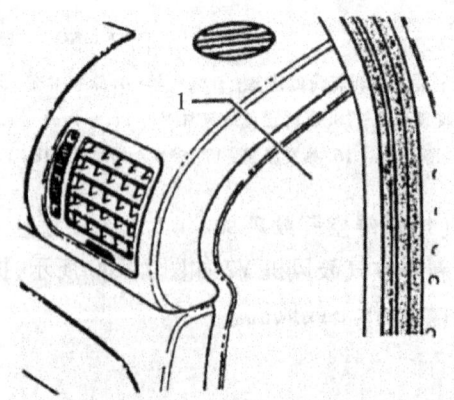

图 7-63　拆卸盖板

1.盖板

a. 对侧窗边的出风口如图 7-62 所示，拆卸时可用钳子拔出侧窗边的出风口。

b. 驾驶员侧和副驾驶员侧的出风口如图 7-63 所示，拆卸方法与上述是一样的，只是换了一个侧面，仪表板侧面的盖板 1 要用适当的螺丝刀撬开来后取出。

如图 7-64 所示，将一把适用的一字螺丝刀，交替通过侧面的孔 A 和 B 插入出风口与密封件之间，用螺丝刀交替沿 C 的方向向外撬出水平出风口 2。

如图 7-65 所示，在沿着 C 的方向取出出风口 2 时，分开背面的插接器 3。

c. 拆卸中央出风口的方法如下：

如图 7-66 所示，双手的手指放到最下面的横条 A 上，用力往下压中央出风口 1，使定位钩 B 从其固定位上脱开。

如图 7-67 所示，中央出风口 1 被从仪表板上拔出一点后，两手就抓在 C 点上。沿着 D 的方向压中央出风口，使下方的定位钩脱开，然后将出风口稍拔出一点。

如图 7-68 所示，在沿箭头号方向取出出风口之前，先将背面中央出风口的插接器分开。

图 7-64　拆卸水平出风口

1. 壳体；2. 水平出风口；3、4 出风口

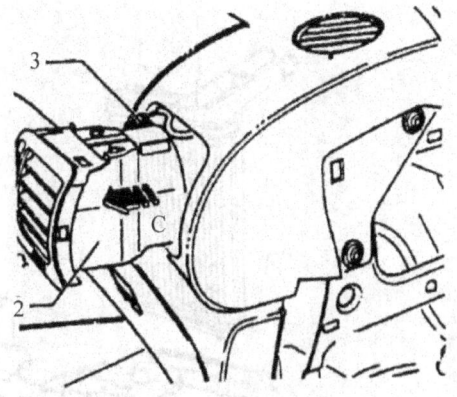

图 7-65　取出出风口

1. 盖板；2. 出风口；3. 插接器

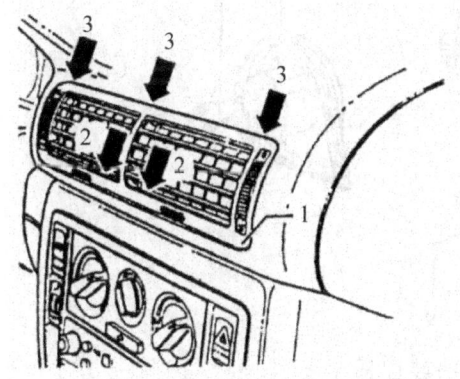

图 7-66　拆卸中央出风口

1. 中央出风口；A. 横条；B. 定位钩

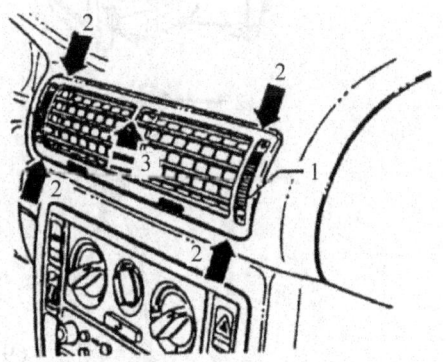

图 7-67　拔出中央出风口

1. 中央出风口；C. 夹持处；D. 移动方向

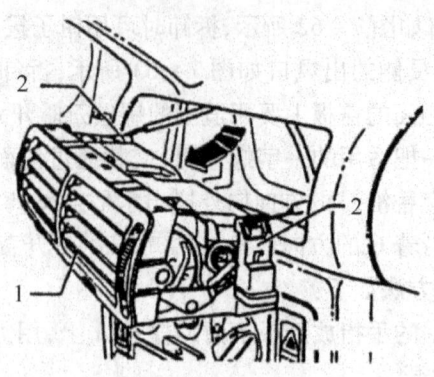

图 7-68 分开中央出风口插接器
1. 中央出风口；2. 插接器

7.6.2.2 暖风装置的拆卸和装配

暖风装置的拆卸与装配总图如图 7-69 所示。

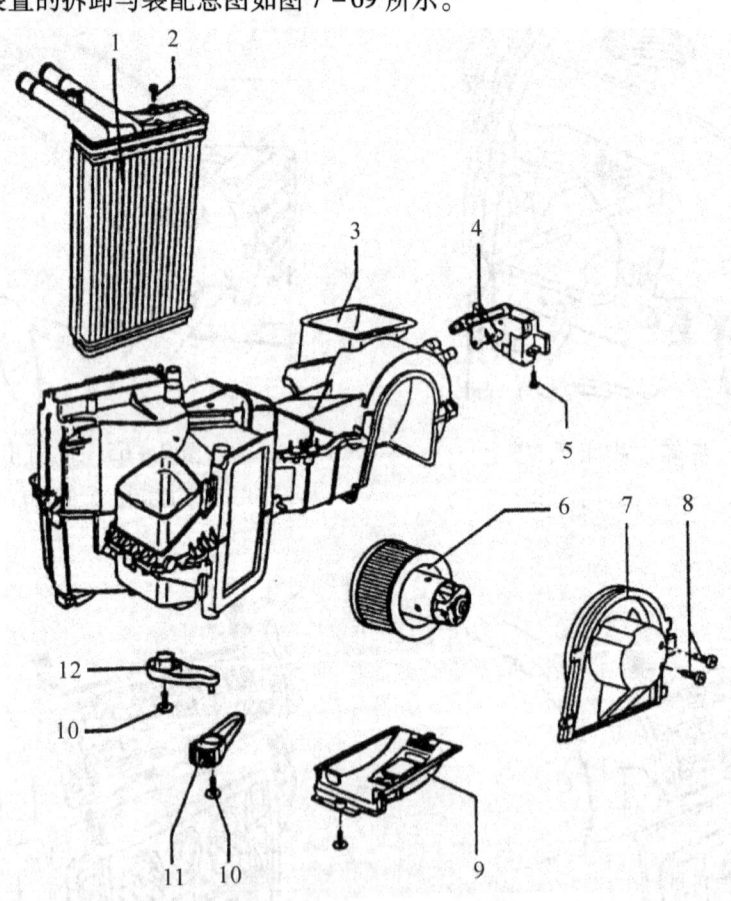

图 7-69 暖风装置的装配图

1. 热交换器；2. 扁圆头自攻螺钉；3. 空气分配器壳体（不可再分解）；4. 新鲜空气活门电机 V154；
5. 扁圆头自攻螺钉；6. 新鲜空气鼓风机 V2；7. 新鲜空气鼓风机壳体；8. 扁圆头自攻螺钉；
9. 串取决电阻 N24；10. 扁圆头自攻螺钉；11. 中央活门杠杆；12. 温度活门杠杆

中央活门杠杆的安装和调节如图 7-70 所示，中央活门小齿轮上有一个调整记号，在安装杠杆时注意让杠杆的调整记号与小齿轮上的调整记号对在一起（图中箭头所示）。

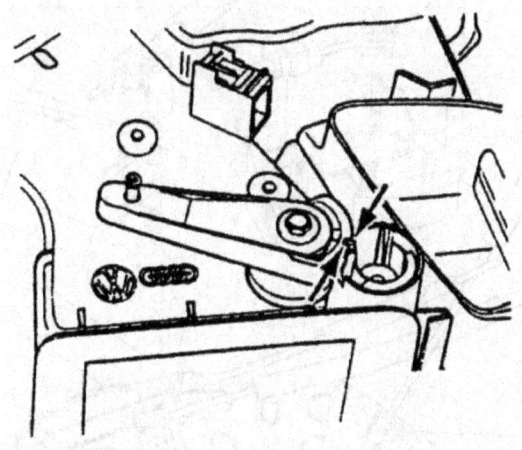

图 7-70　中央活门杠杆的安装

7.6.2.3　暖风和新鲜空气调节装置的拆卸和安装

暖风和新鲜空气装置的拆装如图 7-71 所示。

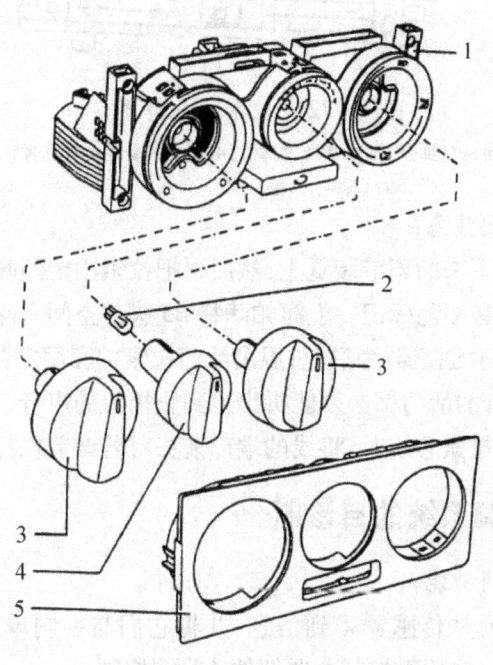

图 7-71　暖风和新鲜空气装置
1.新鲜空气调节装置；2.新鲜空气调节装置照明灯 L16；3、4.旋钮；5.饰板

7.6.2.4　拉索的安装和调整

拉索的安装和调整方法如图 7-72 所示。

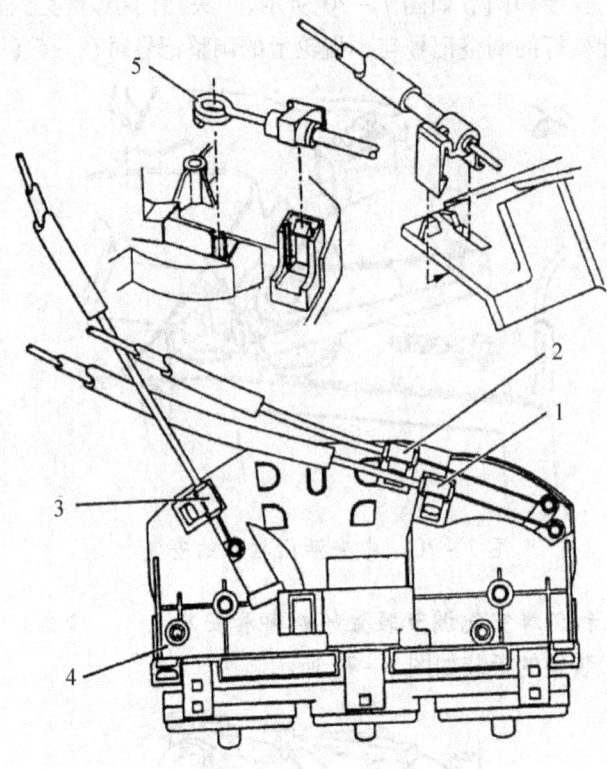

图 7-72 拉索的分解图

1.脚部空间和除霜器拉索；2.中央活门拉索；3.温度活门拉索；4.暖风和新鲜空气的调节装置；5.调节装置拉索的芯线

拉索的安装和调整要注意：

① 拉索先安装到卸下来的调节装置上，然后再把拉索固定到暖风装置上。

② 拉索护套的端部有颜色标记。上海帕萨特 B5 脚部空间和除霜器拉索护套固定器为白色；中央活门拉索护套固定器为黑色；温度活门拉索护套固定器为红色。

③ 旋转旋钮时，所有的活门都必须能听出达到止挡位的声音。

④ 在插入调节装置拉索芯线时，将线的端部箭头对着调节杠杆压入。

7.6.3　自动空调系统的自诊断

7.6.3.1　自动空调功能

自动空调的控制单元从传感器得到信息，并将它们与控制单元中的理论值进行对比，然后控制单元输出信号，从而控制电器部件（终端控制）。

控制单元 J255 位于操作和显示单元 E87 之后。两个部件结为一体，不可分解。

为了能在某一部件失灵或者电路断开时很快地找出损坏的原因，控制单元上装有故障存储器，用故障阅读仪 V.A.G1551 便可检读出来。

如果在受监控的传感器或部件上出现故障，它就会存储到故障存储器中。如果所存储的某部件的故障对自动空调产生了持续的影响，控制单元 J255 的操作显示单元 E87 的显示器，在点火后大约闪光 15 s。在运转的情况下，无论出现什么故障，控制单元都可维持其在应急状态下运行。

在查找故障原因时,须打开自诊断系统,并用故障阅读 V.A.G1551 检读存储故障的信息。故障的情况通过查询故障表,找出可能的故障原因,以便对症下药,采取适当的修理措施,排除故障。

空调的有些部件故障及其功能并不能进行自诊断,如温度传感器 V42 的鼓风机。在查询故障存储器之后仍未发现任何故障代码但故障现象依然存在,那么应根据故障现象继续进行其他检测。

7.6.3.2 自动空调系统自诊断

自诊断测试时要保证:所有的保险丝全部正常;蓄电池的电压至少达到 9 V;蓄电池的负极连接牢靠。

(1)连接故障阅读仪 V.A.G1551 并选择功能

① 取下副仪表板上诊断插座的盖板,用电线 V.A.G1551/3 在点火开关断开的情况下将故障阅读仪 V.A.G1551 接到诊断插座上。屏幕显示:

| V.A.G 自诊断　　　帮助 |
| 快速数据传输* |
| 闪光码输出* |

* 交替显示

如果显示器上没有显示,检查故障阅读仪 V.A.G1551 的电源。V.A.G1551 的使用可参考其操作说明。

② 打开点火开关,按键1,进入"快速数据传输"的运行状态。屏幕显示:

| 快速数据传输　　　Q |
| 08 - 空调暖风电子 |

③ 用 Q 键确认输入,屏幕显示:

| 快速数据传输 |
| 　　试验员发送地址码 08 |

④ 屏幕显示:

| 请稍等 |

⑤ 之后显示的将是控制单元的识别号。例如:

| 3B1　907　044A Climatronic　　SXX |
| 编码 02000　　　　　WSC XXXXX |

其中:3B1　907　044A 表示汽车为左置转向盘,带有蓝色显示器;左置转向盘,带有绿色显示器则为1J1　907　044A;Climatronic 表示系统名称;SXX 表示软件版本;编码:无编码 00000 - 显示器闪光,上海帕萨特 B5 的编码为 02000,WSC 表示维修站编码。

⑥ 如果在显示器上的出现下面所列的故障中的某一个,就应通过 HELP 键让其打印出故障的原因。

```
快速数据传输              帮助
控制单元不回答
```

如果显示以下信息,则点火开关必须打开。

```
快速数据传输              帮助
Plus 后空调线路并不接通
```

如果显示以下信息,则说明在程序开始起动和进行的过程中出现了故障(外部原因)。

```
快速数据传输              →
控制单元不发任何信号
```

如果显示以下信息,则应检查诊断电线、电源线以及接地线。

```
快速数据传输              →
故障在联络结构中
```

⑦ 排除可能的故障原因之后重新输入"空调暖风电子装置"输入地址码 08,并用 Q 键确认。屏幕显示:

```
快速数据传输
试验员发出地址码 08
```

接下来显示的将是控制单元的识别号,例如:

```
3B1  907  044A    自动空调    SXX
编码 02000         WSC XXXXX
```

⑧ 按"→"键,屏幕显示(功能选择,例如 02 - 查询故障代码)

```
快速数据传输              帮助
选择功能 XX
```

⑨ 在按帮助键后,将打印出可选功能的一览表(表 7-4)。

表 7-4 可选功能一览表

代码	功能
01	查询控制单元类型并选择功能
02	查询故障代码
03	最终控制诊断
04	初始设置
05	清除故障代码
06	结束输出
07	控制单元编码
08	读取测量数据块

(2)查询故障代码

① 连接故障阅读仪 V.A.G1551,输入地址码"08 空调暖风电子装置"。并进一步操作,直到屏幕显示"功能选择 XX"。

快速数据传输	帮助
功能选择 XX	

② 按键 0 和 2，用 02 选择功能"查询故障代码"，屏幕显示：

快速数据传输	Q
02 – 查询故障代码	

③ 用 Q 键确认输入，屏幕显示所存储的故障数，或显示"未发现任何故障"。

识别出 X 个故障

或

未发现任何故障

④ 按"→"键，一个接一个显示所存储的故障，并通过打印出来。在显示并打印出最后的故障之后，须按故障表将故障排除。同"未发现任何故障"一样，在操作"→"键后，程序回到初始位置。屏幕显示（功能选择）。

快速数据传输	帮助
功能选择 XX	

⑤ 如果发现一个故障，则按排除故障，清除故障代码（功能 05），查询故障代码（功能 02）步骤处理。

（3）自动空调故障代码表

由控制单元 J255 识别的所有可能的故障，可以在 V.A.G1551 上打印出来，故障代码以 5 位的识别数字列表并附加出故障类型，见表 7 – 5。如果故障是偶然出现，在显示时这种故障就被标为"偶然出现的故障"（"SP"）。排除故障后，要先清除故障代码，并重新进行故障查询。如果查不出故障，那么就运用"最终控制诊断 03"或"读取测量数据块 08"两种功能。如果未发现故障，显示器却在闪光，就须实施"控制单元编码 07"和"初始设置 04"两种功能。在某些情况下，要根据故障现象撇开自诊断查找其他可能的故障。

表 7 – 5　上海帕萨特 B5 空调系统故障表

故障代码	故障原因	故障排除
00000 未发现任何故障	如果在修理后显示"未发现任何故障"，那就表示自诊断结束 如果显示器闪光，可相继选择下列功能： 07 – 控制单元编码 04 – 初始设置	
65535 控制单元	通往空调控制单元 J255 的线路和插接件故障 控制单元损坏	检查线路和插接件 通过读取测量数据块来检验控制单元 J255 更换控制单元 J255 并进行 0 7 – 控制单元编码和 04 – 调整到初始位置

续表

故障代码	故障原因	故障排除
01297 脚部空间出风口 温度传感器 G192 断路/对正极短路 对接地短路	对正极短路或断路（线路断路）或脚部出风口温度传感器 G192 的插接件有故障 在通往脚部空间出风口 G192 的线路或插接件上短路。 G192 损坏	通过"读取测量数据块"检查 G192 检查线路和插接件 通过"读取测量数据块"检查 G192 检查线路和插接件 更换 G192
00532 电源电压 信号太大 信号太小	三相发电机损坏 通往控制单元 J255 的线路或插接件	通过"读取测量数据块 08"检查电源电压（端子 15 上的电压） 检查控制单元的线路和插接件 检查三相发电机
00538 基准电压 信号太大 信号太小	在线路或插接件上短路或断路 控制单元 J255 上通往伺服电机的线路故障。 电位计 G92 或电位计 G112 或电位计 G113 或电位计 G114 损坏 控制单元损坏	检查控制单元的插接件及导线 相继拔开所述部件的插接件，清除故障代码并重新查询。如果不再出现"基准电压"这一故障，就须更换相应的伺服电机，因为一旦接上插座，它就会引起故障 更换控制单元并进行 07 - 控制单元编码和 04 - 调整到初始位置
01296 中间出风口温度 传感器 G191 断路/对正极短路 对接地短路	对正极短路或者通往中间出风口温度传感器 G191 的导线或插接件断路 对接地短路，或者通往中间出风口温度传感器 G191 的导线或者插接件断路 G191 损坏	更换 G191 通过"读取测量数据块"检查 G191 根据电路图检查线路和插接件 通过"读取测量数据块"检查 G191 根据电路图检查导线和插接件 更换 G191
00792 空调装置的 压力开关 F129[1)] 不能立即检查	通往空调装置压力开关 F129 的导或插接件断路或短路 制冷剂加注量有错误电机冷却不足 F129 损坏 在查询故障代码之前进行过最终控制诊断而显示压力开关不能检查（例如当测得的外界温度低于 12℃时），这一显示才会出现，关闭点火装置后，控制单元故障存储器中的这一故障就会被清除	通过"读取测量数据块"检查 F129 根据电路图检查导线和插接件 检查电机的冷却 更换 F129

续表

故障代码	故障原因	故障排除
00779 外界温度传感器 – G17 – 断路/对正极短路 对接地短路	通往外界温度传感器 G17 的导线或插接件对正极短路或断路 通往外界温度传感器 G17 的导线或插接件对地短路 G17 损坏	通过"读取测量数据块"检查 G17 根据电路图检查导线和插接情况 通过"读取测量数据块"检查 G17 根据电路图检查导线和插接情况 更换 G17
00787 新鲜空气吸气道温度 传感器 G89 对正极短路或断路 对接地短路	通往新鲜空气吸气道温度传感器 G89 的导线或插接件断路或对正极短路 通往新鲜空气吸气道温度传感器 G89 的导线或插接件断路或对地短路 G89 损坏	通过"读取测量数据块"检查 G89 根据电路检查导线和插接情况 通过"读取测量数据块"检查 G89 根据电路图检查导线和插接情况 更换 G89
00603 脚部空间/除霜 器伺服电机 V85	通往脚部空间/除霜器伺服电机的导线或插接件短路或断路 V85 损坏	进行伺服部件自诊断 通过"读取测量数据块"检查 V85 根据电路图检查导线和插接情况 更换 V85,并进行 04 – 初始设置
01206 停止时间信号[2)]	如果 ABS 检测灯 K47 或制动装置检测灯 K81 显示出此故障并在故障存储器中存储起来的话,则组合仪表损坏。 导线或插接件短路或断路 控制单元 J255 损坏	更换组合仪表 通过"读取测量数据块"检查停止时间 根据电路图检查导线和插接件 更换控制单元 J255,并进行 07 –控制单元编码和 04 – 初始设置
00281 行驶速度传感器 G68[3)] 目前不能检查	速度传感器损坏 速度信号分配器 TV13 通往空调控制单元的导线或插接件发生短路或断路	更换 G22 通过"读取测量数据块"检查 G22 的信号 根据电路图检查导线和插接件
	在查询故障代码之前进行过最终控制自诊断,这种显示才会出现。控制单元识别故障存储器中的这些故障,在熄火后会自行清除。如果 G68 损坏,这一故障在行车时又会显现。	
00797 阳光入射的光电 传感器 G107 断路/对正极短路 对接地短路	阳光入射光电传感器 G107 的导线或插接件断路或对正极短路 通往阳光入射光电传感器 G107 的导线或插接件对地短路 G107 损坏	通过"读取测量数据块"检查 G107 根据电路图检查导线和插接件 通过"读取测量数据块"检查 G107 根据电路图检查导线和插接件 更换 G107

续表

故障代码	故障原因	故障排除
01271 温度调节活门的 伺服电机 V68[4)]	通往温度调节活门的伺服电机 V68 的导线或插接件断路或短路 安装 V68 时,未进行"04 初始设置"的功能 V68 卡住 V68 损坏	通过"读取测量数据块"检查 V68 根据电路图检查导线和插接件 检查伺服电机 V68 的终端位置 进行最终控制诊断 03 更换 V68,并进行 04 - 初始设置
01272 总活门的伺服电机 V70	通往总活门的伺服电机 V70 的导线或插接件断路或短路 V70 卡住 V70 损坏	通过"读取测量数据块"检查 V70 根据电路图检查导线和插接件 进行最终控制诊断 03 更换 V70,进行功能 04 - 初始设置
01273 新鲜空气鼓风机 V2, (带有新鲜空气鼓风 机的控制单元 J126)	通行新鲜空气鼓风机 V2 的导线或插接件断路或者短路 鼓风机控制单元 J126 和新鲜空气鼓风机 V2 损坏	通过"读取测量数据块"检查 J126 根据电路图检查导线和插接件 进行最终控制诊断 03 更换 J126 和 V2
01274 风滞压力活门 伺服电机 V71	通往风滞压力活门伺服电机 V71 的导线或插接件断路或者短路 V71 卡住 V71 损坏	通过"读取测量数据块"检查 V71 根据电路图检查导线和插接件 进行最终控制诊断 03 更换 V71,进行功能 04 - 初始设置

注:1) 当外界温度低于 12℃ 时或者 G17 和 G89 失灵时,这一故障就检测不出来。2 巴/32 巴控制的部件受到检查,16 巴控制的部件则不受检查;

2) 永久的停止时间信号来自组合仪表。空调控制单元 J255 为电机关停后的时间测量计值,为在汽车熄火后以及重新启动后,用上次运转时所用的温度传感器 G17 的测量值和新鲜空气吸气道温度传感器 G89 的测量值。否则,在电机停止状态下,由于辐射热的作用,测量值会失真;

3) 故障由速度测量传感器 G22 检测而不是由行车速度传感器 G68 检测。如果在发动机起动后 4 min 之内,5 个行车循环之中(起步、超过 15 km/h、停车)没有测到任何速度信号,本故障才会被检测到;

4) 在初始设置和最终控制诊断以及正常运行时可以发现本故障。

(4) 最终控制诊断 03

最终控制诊断必须在电机静止,点火打开,空调关闭的情形下进行,并注意通过鼓风机的按键慢慢地操作空调。为了能获得明确的诊断结果,在进行最终控制的诊断时,在操作和显示单元的显示屏上所显示的外界温度至少为 12℃。在最终控制进行诊断时,自动空调不进行任何调节。如果有必要,最终控制的诊断可重复进行多次。

① 接上故障阅读仪 V. A. G1551 并输入地址码"08 空调/暖风电子"。并继续进行操作,直到屏幕显示"功能选择 XX"为止。屏幕显示:

| 快速数据传输　　　　帮助 |
| 功能选择 XX |

② 按键 0 和 3，用 03 选择功能"最终控制诊断"，屏幕显示：

| 快速数据传输　　　　Q |
| 03 – 最终控制诊断 |

③ 用 Q 键确认输入，屏幕显示：

| 最终控制诊断 |
| 自我检测 |

系统将进行下列测试：ⅰ.在操作和显示单元 E87 的屏幕显示。ⅱ.4 个伺服电机的功能测试。ⅲ.测试通往新鲜空气鼓风机 V2 的电路。ⅳ.测试控制单元磁性耦合器 N25 的开关过程。ⅴ.检验所有的传感器。

④ 约 30 s 后检测过程结束，屏幕显示：

| 功能不详　　　　　　→ |
| 或目前不能进行 |

⑤ 如果屏幕显示"功能不详或目前不能进行"，表明最终控制诊断结束。在最终控制诊断结束后查询故障代码。

⑥ 检查操作和显示单元 E87 显示屏的显示。屏幕上的显示：

在最终控制的过程中，屏幕上各部分都显示 03，如果不是这样，就须更换控制单元 J255。

(5) 初始设置 04

如果在"02 – 查询故障代码"之后没有显示故障，而显示器在"点火开关接通"之后发出闪光，就须进行"控制单元编码 07"功能，并接着进行"初始设置 04"功能。

① 故障阅读仪 V.A.G1551 接上，输入地址码"08 空调暖风电子"，继续进行操作，直到屏幕显示：

| 快速数据传输　　　　帮助 |
| 选择功能 XX |

② 查询故障代码，排除故障并清除故障代码。检查编码，必要时纠正。按键 0 和 4，用 04 输入功能"初始设置"，屏幕显示：

| 快速数据传输　　　　Q |
| 04 – 初始设置 |

③ 用 Q 键确认输入，屏幕显示：

```
┌─────────────────────────────┐
│ 快速数据传输      帮助       │
│ 选择功能 XX                  │
└─────────────────────────────┘
```

④ 输入显示器组号 000，屏幕显示：

```
┌─────────────────────────────┐
│ 初始设置              Q      │
│ 输入显示组号 000             │
└─────────────────────────────┘
```

⑤ 用 Q 键确认输入。当全部伺服电机释放时，控制单元 J255 储存电位计的数值直到终端位置，并确认所有伺服电机的初始设置。屏幕显示：

```
┌─────────────────────────────┐
│ 初始设置     0               │
│ XXX   XXX   XXX   XXX        │
└─────────────────────────────┘
```

⑥ 4 个伺服电机的动作可在显示屏上跟踪。反馈值发生变化并不说明伺服电机有故障。屏幕显示：

```
┌─────────────────────────────┐
│ 初始设置          0→         │
│ 0      0      0      0       │
└─────────────────────────────┘
```

⑦ 显示 0 时初始设置结束。从系统中发现的故障已存储在故障存储器中，按"→"键，屏幕显示（功能选择）：

```
┌─────────────────────────────┐
│ 快速数据传输      帮助       │
│ 选择功能 XX                  │
└─────────────────────────────┘
```

⑧ 按键 0 和 2，用 02 可以选择"查询故障代码"的功能，屏幕显示：

```
┌─────────────────────────────┐
│ 快速数据传输      Q          │
│ 02 - 查询故障代码            │
└─────────────────────────────┘
```

⑨ 用 Q 键确认输入，屏幕显示存储的故障数，或者显示"未发现故障"：

```
┌─────────────────────────────┐
│ X 个故障被发现               │
└─────────────────────────────┘
```

⑩ 按"→"键，所存储的故障会逐个显示出来并可通过 PRINT 键打印出来。在最后一个故障显示屏打印出来之后，须按故障表将故障排除。按"→"键，屏幕显示：

```
┌─────────────────────────────┐
│ 快速数据传输      帮助       │
│ 选择功能 XX                  │
└─────────────────────────────┘
```

(6) 清除故障代码 05

① 屏幕显示：

```
┌─────────────────────────────┐
│ 快速数据传输      帮助       │
│ 选择功能 XX                  │
└─────────────────────────────┘
```

② 按键 0 和 5，用 05 选择"清除故障代码"的功能，屏幕显示：

快速数据传输　　Q
05 清除故障代码

③用Q确认输入,屏幕显示:

快速数据传输　　→
故障代码已被清除

④按"→"键,屏幕显示:

快速数据传输　　帮助
选择功能 XX

(7)结束输出 06

①屏幕显示:

快速数据传输　　帮助
选择功能 XX

②按 0 和 6 键,选择结束输出功能。屏幕显示:

快速数据传输　　Q
输入地址码 XX

③断开点火开关,断开通往故障阅读仪 V. A. G1551 的插接件。

(8)控制单元编码 07

每一个控制单元 J255 的备件在安装后都必须编码。在每次编码之后都须进行"初始设置"(功能 04)。如果所显示的编码与汽车或设备不相称,那么控制单元以下述步骤进行编码。如果控制单元没有编码,操作和显示单元 E87 的显示器闪光 15 s。

①连接故障阅读仪 V. A. G1551,输入地址码"08 空调暖风电子"并进一步进行操作,直到屏幕显示:

快速数据传输　　帮助
选择功能 XX

②按键 0 和 7,用 07 输入"控制单元编码"功能,屏幕显示:

快速数据传输　　Q
07 – 控制单元编码

③用 Q 键确认输入,屏幕显示:

控制单元编码　　Q
输入编码 XXXXX(0 – 32000)

④输入编码 02000 并用 Q 键确认输入,在故障阅读仪 V. A. G1551 的显示屏上,显示出控制单元编码和备件号:

3B1	907	044A	SXX →
编码 02000		WSC	XXXXX

⑤ 按"→"键,屏幕显示:

快速数据传输	帮助
选择功能 XX	

只有在点火开关关闭一次之后空调的控制单元才能被用于输入代码,并在显示屏幕上显示出来。

(9) 读取测量数据块 08

在"读取测量数据块"功能的过程中,自动空调也在进行调节。测量数据块可以选择 8 组显示号码,在显示器上它们最多可显示 4 个测量值。

① 接上故障阅读仪 V. A. G1551,输入地址码"08 空调暖风电子"并进一步操作,直到屏幕显示:

快速数据传输	帮助
选择功能 XX	

② 按键 0 和 8,用 08 输入"控制单元编码"功能,屏幕显示:

快速数据传输	Q
08 - 读取测量值数据块	

③ 用 Q 键确认输入,屏幕显示:

读取测量值数据块
输入显示组号 XXX

④ 输入显示组号,以显示组 001 为例,屏幕显示:

测量值数据块阅读	Q
输入显示组号 001	

⑤ 用 Q 键确认输入,屏幕显示:

读取测量数据块 1			→
1	2	3	4

其中 1、2、3、4 各显示区的值的含义见表 7 - 6。在"读取测量数据块"功能结束后,查询故障代码。

⑥ 按"→"键,屏幕显示(功能选择):

快速数据传输	帮助
选择功能 XX	

表7-6 可选择的显示组号一览表

显示组号	显示区域	名称及说明
001	1	压缩机磁耦合器 N25（代码1到12签出关闭条件） 代码:0 N25 未关闭 代码:1 制冷剂循环高压时 N25 由空调装置的压力开关 F129 关闭 代码:2 N25 关闭,因为带有新鲜空气鼓风机控制单元 J126 的新鲜空气鼓风机 V2 已损坏 代码:3 由于制冷剂循环中压力过低,N25 被空调装置的压力开关 F129 关闭 代码:4 不显示出来 代码:5 N25 关闭 4s(没有损坏)代码5出现仅 5 s。如果持续存在,则检查转速信号 代码:6 N25 关闭,ECON 运行(没有损坏) 代码:7 N25 关闭,因为通过通风器,新鲜空气鼓风机的送风运转已被切断(没有损坏) 代码:8 N25 已被关闭,因为环境温度低于 3℃(为防止冻结,没有损坏)。必要时检查温度传感器 G17 和 G89 代码:9 不显示出来 代码:10 N25 已关闭,因为车上电源的电压低于 9.5 V 代码:11 N25 已由热灯开关(组合仪表)通过空调的控制单元 J255 切断 代码:12 N25 已由自动变速器的控制单元或发动机的控制单元通过空调的控制单元 J255 切断
	2	发动机转速认可 (代码0不) (代码1是)
	3	行驶速度 (显示 0~25 km/h)

续表

显示组号	显示区域	名称及说明
001	4	持续时间 (代码 0 至 240 "熄火"时间分钟) (代码 250:蓄电池断开) (代码 255:传输有误)
002	1	伺服电机用于温度活门 V68 (测量值代码:0 至 255) (同理论值之间允许的偏差 ±2)
002	2	伺服电机,用于温度活门 V68 (理论值:0 至 255)
002	3	伺服电机用于温度活门 V68 活门止挡:冷 (代码 0 至 149 V68 损坏) (代码 150 至 250 V68 处于正常状态,前提是已作过 04-初始设置) (代码 251 至 255 V68 损坏)
002	4	温度活门伺服电机 V68 活门止挡:热 (代码 0~4 V68 损坏) (5~100 V68 正常,前提是已做过 04-初始设置) (代码 101~255 V68 损坏)
003	1	中央活门伺服电机 V70 (测量值代码:0~255) (同理论值的允许偏差 ±2)
003	2	中央活门伺服电机 V70 (理论值:0 至 255)
003	3	中央活门伺服电机 V70 活门止挡:空气往仪表板出风口 (代码 0 至 149 V70 损坏) (代码 150 至 250 V70 正常,前提是已做过 04-初始设置) (代码 251 至 255 V70 损坏)
003	4	中央活门伺服电机 V70,活门止挡:空气往脚部空间出风口/除霜器 (代码 0 至 4 V70 损坏) (5 至 100 V70 正常,前提是已做过 04-初始设置) (代码 101 至 255 V70 损坏)

续表

显示组号	显示区域	名称及说明
004	1	脚部空间和除霜器活门伺服电机 V85 (测量值代码:0 至 255) (与理论值允许偏差 ±2)
	2	脚部空间和除霜器活门伺服电机 V85 (理论值:0 至 255)
	3	脚步部空间和除霜器活门伺服电机 V85,活门止挡:空气往脚部空间 (代码 0 至 149　V85 损坏) (代码 150 至 250　V85 正常,前提是已做过 04 – 初始设置) (代码 101 至 255　V85 损坏)
	4	脚步部空间和除霜器活门伺服电机 V85,活门止挡:空气往挡风玻璃 (代码 0 至 4　V85 损坏) (代码 5 至 100　V85 正常,前提是已做过 04 – 初始设置) (代码 101 至 255　V85 损坏)
005	1	风滞压力伺服电机 V71 (测量值代码:0 至 255) (与理论值的允许偏差 ±2)
	2	风滞压力伺服电机 V71 (理论值:0 至 255)
	3	风滞压力伺服电机 V71 活门止挡:新鲜空气通往乘客厢 (代码 0 至 149　V71 损坏) (代码 150 至 250　V71 正常,前提是已进行过初始设置) (代码 251 至 255　V71 损坏)
	4	风滞压力伺服电机 V71 活门止挡:新鲜空气通往乘客厢 (代码 0 至 4　V71 损坏) (5 至 100　V71 正常,前提是已进行过初始设置) (101 至 255　V71 损坏)
006	1	由空调控制单元 J255 计算出的温度值(℃),显示在操作和显示单元 E87 的显示屏上。温度值是根据新鲜空气吸气道温度传感器 G89 测量的温度值和外界温度传感器 G17 的温度测量值计算出来的。汽车停下来后,这一数值低于 G17 和 G89 的测量值。如果温度传感器 G17 和 G89 的测量值反映了实际温度值,说明没有故障。经较长时间运行后,这两个温度趋于一致。如果温度值极不正常,说明 G17 或 G89 有故障

续表

显示组号	显示区域	名称及说明
006	2	新鲜空气吸气道温度传感器 G89 （实际测量值，单位℃）
	3	外界温度传感器 G17 （实际测量值，单位℃）
	4	太阳光入射光电传感器 G107 （测量值%，0 至 120）
007	1	中央出风口温度传感器 G191 （实际测量值，单位℃）
	2	脚部空间出风口温度传感器 G192 （实际测量值，单位℃）
	3	仪表板温度传感器 G56 （实际测量值，单位℃）
	4	无显示
008	1	新鲜空气鼓风机 V2，带有新鲜空气鼓风机的控制单元 J126（理论值：单位伏特） 关：0 V 一个鼓风机开　3.6 V 七个鼓风机开　12 V
	2	新鲜空气鼓风机 V2，带有新鲜空气鼓风机的控制单元 J126 （实测值：单位伏特） 与理论值之间的允许偏差 ±0.8 V
	3	终端 15 （测量值：电压，单位 V）
	4	磁耦合器 N25 上的电压

8 安全气囊

8.1 简介

本安全气囊系统示教板是采用现有LS400系统,其是为适应汽车教学需求而研制的,该示教板由气囊系统总成(旧件)、操作显示面板及原理图电控柜、可移动式支架等组成。具有结构紧凑、操作方便、安全可靠、教学直观的优点,同时气囊具有快速展示系统运转、传感器信号模拟等多项功能,是汽车实物教学不可缺少的实验室设备之一。

8.2 技术性能

主要参数值:
- 气囊系统工作电压　　　　　　　DC 12 V
- 驱动气囊电磁阀工作电压　　　　AC 220 V
- 主电源　　　　　　　　　　　　AC 220 V、50 Hz
- 设备重量　　　　　　　　　　　40 kg
- 外形尺寸　　　　　　　　　　　1 000 mm×500 mm×1 600 mm

8.3 使用前的准备工作

(1)实训台应安装在通风良好的场所,并置有消防器材备用。
(2)安装场地应平整结实。
(3)使用滚轮移动台架后,应将万向轮刹住以免滑移。
(4)演示场所禁止吸烟和明火作业。

8.4 具体功能及操作方法

接通220 V外接电源。(注:必须用3孔插头)
打开点火开关,观看气囊气泵是否工作,在气泵工作下气囊碰撞传感器(模拟)信号不工作,储气罐满0.7 MPA气泵电机停止工作,气囊传感器开始工作时间为4 s,在4 s内气囊完全展开气工作全过程。

传感器信号检测功能：

线路图上配有相应的电压检测端口，可通过专用仪器仪表进行检测。

注意事项：

(1)气囊系统工作时，严禁用手等物品积压气袋口，防止打伤手等事故。

(2)使用一段时间后气泵应加油，标准看气泵油孔。

(3)在加油时应先停止运转。

(4)工作停止后应拔掉电源插头。

9 ABS

9.1 简介

本综合实训中的 ABS 实训台采用上海大众桑塔纳 2000 型轿车前盘后毂式。

本产品为现代轿车中具有代表性的防抱死制动系统,它是从现代轿车复杂系统中脱离出来的重要系统之一,可让学生们很清楚地了解其功能、结构和工作原理,是学校提高教学质量和学生实践操作能力的重要教学仪器之一。

结构功能:本产品为台式结构,采用优质双面板,外形美观大方。台上所示:真空助力器、刹车总泵、ABS 控制器、前制动器(钳式制动器)、后制动器(鼓式制动器)、驻车制动器、中央接线盒、电瓶、制动灯、ABS 故障警告灯、真空泵(吸真空用)等为制动系统中重要组成部分,其均为实物。其中后轮鼓式制动器为透明有机玻璃,塑料冲压制作而成,让学生们清楚地看到内部工作原理及结构构造。油管采用进口透明软管连接,其优点是让学生们在系统排气过程中更清楚地知道管内存气情况并掌握方法,从而达到学习目的。本实验台为四支架四轮同轴式传动结构,可演示启动、ABS 防抱死制动过程和驻车制动等功能。

ABS 防抱死制动系统,它是三通道 ABS 调节回路,前轮单独调节,后轮则以两轮中地面附着系数低一侧为依据统一调节。具有制动时方向稳定性好和制动时仍有转向能力的特点,因其具有缩短制动距离等优点而被广泛应用。它的制动过程是由初始制动阶段、油压保持阶段、油压降低阶段和油压增高阶段组成的。

9.1.1 故障分析功能

本实训台操作显示面板上安装了与原机电脑数量相同的端子引出口,可方便地通过端子引出口上的裸露部分进行电压和电阻的测量,以便获取各种参数值进行有故障码的故障分析。测量电压操作:发动机运转时无须拔下端子引出口的插头,直接用高阻抗万用表接触引出口的裸露部分即可测量各部位间的电压。测量电阻操作:关闭点火开关后,无须拔下端子引出口的插头,直接用高阻抗万用表接触引出口的裸露部分即可测量传感器、执行器等各部位的电阻。

9.1.2 故障设置功能

本示教台采用了智能故障设置器,故障设置既方便又隐蔽。具体设置及使用功能如下:

(1) 故障设备面板

如图 9-1 所示：

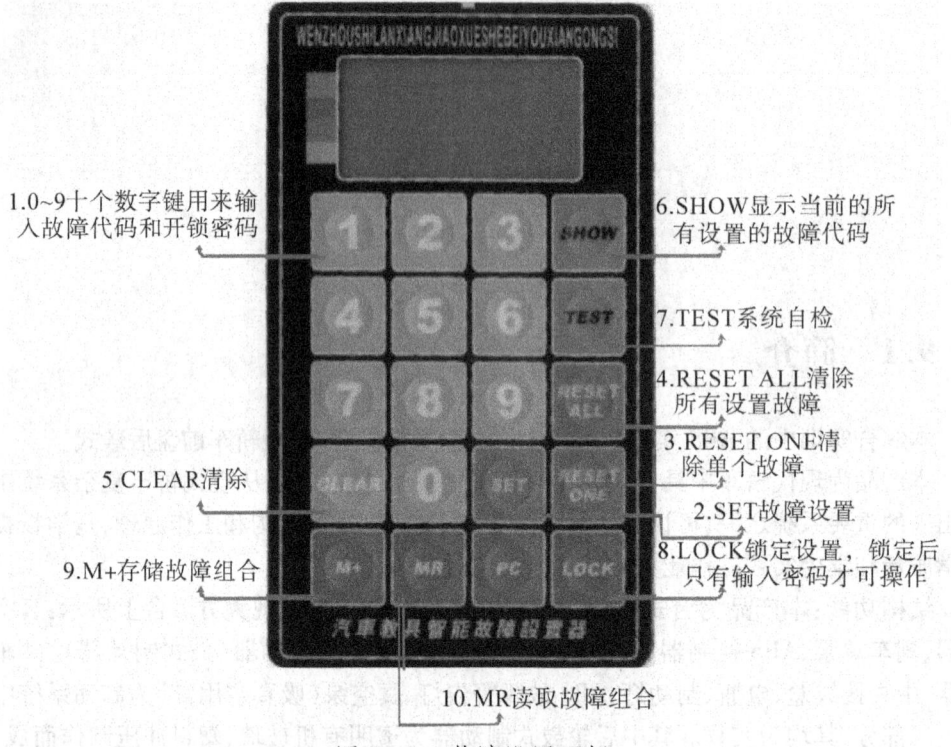

图 9-1 故障设置面板

开机后，三位数码管显示最左边显示的数字表示当前设置故障的数目，右边两位用户即可利用 0~9 键输入两位故障代码，不满两位的前面加零，先输十位，后输个位。本系统包括 8 个故障，因此最大输入的故障代码号为 08，输入数字错误可通过 CLEAR 键修改，输入两位数字后，按 SET 键即可设置。

数字对应的故障，不能重复设置相同的故障代码，按 RESET ONE 键即可清除对应的故障。注意只可清除已经设置的故障代码，按 RESET ALL 键可清除全部已设置的故障。

(2) 显示当前所有设置的故障

按 SHOW 键可显示当前所有的故障，显示时，最右边数码管小数点点亮，表示进入显示状态，系统依次显示所有的故障代码，三位数码管最左边一位表示当前的故障的序号，右边两位表示故障代码。

(3) 存储当前故障组合

在已设置故障的情况下，输入要存储的位置号码，按 M+ 键即可将当前故障组合存储到相应的组中，信息掉电不丢失，系统最多存储 15 组数据。

(4) 读取已保存故障组合

输入要读取的已保存数据的组号，按 MR 键即可提取已存储的故障组合。

(5) 锁定

在正常工作状态下，按 LOCK 键，系统进入锁定状态下，显示 LOC，系统进入锁定无法设置,只有输入正确密码,再按 LOCK 键解除方可使用,教师设置故障后,利用此功能可防止学生查看故障代码和改动设置,系统的初始密码为 88。

(6)更改锁定密码

首先输入当前的密码,按 LOCK 键,密码正确则最左面数示"-",此时输入新密码,再次按下 LOCK 键即可完成设置。

(7)使用 PC 机控制

正常工作状态下,按 PC 键进入 PC 机控制联机状态,这时可利用专用数据线连接 PC 机,利用软件更加方便的设备故障,退出 PC 状态可利用软件脱机或重新关闭开启电源。

(8)系统自检

在正常工作状态下,按 TEST 键,可测试系统的控制和显示是否正常,系统将检测数码管各个字段,蜂鸣器及各故障设置点是否正常工作。

(9)故障设置名称

序号	故障名称	故障现象
1	右前轮转速传感器线路断路	
2	左前轮转速传感器线路断路	
3	右后轮转速传感器线路断路	
4	左后轮转速传感器线路断路	
5	刹车开关线路断路	
6	ABS 指示灯线路断路	
7	+电源线路断路	

(10)ABS 系统元件与安装位置

如图 9-2 所示:

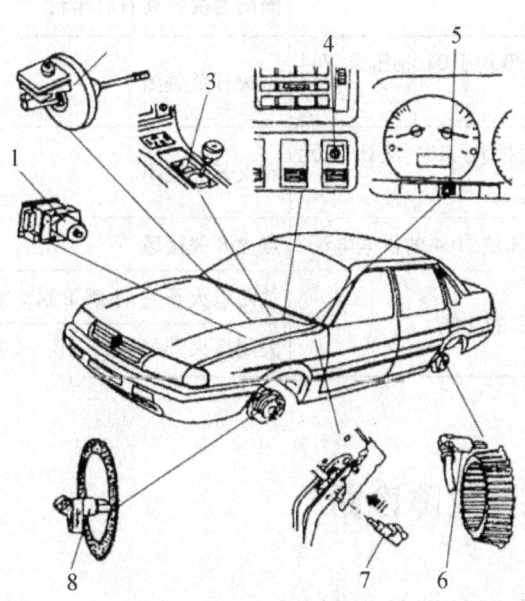

图 9-2 ABS 安装位置

1.ABS 控制器(包括液压泵 V64,液压单元 V55 和 ABS 控制模块 J104);2.制动主缸和真空助力器;3.自诊断接口;4.ABS 警告灯(K47);5.制动警告灯(K118);6.后轮转速传感器(G44/G46);7.制动灯开关(F);8.前轮转速传感器(G45/G47)

对 ABS 控制模块针脚进行检测时，必须用检测箱 VAG1598 连接 ABS 控制模块，通过检测箱 VAG1598 上的测试孔进行测试。

检测箱测试孔	测试内容	测试条件	额定值
3+18	右前轮速传感器 G45 的电阻	点火开关关闭	1 000 ~ 1 300 Ω
4+11	左前轮速传感器 G47 的电阻	点火开关关闭	1 000 ~ 1 300 Ω
1+17	右前轮速传感器 G44 的电阻	点火开关关闭	1 000 ~ 1 300 Ω
2+10	左前轮速传感器 G46 的电阻	点火开关关闭	1 000 ~ 1 300 Ω
6+12	编码桥接	点火开关关闭	低于 1 Ω
1+17	右后轮速传感器 G44 的电压	举升车辆，关闭点火开关，以每秒 1 圈的速度转动右后车轮	190 ~ 1 140 mV
2+10	左后轮速传感器 G46 的电压	举升车辆，关闭点火开关，以每秒 1 圈的速度转动右后车轮	190 ~ 1 140 mV
3+18	右后轮速传感器 G45 的电压	举升车辆，关闭点火开关，以每秒 1 圈的速度转动右后车轮	最低为 65 mV
4+11	左后轮速传感器 G47 的电压	举升车辆，关闭点火开关，以每秒 1 圈的速度转动右后车轮	最低为 65 mV
8+25	到 ABS 控制模块 J104 液压泵 V64 供电电压	点火开关关闭	10 ~ 14.5 V
9+24	到 ABS 控制模块 J104 液压单元 N55 的供电电压	点火开关关闭	10 ~ 14.5 V
8+23	到 ABS 控制模块 J104 的供电电压	点火开关接通	10 ~ 14.5 V
8+12	制动灯开关 F 的功能	关闭点火开关，不踩下制动踏板	0 ~ 0.5 V
		关闭点火开关，踩下制动踏板	10 ~ 14.5 V

9.2 ABS 系统故障诊断

9.2.1 ABS 液压单元故障诊断

使用 V.A.G1552 可对液压控制单元进行诊断。在功能选项输入 03 之后，按下表所列步骤进行操作。

步骤	操 作	屏幕显示	正常时的结果
01		Hydraulic ABS Pump V64（液压泵测试）	
02	踩下制动踏板不放	Operate Brakes（踩下制动踏板）	
03	踩下制动踏板不放	EVL:OV AVL:OV Wheel locked （常开阀:OV 常闭阀:OV 车轮抱死）	车轮抱死
04	踩下制动踏板不放	EVL:UBAT AVL:OV Wheel locked （常开阀:通电 常闭阀:OV 车轮抱死）	车轮抱死
05	踩下制动踏板不放	EVL:UBAT AVL:UBAT Wheel free （常开阀:通电 常闭阀:通电 车轮可自由转动）	车轮可自由转动,踏板回弹,可听见泵电机工作噪声
06	踩下制动踏板不放	EVL:UBAT AVL:OV Wheel free （常开阀:通电 常闭阀:OV 车轮可自由转动）	车轮可自由转动
07	踩下制动踏板不放	EVL:OV AVL:OV Wheel locked （常开阀:OV 常闭阀:OV 车轮抱死）	车轮抱死踏板自动微微下沉
08	松开制动踏板	Release brakes（松开制动踏板）	

9.2.2 ABS系统的故障码读取与清除

故障码的读取：

步骤	操 作
1	将V.A.G1552与诊断接口相连接,如果屏幕上无显示,则应检查自诊断的接口,打开点火开关,屏幕显示： Test of vehicle systems　　　　　　HELP Insert address word XX 汽车系统测试　　　　　　帮助 输入地址指令XX
2	输入地址码03"制动电子系统"。屏幕显示： Test of vehicle systems　　　　　　Q 　　　　　　03 Brake electronics 汽车系统测试　　　　　　确认 　　　　　　03 - 制动电子系统

续表

步骤	操作
3	按 Q 键确认。屏幕显示： | 3 A0 907 379 ABS ITT AE 20 GI VOD	| |---|---| | Coding 04505 | WCS XXXXX | | 3 A0 907 379 ABS ITT AE 20 GI VOD | | | 编码 04505 | WCS XXXXX | 其中：3 A0 907 379 ABS 为控制单元零件号；ITT AE 20 GI 为公司 ABS 产品型号；VOD 为软件版本；Coding 04505 为控制单元编码号；WCS XXXXX 为维修站代码
4	按"→"键，屏幕显示： | Test of vehicle systems | HELP | |---|---| | Select function XX | | | 汽车系统测试 | 帮助 | | 选择功能 XX | |
5	输入地址码 02 "查询故障代码"功能。屏幕显示： | Test of vehicle systems | Q | |---|---| | 02 – Interrogate fault memory | | | 汽车系统测试 | 确认 | | 02 – 查询故障代码 | |
6	按 Q 键确认。然后在显示器上出现所存储的故障数量，或者"未发现故障" | X Faults recognized | |---| | 发现 X 个故障 | | No faults recognized | |---| | 未发现故障 |
7	按→键，所显示的故障依次显示出来。故障显示完毕后，按→键返回初始位置

故障码的清除：

步骤	操作
1	查询故障代码后，屏幕显示： | Test of vehicle systems | HELP | |---|---| | Select function XX | | | 汽车系统测试 | 帮助 | | 选择功能 XX 帮助 | |
2	输入地址码 05 "清除故障代码"功能。屏幕显示： | Test of vehicle systems | Q | |---|---| | 05 – Erase fault memory | | | 汽车系统测试 | 确认 | | 05 – 清除故障代码 | |

续表

步骤	操作
3	按 Q 键确认,屏幕显示: | Test of vehicle systems | HELP | | --- | --- | | Fault memory is erased! | | | 汽车系统测试 | 帮助 | | 故障存储已被清除 | |
4	按→键,如果在屏幕上出现显示"Attention! Fault memory has not been interrogated"(注意:故障存储未被查询),则检测过程有缺陷,应遵循正确的检测过程,即先查询再清除故障代码。屏幕显示: | Test of vehicle systems | HELP | | --- | --- | | Select function XX | | | 汽车系统测试 | 帮助 | | 选择功能 XX | |
5	输入06"结束输出"功能。屏幕显示: | Test of vehicle systems | Q | | --- | --- | | 06 - end output | | | 汽车系统测试 | 确认 | | 06 - 结束输出 | |
6	按 Q 键确认。屏幕显示: | Test of vehicle systems | HELP | | --- | --- | | Enter address XX | | | 汽车系统测试 | 帮助 | | 输入地址指令 XX | |
7	输入地址码02"查询故障代码"功能。关闭点火开关,拔下 V.A.G1552 故障阅读仪的插头。打开点火开关后,ABS 的警告灯 K47 和制动警告灯 K118 亮约 2 s 后必须熄灭

9.2.3　故障码表及排除方法

故障代码	故障原因	故障排除
无故障	如果在维修完毕后,用 V.A.G1552 查询故障后未发现故障,自诊断结束。 如果屏幕中显示出"未发现故障",但 ABS 不能正常工作,则按以下步骤操作: ① 以大于 20 km/h 的车速,进行紧急制动试车; ② 重新用 V.A.G1552 查询故障,仍无故障显示; ③ 在无自诊断的情况下着手寻找故障,全面进行电气检查	
65535	电子控制单元故障	更换电子控制单元
01276	ABS 液压泵 V64 与 ABS 连接线路对正极、对地短路及开路或液压泵电机故障	检查线路 03 功能最终控制诊断

续表

故障代码	故障原因	故障排除
00283	左前轮转速传感器(G47)触点开路或松动； 左前轮转速传感器电路短路； 转速传感器和齿圈的间隙超差(信号不正常)	检查转速传感器与控制单元的线路和连接插头； 检查转速传感器和齿圈的安装间隙； 08 功能"读取测量数据块"
00285	右前轮转速传感器(G45)触点开路或松动； 右前轮转速传感器电路短路； 转速传感器和齿圈的间隙超差(信号不正常)	检查转速传感器与控制单元的线路和连接插头； 检查转速传感器和齿圈的安装间隙； 08 功能"读取测量数据块"
00290	左后轮转速传感器触点开路或松动； 左后轮转速传感器电路短路； 转速传感器和齿圈的间隙超差(信号不正常)	检查转速传感器与控制单元的线路和连接插头； 检查转速传感器和齿圈的安装间隙； 08 功能"读取测量数据块"
00287	右后轮转速传感器触点开路或松动； 右后轮转速传感器电路短路； 转速传感器和齿圈的间隙超差(信号不正常)	检查转速传感器与控制单元的线路和连接插头； 检查转速传感器和齿圈的安装间隙； 08 功能"读取测量数据块"
01044	ABS 编码错误(ABS 25 针插头触点 6 和 22)	检查插头线束的线路
00668	供电端子 30 号线路、连接插头、熔断器故障	检查控制单元供电线路、熔断器和连接插头
01130	ABS 工作信号超差，可能有外界干涉信号源的电气干涉(高频发射，例如：非绝缘的点火电缆线)	检查所有线路连接对正极或对地的短路； 清除故障码存储； 车速大于 20 km/h 的紧急制动试车； 再次查询故障码

9.2.4 ABS 系统元件检测与标准值

检查项目	点火开关挡位	接线柱	标准值
蓄电池电压(电动机)	OFF	25－8	10.1～14.5 V
蓄电池电压(电磁阀)	OFF	9－24	
电源绝缘性能	OFF	8－23	0.00～0.5 V
搭针绝缘性能	OFF	8－24	
电源电压	ON	8－23	10.0～14.5 V

续表

检查项目	点火开关挡位	接线柱		标准值
ABS 警告灯	OFF	未接 ABS 控制模块插接器		警告灯熄
	ON			警告灯亮
	OFF	连接 ABS 控制模块插接器		警告灯熄
	ON			警告灯亮约 1.7 s 后熄灭
制动灯开关功能踏板未踩下	ON	8 – 12		0.0 ~ 0.5 V
制动灯开关功能踏板踩下	ON	8 – 12		10.0 ~ 14.5 V
诊断接头	OFF	诊断接头		0.0 ~ 0.5 Ω
		K	13	
左前轮速度传感器电阻值	OFF	11 – 4		1.0 ~ 1.3 kΩ
右前轮速度传感器电阻值	OFF	18 – 3		
左后轮速度传感器电阻值	OFF	2 – 10		
右后轮速度传感器电阻值	OFF	1 – 17		
左前轮传感器输出电压	OFF	11 – 4		3.4 ~ 14.8 mV（脉冲输出）
右前轮传感器输出电压	OFF	18 – 3		
左后轮传感器输出电压	OFF	2 – 10		高于 12.2 mV
右后轮传感器输出电压	OFF	1 – 17		
传感器输出电压比	最高峰值电压/最低峰值电压≤2			

9.2.5 ABS 控制模块编码

更换 ABS 控制模块时，应对新的控制模块进行编码，否则，ABS 警告灯闪烁，ABS 系统不能正常工作。用 V.A.G.1552 对 ABS 控制模块进行编码的步骤如下：

(1)将 V.A.G1552 与诊断插座连接；
(2)在地址输入处输入 03，按 Q 键；
(3)在地址输入处输入 07，按 Q 键；
(4)在编码输入处输入：04505；
(5)显示已输入的号码。按→键；
(6)在功能选择处输入 06，按 Q 键；
(7)结束。

9.2.6 设备清单

(1)总泵 ABS 电脑在内，ABS 线束，四轮传感器，ABS 指示灯，刹车开关。
(2)前刹车分泵 2 只，后刹车分泵 2 只，前刹车片 2 付，后刹车片 2 付。
(3)刹车油管 1 付，刹车总泵 1 只，真空泵 1 只，220 V 真空泵 1 只。
(4)前刹车盘 1 付，后刹车毂 1 付，传动轴前后 1 付，380 V、4 kW 电机 1 只。
(5)控制箱 1 个，移动台架 1 个。

10 基于51单片机的控制电路设计开发

在众多单片机中51架构的芯片风行很久,学习资料也相对较多,是初学者较好的选择之一。常用的51编程语言有两种,一种是汇编语言,一种是C语言。汇编语言是针对单片机硬件操作的低级语言,它的机器代码生成效率很高,但可读性却并不强,复杂一点的程序就更是难读懂。而C语言在大多数情况下其机器代码生成效率和汇编语言相当,但可读性和可移植性却远远超过汇编语言,而且C语言还可以通过嵌入汇编来解决高时效性的代码编写问题。对于开发周期来说,中大型的软件编写用C语言的开发周期通常要比汇编语言短很多。综上所述,建议选择C语言编程。

10.1 建立一个C项目

使用C语言肯定要使用到C编译器,以便把写好的C程序编译为机器码,这样单片机才能执行编写好的程序。KEIL uVision4是众多单片机应用开发软件中优秀的软件之一,它支持众多不同公司的 MCS51 架构的芯片,是集编辑、编译、仿真等于一体,可进行汇编和C语言的程序设计。它的界面和常用的微软 VC++的界面相似,界面友好,易学易用,在调试程序,软件仿真方面也有很强大的功能。因此很多开发51应用的工程师或普通的单片机爱好者都使用它。

KEIL51是一个商业的软件,对于这些普通爱好者可以到 KEIL 中国代理周立功公司的网站上下载一份能编译2 K的DEMO版软件,基本可以满足一般的个人学习和小型应用的开发。

安装好后,建立一个小程序项目。或许你手中还没有一块实验板,甚至没有一块单片机,不过没有关系,可以通过 KEIL 软件仿真看到程序运行的结果。

首先当然是运行 KEIL51 软件。运行几秒后,出现类似如图10-1的屏幕。

图10-1 启动时的屏幕

接着按下面的步骤建立第一个项目：

（1）点击 Project 菜单，选择弹出的下拉式菜单中的 New Project，如图 10-2。接着弹出一个标准 Windows 文件对话窗口，如图 10-3，起一个项目名称，后缀会在保存后自动添加。在"文件名"中输入 C 程序项目名称，这里用"test"，只要符合 Windows 文件规则的文件名都行。"保存"后的文件扩展名为 uv2，这是 Keil uVision2 项目文件扩展名，以后可以直接点击此文件以打开先前做的项目。

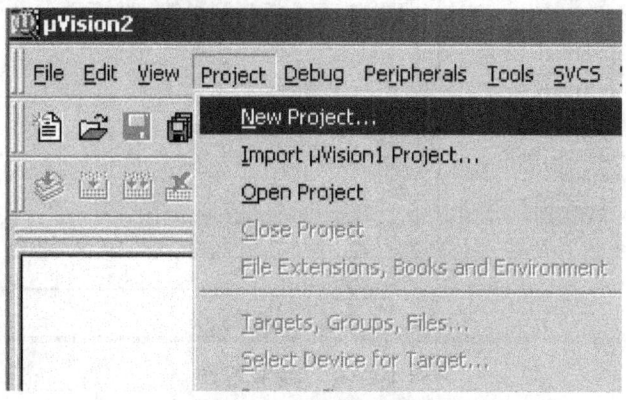

图 10-2　New Project 菜单

图 10-3　文件窗口

（2）选择所要的单片机，这里选择常用的 ATEML 公司的 AT89C51 型号。此时屏幕如图 10-4 所示。完成上面步骤后，就可以进行程序的编写了。

（3）首先要在项目中创建新的程序文件或加入旧程序文件。如果没有现成的程序，那么就要新建一个程序文件。在 KEIL 中有一些程序的 Demo，在这里还是以一个 C 程序为例介绍如何新建一个 C 程序和如何加到一个项目中。点击图 10-5 中数字 1 处的新建文件的快捷按钮，在数字 2 中出现一个新的文字编辑窗口，这个操作也可以通过菜单 File-New 或快捷键 Ctrl + N 来实现。此时可以编写程序了，光标已出现在文本编辑窗口中等待输入了。在此输入一段程序，下面是经典的一段程序：

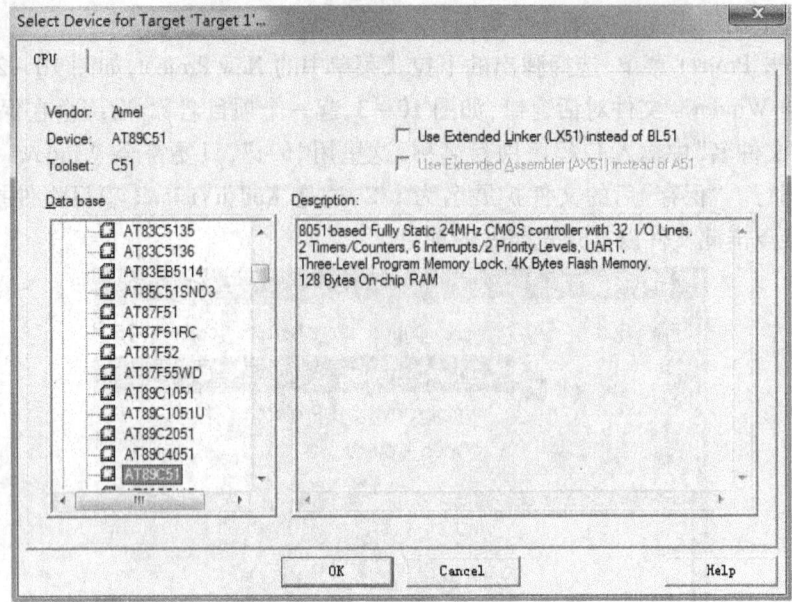

图 10-4 选取芯片

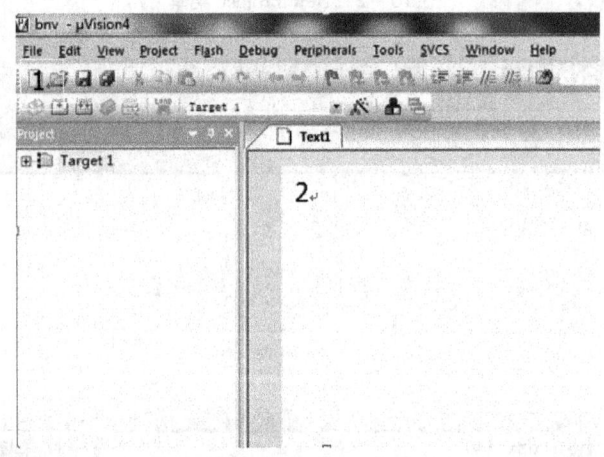

图 10-5 新建程序文件

#include <AT89X51.H>

#include <studio.h>

void main(void)

{

SCON = 0x50; //串口方式1,允许接收

TMOD = 0x20; //定时器1 定时方式2

TCON = 0x40; //设定时器1 开始计数

TH1 = 0xE8; //11.0592MHz 1200 波特率

TL1 = 0xE8; TI = 1;

TR1 = 1; //启动定时器

```
while(1)
{
    printf("Hello World! \n"); //显示 Hello World
}
}
```

这段程序的功能是不断从串口输出"HelloWorld!"字符,先不管程序的语法和意思,先看看如何把它加入到项目中和如何编译试运行。

(4)点击图 10-5 中的数字 3 保存新建的程序,也可以用菜单 File-Save 或快捷键 Ctrl+S 进行保存。因是新文件所以保存时会弹出类似图 10-3 的文件操作窗口,把第一个程序命名为 test1.c,注意后缀为.c,保存在项目所在的目录中,这时会发现程序单词有了不同的颜色,说明 KEIL 的 C 语法检查生效了。如图 10-6 鼠标在屏幕左边的 Source Group1 文件夹图标上右击弹出菜单,在这里可以做在项目中增加减少文件等操作。选"Add File to Group 'Source Group 1'"弹出文件窗口,选择刚刚保存的文件,按 ADD 按钮,关闭文件窗,程序文件已加到项目中了。这时在 Source Group1 文件夹图标左边出现了一个小加号,说明文件组中有了文件,点击它可以展开查看。

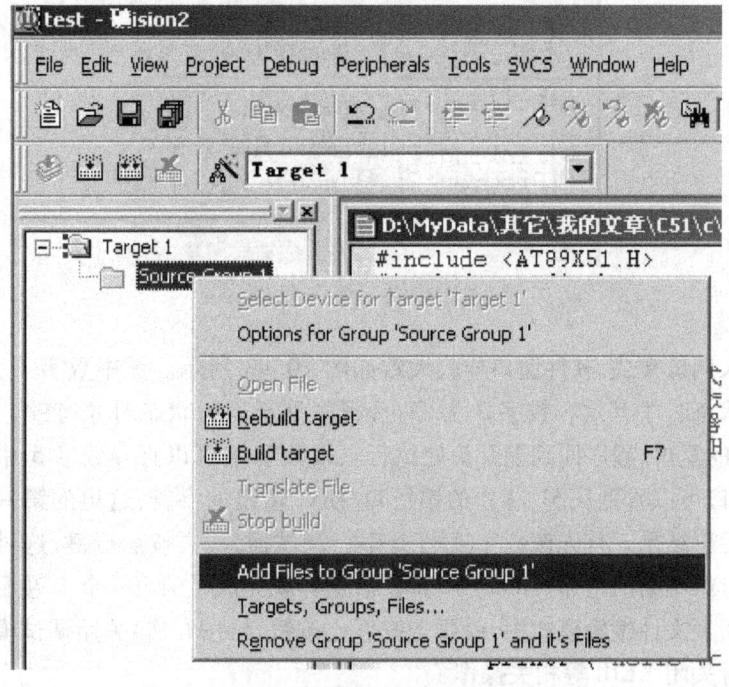

图 10-6 把文件加入到项目文件组中

(5)C 程序文件已被加到项目中后,下面就剩下编译运行。由于这个项目只是用做学习新建程序项目和编译运行仿真的基本方法,所以使用软件默认的编译设置,它不会生成用于芯片烧写的 HEX 文件,如何设置生成 HEX 文件见 10.3。先看图 10-7 图中数字 1、2、3 都是编译按钮,不同的是数字 1 是用于编译单个文件;数字 2 是编译当前项目,如果先前编译过一次之后文件没有做编辑改动,这时再点击是不会重新编译的;数字 3 是重新编译,每点击一次均会再次编译链接一次,不管程序是否有改动。在数字 3 右边的是停止编译按钮,只有点击了前三个中的任一个,停止按钮才会生效;数字 5 是菜单中的它们。这个项目只有一个文件,按数字 1、2、3 中的任何一个都可以编译。在数字 4 中可以看到编译的错误信息和使用的系统资源情况等,以后要查错就靠它了。数字 6 是有一个小放大镜的按钮,这就是开启\关闭调试模式的按钮,它也存在于菜单 Debug – Start \ Stop Debug Session,快捷键为 Ctrl + F5。

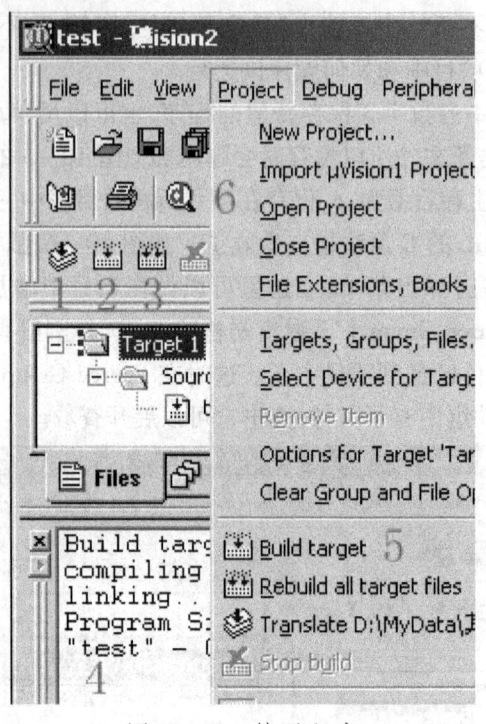

图 10 – 7　编译程序

(6) 进入调试模式,软件窗口样式大致如图 10 – 8 所示。图中数字 1 为运行,当程序处于停止状态时才有效。数字 2 为停止,程序处于运行状态时才有效。数字 3 是复位,模拟芯片的复位,程序回到最开头处执行。按数字 4 可以打开数字 5 中的串行调试窗口,这个窗口可以看到从 51 芯片的串行口输入、输出的字符,这里的第一个项目也正是在这里看运行结果。首先按数字 4 打开串行调试窗口,再按运行键,这时就可以看到串行调试窗口中不断的打印"Hello World!"。这样就完成了的第一个 C 项目。最后要停止程序运行回到文件编辑模式中,就要先按停止按钮,再按开启\关闭调试模式按钮。然后就可以进行关闭 KEIL 等相关操作了。

到此为止,已经初步学习了一些 KEIL uVision2 的项目文件创建、编译、运行和软件仿真的基本操作方法。其中一直有提到一些功能的快捷键的使用,在实际的开发应用中快捷键的运用可以大大提高工作的效率,建议大家多多使用,还有就是对这里所讲的操作方法举一反三用于类似的操作中。

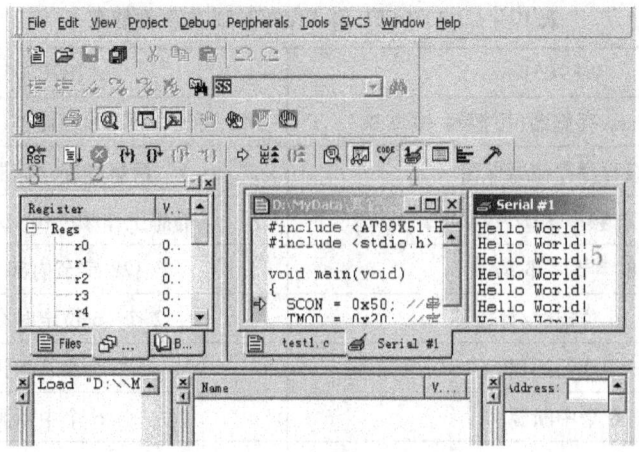

图 10-8 调试运行程序

10.2 51 芯片

C 语言作为一种程序语言的统称,针对不同的处理器,C 语言都会有一些细节的改变。编写 PC 机的 C 程序时,如要对硬件编程就必须对硬件要有一定的认识,51 单片机编程就更是如此,因它的开发应用是不可与硬件脱节的,所以先要来初步认识一下 51 芯片的结构和引脚功能。MSC-51 架构的芯片种类很多,具体特点和功能不尽相同,此处以 ATMEL 公司的 AT89C51 和 AT89C2051 为中心对象进行学习,两者是 AT89 系列的典型代表,在爱好者中使用相当的多,应用资料很多,价格便宜。

图 10-9 中是 AT89C51 和 AT89C2051 的引脚功能图,而表 10-1 中则是它们的主要性能表。以上可以看出它们是大体相同的,由于 AT89C2051 的 IO 线很少,导致它无法外加 RAM 和程序 ROM,片内 Flash 存储器也少,但它的体积比 AT89C51 小很多,可根据实际需要来选用这两种类型的引脚。它们各有其特点,但其核心是一样的,下面就来看看 AT89C51 的引脚具体功能。

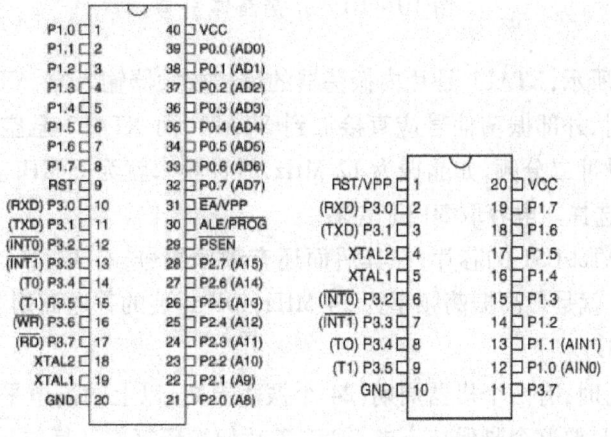

图 10-9 AT89C51 和 AT89C2051 引脚功能图

表 10-1　AT89C51 和 AT89C2051 主要性能表

AT89C51	AT89C2051
4KB 可编程 Flash 存储器(可擦写 1000 次)	2KB 可编程 Flash 存储器(可擦写 1000 次)
三级程序存储器保密	两级程序存储器保密
静态工作频率:0Hz~24MHz	静态工作频率:0 Hz~24 MHz
128 字节内部 RAM	128 字节内部 RAM
2 个 16 位定时/计数器	2 个 16 位定时/计数器
一个串行通讯口	一个串行通讯口
6 个中断源	6 个中断源
32 条 I/O 引线	15 条 I/O 引线
片内时种振荡器	1 个片内模拟比较器

(1) 电源引脚

VCC40 电源端 GND20。工作电压为 5 V,另有 AT89LV51 工作电压则是 2.7~6 V,引脚功能一样。

(2) 外接晶体引脚

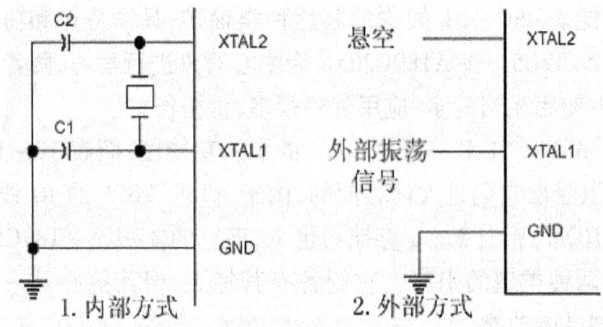

图 10-10　外接晶体引脚

如图 10-10 所示,XTAL1 是片内振荡器的反相放大器输入端,XTAL2 则是输出端,使用外部振荡器时,外部振荡信号应直接加到 XTAL1,而 XTAL2 悬空。内部方式时,时钟发生器对振荡脉冲二分频,如晶振为 12 MHz,时钟频率就为 6 MHz。晶振的频率可以在 1~24 MHz 内选择。电容取 30 pF 左右。

型号同样为 AT89C51 的芯片,在其后面还有频率编号,有 12、16、20、24 MHz 可选。如 AT89C51 24PC 就是最高振荡频率为 24 MHz,40P 封装的普通商用芯片。

(3) 复位 RST

在振荡器运行时,有两个机器周期(24 个振荡周期)以上的高电平出现在此引脚时,将使单片机复位,只要这个脚保持高电平,51 芯片便循环复位。复位后 P0~P3 口均置 1 引脚表现为高电平,程序计数器和特殊功能寄存器 SFR 全部清零。当复位脚由高电平变为低电平时,芯片为 ROM 的 00H 处开始运行程序。常用的复位电路如图 10-11 所示。

复位操作不会对内部 RAM 有所影响。

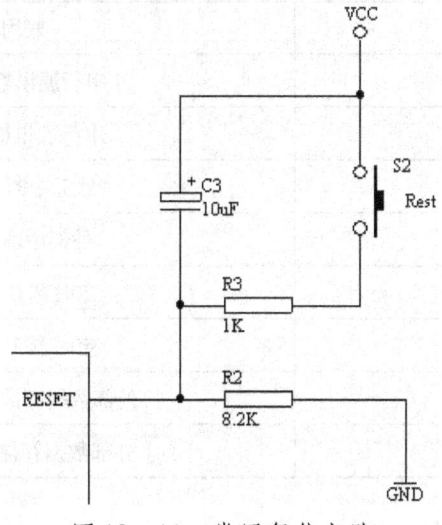

图 10-11 常用复位电路

(4) 输入输出引脚

① P0 端口[P0.0~P0.7] P0 是一个 8 位漏极开路型双向 I/O 端口,端口置 1(对端口写 1)时作高阻抗输入端,作为输出口时能驱动 8 个 TTL。

对内部 Flash 程序存储器编程时,接收指令字节;校验程序时,输出指令字节,要求外接上拉电阻。

在访问外部程序和外部数据存储器时,P0 口是分时转换的地址(低 8 位)/数据总线,访问期间内部的上拉电阻起作用。

② P1 端口[P1.0~P1.7] P1 是一个带有内部上拉电阻的 8 位双向 I/O 端口。输出时可驱动 4 个 TTL。端口置 1 时,内部上拉电阻将端口拉到高电平,作输入用。对内部 Flash 程序存储器编程时,接收低 8 位地址信息。

③ P2 端口[P2.0~P2.7] P2 是一个带有内部上拉电阻的 8 位双向 I/O 端口。输出时可驱动 4 个 TTL。端口置 1 时,内部上拉电阻将端口拉到高电平,作输入用。对内部 Flash 程序存储器编程时,接收高 8 位地址和控制信息。在访问外部程序和 16 位外部数据存储器时,P2 口送出高 8 位地址。而在访问 8 位地址的外部数据存储器时其引脚上的内容在此期间不会改变。

④ P3 端口[P3.0~P3.7] P2 是一个带有内部上拉电阻的 8 位双向 I/O 端口。输出时可驱动 4 个 TTL。端口置 1 时,内部上拉电阻将端口拉到高电平,作输入用。对内部 Flash 程序存储器编程时,接控制信息。除此之外 P3 端口还用于一些专门功能,具体见表 10-2。

P1-3 端口在做输入使用时,因内部有上接电阻,被外部拉低的引脚会输出一定的电流。

表 10-2 P3 端口引脚兼用功能表

P3 引脚	兼用功能
P3.0	串行通讯输入(RXD)
P3.1	串行通讯输出(TXD)
P3.2	外部中断 0(INT0)
P3.3	外部中断 1(INT1)
P3.4	定时器 0 输入(T0)
P3.5	定时器 1 输入(T1)
P3.6	外部数据存储器写选通 WR
P3.7	外部数据存储器写选通 RD

什么叫上拉电阻？上拉电阻简单来说就是把电平拉高,通常用 4.7~10 K 的电阻接到 VCC 电源。下拉电阻则是把电平拉低,电阻接到 GND 地线上。

(5) 其他的控制或复用引脚

① ALE/PROG 30 访问外部存储器时,ALE(地址锁存允许)的输出用于锁存地址的低位字节。即使不访问外部存储器,ALE 端仍以不变的频率输出脉冲信号(此频率是振荡器频率的 1/6)。在访问外部数据存储器时,出现一个 ALE 脉冲。对 Flash 存储器编程时,这个引脚用于输入编程脉冲 PROG。

② PSEN 29 该引是外部程序存储器的选通信号输出端。当 AT89C51 由外部程序存储器取指令或常数时,每个机器周期输出 2 个脉冲即两次有效。但访问外部数据存储器时,将不会有脉冲输出。

③ EA/VPP 31 外部访问允许端。当该引脚访问外部程序存储器时,应输入低电平。要使 AT89C51 只访问外部程序存储器(地址为 0000H - FFFFH),这时该引脚必须保持低电平。对 Flash 存储器编程时,用于施加 VPP 编程电压。VPP 电压有两种,类似芯片最大频率值要根据附加的编号或芯片内的特征字决定。具体如表 10-3 所列。

表 10-3 VPP 与芯片型号和片内特征字的关系

	VPP = 12 V		VPP = 5 V	
	AT89C51	AT89LV51	AT89C51	AT89LV51
印刷在芯片面上的型号	xxxx YY WW	xxxx YY WW	xxxx-5 YYW W	xxxx-5 YYW W
片内特征字	030H = 1EH 031H = 51H 032H = FFH	030H = 1EH 031H = 61H 032H = FFH	030H = 1EH 031H = 51H 032H = 05H	030H = 1EH 031H = 61H 032H = 05H

引脚在编程和校验时的时序在这里就不做详细的探讨,通常情况下也没有必要去掌握它,除非想自己开发编程器。下来的章节要开始以一些简单的实例来讲述 C 程序的语法和编写方法技巧,中间穿插相关的硬件知识如串口、中断的用法等等。

10.3 生成 HEX 文件和最小化系统

在开始 C 语言的主要内容时,先来看看如何用 KEIL uVision2 来编译生成用于烧写芯片的 HEX 文件。HEX 文件格式是 Intel 公司提出的按地址排列的数据信息,数据宽度为字节,所有数据使用 16 进制数字表示,常用来保存单片机或其他处理器的目标程序代码。它保存物理程序存储区中的目标代码映象。一般的编程器都支持这种格式。先来打开第一节做的第一项目,打开它的所在目录,找到 test.Uv2 的文件就可以打开先前的项目了。然后右击图 10-12 中的 1 项目文件夹,弹出项目功能菜单,选 Options for Target 'Target1',弹出项目选项设置窗口,同样先选中项目文件夹图标,这时在 Project 菜单中也有一样的菜单可选。打开项目选项窗口,转到 Output 选项页图 10-13 所示,图中数字 1 是选择编译输出的路径,数字 2 是设置编译输出生成的文件名,数字 3 则是决定是否要创建 HEX 文件,选中它就可以输出 HEX 文件到指定的路径中。选好之后,再将它重新编译一次,很快在编译信息窗口中就显示 HEX 文件创建到指定的路径中了,如图 10-13。这样就可用自己的编程器所附带的软件去读取并烧到芯片了,再用实验板看结果,至于编程器或仿真器品种繁多具体方法可查看说明书。

(下面提供两种快速查找项目的技巧:① 在图 10-12 中的数字 1 里的项目文件树形目录中,先选中对象,再单击它就可对它进行重命名操作,双击文件图标便可打开文件。② 在 Project 下拉菜单的最下方有最近编辑过的项目路径保存,这里可以快速打开最近在编辑的项目。)

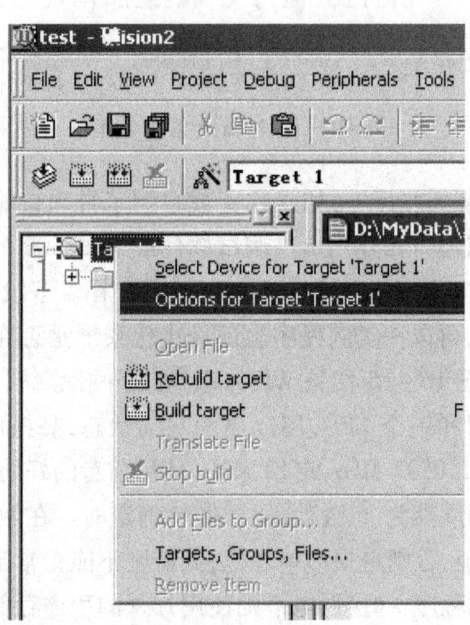

图 10-12 项目功能菜单

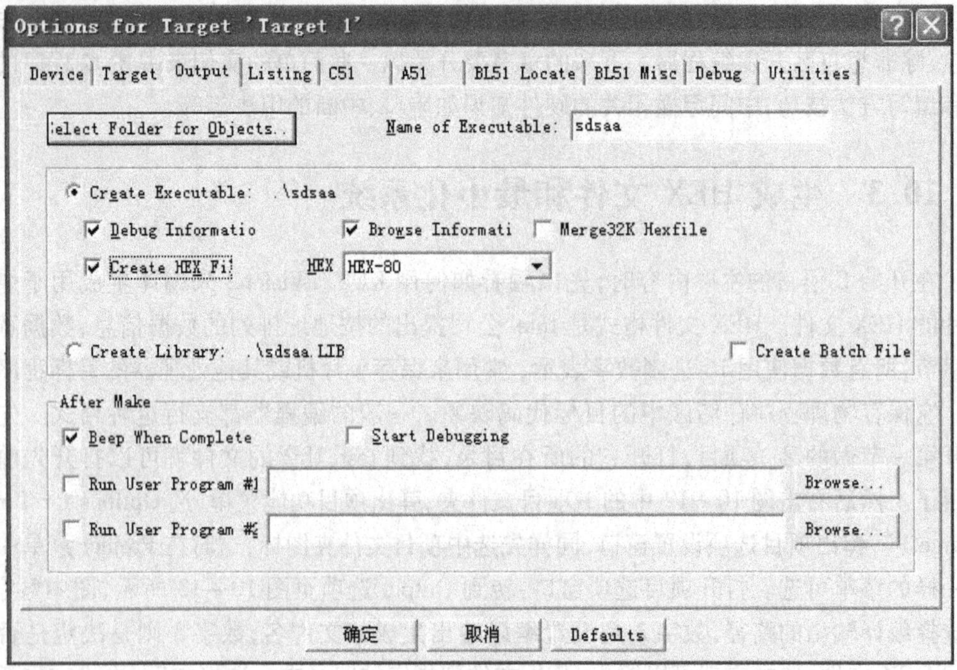

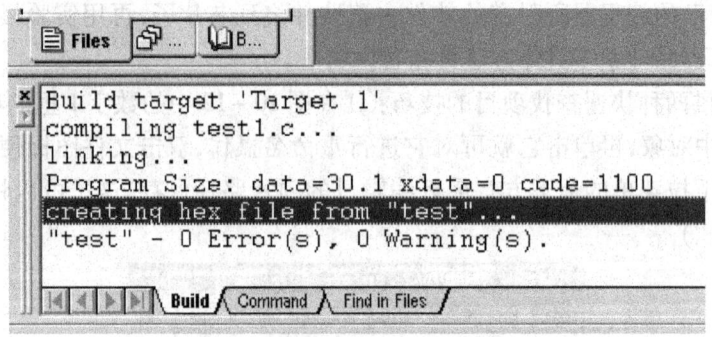

图10-13 项目选项窗口

图10-14 编译信息窗口

把已编译好的文件烧到芯片上,如果购买或自制了带串口输出元件的学习实验板,那就可以把串口和PC机串口相连用串口调试软件或Windows的超级终端,将其波特率设为1 200,就可以看到不停输出的"Hello World!"字样。若没有实验板,那这里先讲AT89C51的最小化系统,再以一实例程序验证最小化系统是否在运行,这个最小化系统也易于自制用于实验。图10-15便是AT89C51的最小化系统,不过为了可以看出它是在运行的,加了一个电阻和一个LED,用以显示它的状态,晶振可以根据自己的情况使用,一般实验板上是用11.0592 MHz或12 MHz,使用前者的好处是可以产生标准的串口波特率,后者则一个机器周期为1微秒,便于做精确定时。在做实验里,注意的是VCC是+5V的,不能高于此值,否则将损坏单片机,太低则不能正常工作。在31脚要接高电平,这样才能执行片内的程序,如接低电平则使用片外的程序存储器。下面,建一个新的项目名为One LED来验证最小化系统是否可以工作。程序如下:

```
#include <AT89X51.h>   //预处理命令
void main(void)   //主函数名
{
//这是第一种注释方式,只注释符号后一行
unsigned int a;  //定义变量 a 为 int 类型
/*
这是第二种注释方式,注释符号间所有内容
*/
do
{                          //do while 组成循环
for(a=0;a<50000;a++);      //这是一个循环
P1_0 = 0;                  //设 P1.0 口为低电平,点亮 LED
for(a=0;a<50000;a++);      //这是一个循环
P1_0 = 1;                  //设 P1.0 口为高电平,熄灭 LED
}
while(1);
}
```

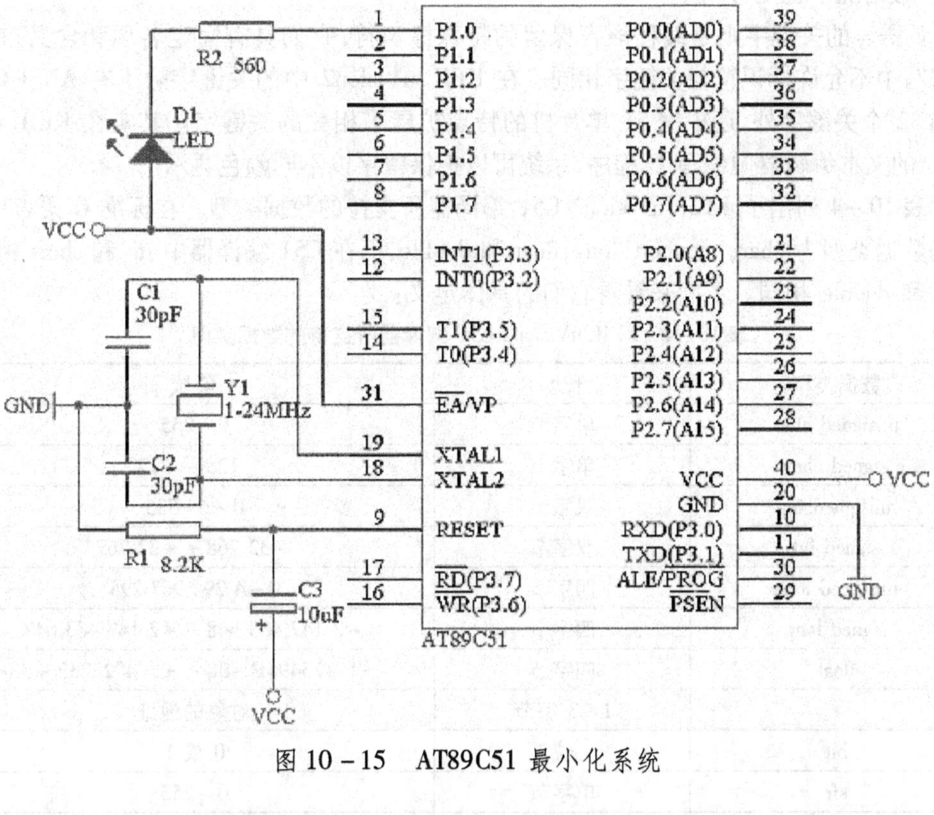

图 10-15 AT89C51 最小化系统

KEIL C 编译器所支持的注释语句一种是以"//"符号开始的语句,符号之后的语句都被视为注释,直到有回车换行;另一种是在"/*"和"*/"符号之内的为注释。注释不

会被 C 编译器所编译。一个 C 应用程序中应有一个 main 主函数，main 函数可以调用别的功能函数，但其他功能函数不允许调用 main 函数。不论 main 函数放在程序中的哪个位置，总是先被执行。用上面学到的知识编译写好的 One LED 程序，并把它烧到刚做好的最小化系统中。上电，刚开始时 LED 是不亮的（因为上电复位后所有的 IO 口都置 1 引脚为高电平），然后延时一段时间[for（a = 0；a < 50 000；a + +）这句在运行]，LED 亮，再延时，LED 熄灭，然后交替亮、灭。如果没有这样的效果，那么就要认真检查一下电路或编译烧写的步骤了。

10.4 数据类型

C 语言的标识符是用来标识源程序中某个对象的名字的，这些对象可以是语句、数据类型、函数、变量、数组等等。C 语言是对大小字敏感的一种高级语言，如果要定义一个定时器 1，可以写作"Timer1"，如果程序中有"TIMER1"，那么这两个是完全不同定义的标识符。标识符由字符串、数字和下划线等组成，要注意的是第一个字符必须是字母或下划线，如"1Timer"是错误的，编译时便会有错误提示。有些编译系统专用的标识符是以下划线开头，一般不要以下划线开头命名标识符。标识符在命名时应当简单，含义清晰，这样有助于阅读理解程序。在 C51 编译器中，只支持标识符的前 32 位为有效标识，一般情况下也足够用了。

C 语言的关键字则是编程语言保留的特殊标识符，它们具有固定名称和含义，在程序编写中不允许标识符与关键字相同。在 KEIL uVision2 中的关键字除了有 ANSI C 标准的 32 个关键字外，还根据 51 单片机的特点扩展了相关的关键字。其实在 KEIL uVision2 的文本编辑器中编写 C 程序，系统可以把保留字以不同颜色显示。

表 10 - 4 列出了 KEIL uVision2 C51 编译器所支持的数据类型。在标准 C 语言中基本的数据类型为 char，int，short，long，float 和 double，而在 C51 编译器中 int 和 short 相同，float 和 double 相同。下面来看看它们的具体定义：

表 10 - 4 KEIL uVision2 C51 编译器所支持的数据类型

数据类型	长度	值域
unsigned char	单字节	0 ~ 255
signed char	单字节	- 128 ~ + 127
unsigned int	双字节	0 ~ 65 535
signed int	双字节	- 32 768 ~ + 32 767
unsigned long	四字节	0 ~ 4 294 967 295
signed long	四字节	- 2 147 483 648 ~ + 2 147 483 647
float	四字节	± 1.175494E - 38 ~ ± 3.402823E + 38
*	1 ~ 3 字节	对象的地址
bit	位	0 或 1
sfr	单字节	0 ~ 255
sfr16	双字节	0 ~ 65 535
sbit	位	0 或 1

10.4.1 char 字符类型

char 类型的长度是一个字节,通常用于定义处理字符数据的变量或常量。分无符号字符类型 unsigned char 和有符号字符类型 signed char,默认值为 signed char 类型。

unsigned char 类型用字节中所有的位来表示数值,所以表达的数值范围是 0~255。signed char 类型用字节中最高位字节表示数据的符号,"0"表示正数,"1"表示负数,负数用补码表示。所能表示的数值范围是 -128~+127。unsigned char 常用于处理 ASCII 字符或用于处理小于或等于 255 的整型数。

正数的补码与原码相同,负数二进制数的补码等于它的绝对值按位取反后加 1。

10.4.2 int 整型

int 整数型长度为两个字节,用于存放一个双字节数据。分有符号 int 整型数 signed int 和无符号整型数 unsigned int,默认值为 signed int 类型。signed int 表示的数值范围是 -32 768~+32 767,字节中最高位表示数据的符号,"0"表示正数,"1"表示负数。unsigned int 表示的数值范围是 0~65 535。

写个小程序看看 unsigned char 和 unsigned int 用于延时的不同效果,说明它们的长度是不同的,尽管它并没有实际的应用意义,这里学习它们的用法就行。依旧用上一节的最小化系统做实验,不过要加多一个电阻和 LED,如图 10-16。实验中用 D1 的点亮表明正在用 unsigned int 数值延时,用 D2 点亮表明正在用 unsigned char 数值延时。

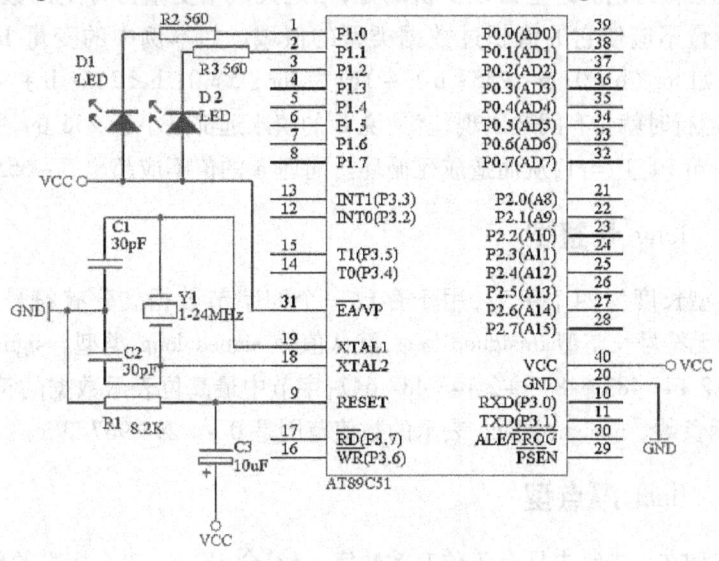

图 10-16 实验用电路

把这个项目称为 Two LED,实验程序如下:
#include <AT89X51.h> //预处理命令
void main(void) //主函数名
{
unsigned int a; //定义变量 a 为 unsigned int 类型

unsigned char b;//定义变量 b 为 unsigned char 类型

do
｛//do while 组成循环
for（a=0；a<65535；a++）
P1_0 = 0;//65535 次设 P1.0 口为低电平,点亮 LED P1_0 = 1;//设 P1.0 口为高电平,熄灭 LED
for（a=0；a<30000；a++）;//空循环 for（b=0；b<255；b++）
P1_1 = 0;//255 次设 P1.1 口为低电平,点亮 LED P1_1 = 1;//设 P1.1 口为高电平,熄灭 LED

for（a=0；a<30000；a++）;//空循环
｝
while（1）;
｝

同样编译烧写,上电运行就可以看到结果了。很明显 D1 点亮的时间长于 D2 点亮的时间。程序中的循环延时时间并不是很好确定,并不太适合要求精确延时的场合,关于这方面以后也会做讨论。这里必须要讲的是,当定义一个变量为特定的数据类型时,在程序使用该变量不应使它的值超过数据类型的值域。如本例中的变量 b 不能赋超出 0~255 的值,如 for（b=0；b<255；b++）改为 for（b=0；b<256；b++）,编译是可以通过的,但运行时就会有问题出现,就是说 b 的值永远都是小于 256 的,所以无法跳出循环执行下一句 P1_1 = 1,从而造成死循环。同理 a 的值不应超出 0~65535。

10.4.3 long 长整型

long 长整型长度为四个字节,用于存放一个四字节数据。分有符号 long 长整型 signed long 和无符号长整型 unsigned long,默认值为 signed long 类型。signed int 表示的数值范围是 -2 147 483 648 ~ +2 147 483 647,字节中最高位表示数据的符号,"0"表示正数,"1"表示负数。unsigned long 表示的数值范围是 0~4 294 967 295。

10.4.4 float 浮点型

float 浮点型在十进制中具有 7 位有效数字,是符合 IEEE-754 标准的单精度浮点型数据,占用四个字节。因浮点数的结构较复杂在以后的章节中再做详细的讨论。

10.4.5 指针型

指针型本身就是一个变量,在这个变量中存放的指向另一个数据的地址。这个指针变量要占据一定的内存单元,对不同的处理器长度也不尽相同,在 C51 中它的长度一般为 1~3 个字节。指针变量也具有类型,在以后的课程中有专门一课做探讨。

10.4.6 bit 位标量

bit 位标量是 C51 编译器的一种扩充数据类型,利用它可定义一个位标量,但不能定义位指针,也不能定义位数组。它的值是一个二进制位,不是 0 就是 1,类似一些高级语言中的 Boolean 类型中的 True 和 False。

10.4.7 sfr 特殊功能寄存器

sfr 也是一种扩充数据类型,点用一个内存单元,值域为 0~255。利用它可以访问 51 单片机内部的所有特殊功能寄存器。如用 sfr P1 = 0x90 这一句定 P1 为 P1 端口在片内的寄存器,在后面的语句中用以用 P1 = 255(对 P1 端口的所有引脚置高电平)之类的语句来操作特殊功能寄存器。

10.4.8 sfr16 16 位特殊功能寄存器

sfr16 占用两个内存单元,值域为 0~65 535。sfr16 和 sfr 一样用于操作特殊功能寄存器,所不同的是它用于操作占两个字节的寄存器,如定时器 T0 和 T1。

10.4.9 sbit 可录址位

sbit 同样是 C51 中的一种扩充数据类型,利用它可以访问芯片内部的 RAM 中的可寻址位或特殊功能寄存器中的可寻址位。如先前定义了 sfr P1 = 0x90;//因 P1 端口的寄存器是可位寻址的,所以可以定义 sbit P1_1 = P1^1;//P1_1 为 P1 中的 P1.1 引脚//同样可以用 P1.1 的地址去写,如 sbit P1_1 = 0x91;这样在以后的程序语句中就可以用 P1_1 来对 P1.1 引脚进行读写操作了。通常这些可以直接使用系统提供的预处理文件,里面已定义好各特殊功能寄存器的简单名字,直接引用可以省去一点时间。当然也可以自己定义文件,以便于记忆。

关于数据类型转换等相关操作在后面的课程或程序实例中将有所提及。大家可以用所讲到的数据类型改写一下本节的实例程序,加深对各类型的认识。

10.5 常量

上一节学习了 KEIL C51 编译器所支持的数据类型。而这些数据类型又是如何用在常量和变量的定义中?常量是在程序运行过程中不能改变值的量,而变量是可以在程序运行过程中不断变化的量。变量的定义可以使用所有 C51 编译器支持的数据类型,而常量的数据类型只有整型、浮点型、字符型、字符串型和位标量。这一节学习常量定义和用法。

常量的数据类型说明如下:

(1)整型常量可以表示为十进制如 123,0,-89 等。十六进制则以 0x 开头如 0x34,-0x3B 等。长整型就在数字后面加字母 L,如 104L,034L,0xF340 等。

(2)浮点型常量可分为十进制和指数表示形式。十进制由数字和小数点组成,如

0.888,3 345.345,0.0 等,整数或小数部分为 0,可以省略但必须有小数点。指数表示形式为[±]数字[.数字]e[±]数字,[ ]中的内容为可选项,其中内容根据具体情况可有可无,但其余部分必须有,如 125e3,7e9,-3.0e-3。

(3)字符型常量是单引号内的字符,如'a','d'等,不可以显示的控制字符,可以在该字符前面加一个反斜杠"\"组成专用转义字符。常用转义字符表请看表 10-5。

(4)字符串型常量由双引号内的字符组成,如"test","OK"等。当引号内没有字符时,为空字符串。在使用特殊字符时同样要使用转义字符如双引号。在 C 中字符串常量是作为字符类型数组来处理的,在存储字符串时系统会在字符串尾部加上\o 转义字符以作为该字符串的结束符。字符串常量"A"和字符常量'A'是不同的,前者在存储时多占用一个字节的字间。

(5)位标量,它的值是一个二进制。

表 10-5 常用转义字符表

转义字符	含义	ASCII 码(16/10 进制)
\o	空字符(NULL)	00H/0
\n	换行符(LF)	0AH/10
\r	回车符(CR)	0DH/13
\t	水平制表符(HT)	09H/9
\b	退格符(BS)	08H/8
\f	换页符(FF)	0CH/12
\'	单引号	27H/39
\"	双引号	22H/34
\\	反斜杠	5CH/92

常量可用在不必改变值的场合,如固定的数据表,字库等。常量的定义方式有几种,下面来加以说明。

#Difine False 0x0; //用预定义语句可以定义常量

#Difine True 0x1; //这里定义 False 为 0,True 为 1

//在程序中用到 False 编译时自动用 0 替换,同理 True 替换为 1,unsigned int code a = 100; //这一句用 code 把 a 定义在程序存储器中并赋值 const unsigned int c = 100; //用 const 定义 c 为无符号 int 常量并赋值

以上两句它们的值都保存在程序存储器中,而程序存储器在运行中是不允许被修改的,所以如果在这两句后面用了类似 a=110,a++这样的赋值语句,编译时将会出错。

以写流水灯为例,说明常量的用法。先来看看电路图,它是在上一课的实验电路的基础上增加 6 个 LED 组成的,也就是用 P1 口的全部引脚分别驱动一个 LED,电路如图 10-7 所示。

新建一个 Run LED 的项目,主程序如下:

#include <AT89X51.H>   //预处理文件里面定义了特殊寄存器的名称如 P1 口定义为 P1

void main(void)

{

```
cons tunsigned char design [32] = {0xFF,0xFE,0xFD,0xFB,0xF7,0xEF,0xDF,
0xBF,0x7F,
0x7F,0xBF,0xDF,0xEF,0xF7,0xFB,0xFD,0xFE,0xFF,
0xFF,0xFE,0xFC,0xF8,0xF0,0xE0,0xC0,0x80,0x0,
0xE7,0xDB,0xBD,0x7E,0xFF};    //定义花样数据
unsigned int a;  //定义循环用的变量
unsigned char b;  //在C51编程中因内存有限尽可能注意变量类型的使用
    for (b = 0; b < 32; b + +)
    {
do
{
    for(a = 0; a < 30000; a + +);  //延时一段时间
    P1 = design[b];  //读已定义的花样数据并写花样数据到 P1 口
}
}while(1);
}
```

程序中的花样数据可以自以去定义,因这里的 LED 要 AT89C51 的 P1 引脚为低电平才会点亮,所以要向 P1 口的各引脚写数据 0 对应连接的 LED 才会被点亮,P1 口的八个引脚刚好对应 P1 口特殊寄存器的八个二进位,如向 P1 口定数据 0xFE,转成二进制就是 11111110,最低位 D0 为 0 这里 P1.0 引脚输出低电平,LED1 被点亮。如此类推,直到所要的效果出现为止。在此过程,显示的速度可以根据需要调整延时 a 的值,但不要超过变量类型的值域。如何可以知道程序运行的结果?用 KEIL uVision2 的软件仿真来调试 IO 口输出输人程序。

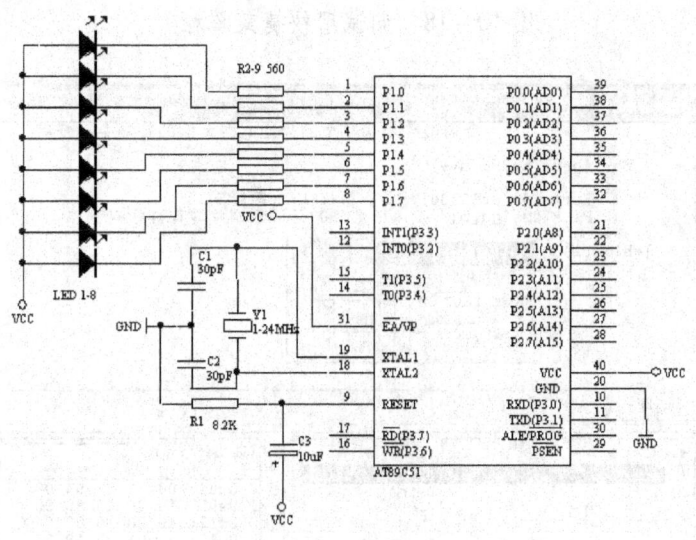

图 10-17 流水灯电路

编译运行上面的程序,然后按外部设备菜单 Peripherals – I/O Ports – Port1 就打开 Port1 的调试窗口了,如图 10-18 中的数字 2。这时程序运行了,但并不能在 Port1 调试

窗口上看到有什么效果,可以用鼠标左击图10-19中数字1旁边绿色的方条,点一下就有一个小红方格,再点一下又没有了,哪一句语句前有小方格程序运行到那一句时就停止了,就是设置调试断点,同样图10-18中的数字1也是同样功能,分别是增加/移除断点、移除所有断点、允许/禁止断点、禁止所有断点,菜单也有一样的功能,另外菜单中还有Breakpoints可打开断点设置窗口,它的功能更强大。在"P1 = design[b];"这一句设置一个断点,这时程序运行到这里就停住了,留意一下Port1调试窗口,再按图10-18中的数字2的运行键,程序又运行到设置断点的地方停住了,这时Port1调试窗口的状态又不同了。也就是说Port1调试窗口模拟了P1口的电平状态,打勾为高电平,不打勾则为低电平,窗口中P1为P1寄存器的状态,Pins为引脚的状态,要注意的是如果是读引脚值必须把引脚对应的寄存器置1才能正确读取。图10-18中数字2旁边的⦃⦄样的按钮分别为单步入、步越、步出和执行到当前行。图中数字3为显示下一句将要执行的语句。图10-19中的数字3是Watches窗口可查看各变量的当前值,数组和字串是显示其头一个地址,如本例中的design数组是保存在code存储区的首地址为D:0x08,可以在图中4 Memory存储器查看窗口中的Address地址中打入D:0x08就可以查看到design各数据和存放地址了。如果你的uVision2没有显示这些窗口,可以在View菜单中打开在图10-18中数字3后面一栏的查看窗口快捷栏中打开。

图10-18 调试用快捷菜单栏

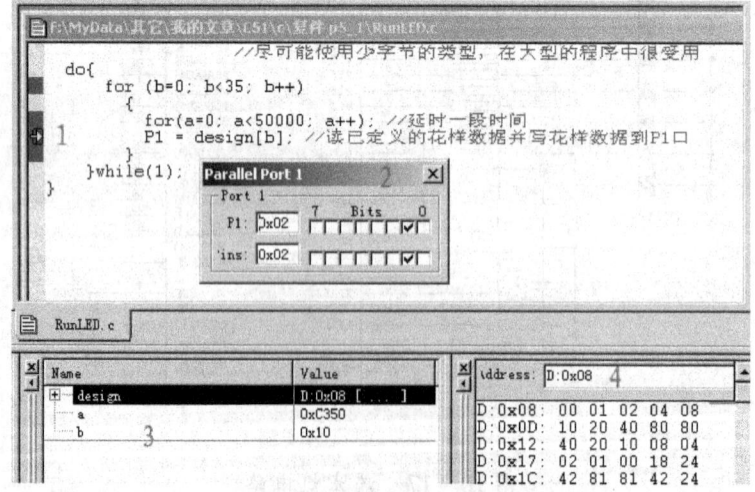

图10-19 各调试窗口

10.6　测试单片机开发板好坏

本次实训的设计环节中采用普中科技 51 单片机开发板,对于开发板的好坏测试步骤如下:

(1)打开盒子,从底层拿出里面的元器件放到一边(避免通电时导致开发板短路损坏),将 USB 数据线连接电脑和开发板。

(2)按下开发板上的白色按钮开关供电,单片机灯亮有显示,再逐次按下键盘上的 S1……S11,观察是否有不同程序运行,比如按下 S3 时显示 12345678。若能运行基本程序,说明主板基本没问题,那么再次按下开关按钮,让单片机复位。

(3)电脑光驱插入附带光盘,打开光盘,找到"应用驱动"文件夹,双击打开该文件夹,再找到并打开"CH341SER.EXE",这是和单片机通信的串口驱动程序。"

(4)安装成功后,再次打开光盘,找到并打开文件夹"烧录软件",接着找到并打开"普中科技烧写软件(推荐使用)"

(5)下载程序:在主板和数据线没问题时,点击图中的打开文件,在光盘的实验程序中找到一个 hex 文件,并选中该文件,再点击程序下载即可,提示完毕时就下载好程序了。

(6)下载自己编的程序时,步骤和上面类似,只是将自己在 KEIL 下所编程序形成的 HEX 文件下载到单片机即可。

参考文献

[1] 于海东. 15天看懂汽车电路图[M]. 北京：化学工业出版社, 2017.
[2] 邹小明. 汽车检测与诊断技术[M]. 北京：机械工业出版社, 2004.
[3] 祁先来, 刘新平, 曾鑫, 等. 汽车发动机电控系统检测技能实训[M]. 北京：人民邮电出版社, 2008.